LE SOUFFLE COUPÉ

FRANÇOIS-BERNARD MICHEL

Le Souffle coupé

Respirer et écrire

essai

nrf

GALLIMARD

à

ROGER GRENIER,

qui scrute le temps et le sens.

L'asthme fait l'objet, de plus en plus souvent, de ma pratique quotidienne de médecin des hôpitaux. Cette « maladie » bizarre a fini par me fasciner.

Elle handicape et effraie le malade ; ses zones de mystère défient le médecin qui n'est pas parvenu à les dissiper[1].

La CRISE, vespérale ou nocturne, est sa manifestation essentielle. C'est un accès d'essoufflement que la fermeture des bronches porte au paroxysme. Cette crise mime, de façon dramatique et répétitive, LA MORT PAR ÉTOUFFEMENT.

Mais ce n'est qu'un MIME. Car, sauf exception qui confirme la règle, elle ne tue pas. Son destin, comme celui de toute crise, est de ne durer que le temps d'une tension avant son dénouement. S'agit-il pour l'asthmatique, de mimer la mort afin de l'exorciser ? Sa crise, en tout cas, renouvelle le drame d'un homme par ailleurs NORMAL. Supra-normal quelquefois, si l'on pense à ces nageurs asthmatiques australiens et américains, venus à la natation pour rééduquer leur respiration, et promus champions olympiques.

Champion ou pas, l'apparence de l'asthmatique dans l'intercrise n'est pas celle d'un malade.

Aussi le médecin qui l'examine peut-il, en l'absence de signes, contester la réalité de la maladie et ne retenir que des stigmates d'angoisse. Mais ce malade BIZARRE, dont l'affection singulière risque de n'être pas prise au sérieux, finira bien par faire reconnaître son symptôme. Car la nuit suivante, appelé d'urgence à son chevet, ce médecin le trouvera en pleine crise.

Subitement réveillé par l'oppression thoracique, l'asthmatique a « senti venir » sa crise. Il tousse et s'essouffle de plus en plus. Assis dans son lit, couvert de sueur et livide, il étouffe, incapable d'agir ou de parler.

Voici la meilleure description que je connaisse de la crise d'asthme. Celle de Louis-Philippe des Cigales, personnage de l'un des romans de Raymond Queneau. C'est un asthmatique qui, depuis cinq minutes, « faisait une drôle de gueule » : « des deux poings appuyés sur ses genoux, Louis-Philippe des Cigales penché commence à mal respirer tout simplement c'est-à-dire qu'il est en train de prendre conscience de sa respiration par le simple fait qu'elle ne fonctionne pas épatamment en ce moment. Louis-Philippe des Cigales on ne peut pas dire qu'il halète non on ne peut pas dire ça mais il est affligé en ce moment, ce moment après la prise de conscience de la difficulté de respirer, Louis-Philippe des Cigales est affligé d'une constriction des poumons, des muscles pulmonaires, des nerfs pulmoneux, des canaux pulmoniques, des vaisseaux pulmoniens, c'est une espèce d'étouffement mais ce n'est pas un étouffement qui prend par la gorge, par le tuyau d'en haut, c'est un étouffement qui part d'en bas, qui part des deux côtés à la fois aussi, c'est un étouffement thoracique, un encerclement du tonneau respiratoire[2] ».

C'est que le thorax de l'asthmatique est bloqué en distension et, malgré ses efforts, il ne parvient pas à vider complètement ses poumons de l'air facilement entré. Les bronches ont réduit leur calibre, faisant au souffle des poumons l'effet d'un bec de flûte. L'expiration devient sifflante.

Cela s'entend. À distance et à l'auscultation du thorax, où le médecin perçoit des râles sibilants, c'est-à-dire sifflants, ou pour parler plus simplement, des SIFFLEMENTS. Ceux-ci évoquent évidemment les symboles du Vent et du Serpent. La séméiologie médicale fait d'ailleurs référence au Vent pour décrire ces râles, puisqu'elle les assimile « au bruit que fait le vent s'insinuant sous une porte ». Et ces sifflements sont tellement caractéristiques de l'asthme et de ses crises nocturnes que le médecin se doit de demander au patient présumé asthmatique : sifflez-vous la nuit ?

Cette question évoque le folklore d'ABYSSINIE[3], qui, intégrant les symboles de Vent et de Serpent, interdit de siffler la nuit « car on attire ainsi les serpents et les démons ». « Chacun y va de son sifflotement d'enfant qui a peur la nuit », remarque Bertrand Poirot-Delpech à propos de notre époque qui inquiète et isole l'individu[4].

Cette plainte aiguë, douloureuse et monotone, devient le seul LANGAGE de l'asthmatique, incapable de parler. Elle dit la souffrance et l'angoisse que reflète son regard.

L'asthme, faut-il le préciser, est probablement le SYMPTÔME LE PLUS ANXIOGÈNE. Il suscite en effet l'effroi de la mort imminente et, plus que tout, l'angoisse de mourir étouffé. Son caractère atroce apparaît bien dans cette description littéraire, marquée de l'authenticité évidente du vécu : « Et maintenant et maintenant ça ne va plus du tout, car c'est pire qu'un étranglement, pire qu'un encerclement, pire qu'un étouffement, c'est un abîme physiologique, un cauchemar anatomique, une angoisse métaphysique, une révolte, une plainte, un cœur qui bat trop vite, des mains qui se crispent, une peau qui sue[5]. »

Cette inquiétude va devenir l'obsession de l'asthmatique, avec l'angoisse du soir et de la nuit, le handicap de toute une vie, qui fait de lui un être différent.

Une fois l'acmé de la crise passée, la dyspnée s'atténue progressivement jusqu'à disparaître : son destin est bien celui d'une crise. L'asthmatique « qui, sans bouger de son fauteuil a été lancé dans un monde où les hommes ne parviennent pas plus à respirer que les aquatiques sur terre arrachés à leur eau, [...] ne mourra pas bien qu'il se sente mourir, il ne mourra pas encore cette fois-ci, il respire de plus en plus fort, et la respiration s'arrête, rien ne rentre dans la poitrine, on croit qu'il n'y a pas moyen de tenir, et puis on tient quand même[6] ».

A l'angoisse critique, fait suite le bien-être. RESPIRER. Ce qui n'est que fonction biologique inconsciente devient tout à coup un plaisir. « Je me régale de respirer après la crise », dit souvent l'asthmatique. Qui redécouvre ainsi un sens essentiel : vivre au présent. L'angoisse existentielle, on verra plus tard. Pour le moment, la crise est passée, la tension initiale conjurée, jouissons du moment présent. Le négatif de la crise ramène au positif de la vie. Ce faisant, l'asthmatique dont la crise, on va le voir avec Proust, représente sans cesse son devenir mortel tandis que la rémission le ramène au présent, échappe au temps et dépasse la mort[7].

Respirer. Par les temps qui courent, il est vrai, on en a de moins en moins le TEMPS. Et beaucoup de textes contemporains, sans cadence ni ponctuation, privés en particulier de virgules, chères à Claudel, sont si peu respirants qu'ils vous coupent le souffle. Pour respirer, d'ailleurs, encore faudrait-il un thorax. Ils en sont dépourvus les personnages de Giacometti, pressés d'aller à grandes enjambées vers des ailleurs, et dont le corps n'est plus que membres chevillés par un tronc filiforme, penché en avant pour accélérer la marche.

Et s'il faut des poumons pour respirer, la respiration c'est bien davantage que les poumons, ainsi qu'en témoigne la richesse anatomique, fonctionnelle et symbolique de l'appareil respiratoire. La structure anatomique de cet appareil présente au monde extérieur une énorme superficie, de 100 m^2 environ (alors que celle de la peau n'atteint que 1,50 à 2 m^2). Cela implique une surface pulmonaire extrêmement fragmentée, subdivisée en 300 millions de logettes de 100 μ, les alvéoles. Qui ne sont pas au contact immédiat de leur environnement, mais communiquent avec lui par les bronches, système de conduction aérique ramifié, dont le tronc final, la trachée, est perçu par l'individu comme la *filière vitale,* et par conséquent vulnérable. Car on peut se passer de nourriture des semaines durant, de boisson pendant des heures, mais d'air seulement quelques minutes. La nécessité respiratoire est tout autant quantitative, puisque les besoins quotidiens sont d'environ 2 kilos d'eau, un kilo d'aliments solides, mais il nous faut 14 kilos d'air.

Pour une finalité biologique qui est l'*hématose,* réalisée lorsque la pompe respiratoire amène l'oxygène inhalé dans les alvéoles (constituant la zone d'échange au contact du sang), et refoule le gaz carbonique. Claudel dit tout cela bien plus simplement, en écrivant que le sang est « flambé par le soleil respiratoire[8] ».

Cette surface vitale, où l'homme mêle son environnement au plus intime de lui-même, est curieusement située tout entière dans une CAGE.

L'ensemble osseux thoracique du squelette évoque en effet parfaitement une cage à oiseau. La cage protège, évidemment. Mais il est significatif que la Respiration attachée aux symboles de Souffle, de Vent, de dilatation, de liberté, ou d'oiseaux, soit enfermée dans une cage. Le destin de cette cage est la mobilité, grâce aux mouvements des côtes et du diaphragme. Mais mobilité implique limitation potentielle. Une cage peut se fermer. Pour certains asthmatiques, d'ailleurs, la cage thoracique, définitivement figée en distension, est devenue vraiment cage, une prison qui ne s'ouvre jamais.

A propos des parois thoraciques, le DIAPHRAGME devrait être longuement évoqué. C'est un muscle essentiel certes, assurant plus de 50 % de la ventilation[9], mais il est tout aussi important comme cloison. Anatomique évidemment, qui sépare thorax et abdomen. Mais la symbolique, dans la Respiration, prolonge toujours la physiologie pour la magnifier.

Diaphragme, « qui signifie barrière, est initialement une métaphore de Platon ». Tous les « Anciens » l'appellent « phrènes », précise Galien. Est-ce parce que son inflammation, qu'Hippocrate dénommait phrénitis, « trouble l'intelligence des malades[10] » ? Aristote en tout cas, assimilant phrènes et diaphragme, a souligné son caractère de barrière « entre la cavité abdominale et la région du cœur afin que l'organe principal de l'âme sensible ne ressente aucun dommage et ne soit pas tout de suite atteint par l'exhalaison qui se dégage de la nourriture, ni par l'excès de chaleur étrangère qu'elle répand ». Dans l'inconscient, individuel en tout cas, ainsi que dans la plupart des traditions, le diaphragme divise le corps en deux parties : le siège du Souffle et de l'Esprit en haut, celui, très suspect, du « Ventre » en bas.

L'importance de la Respiration tient encore, d'un point de vue physiologique autant que symbolique, à son *rythme,* qui est *binaire.*

La respiration normale (eupnée), dont l'individu ne prend conscience que lorsqu'elle est perturbée (dyspnée), est une activité rythmique, source d'autres rythmes, à la manière d'une onde qui se propage à partir de l'influx central qui l'a déclenchée.

« La respiration est le berceau du rythme[11]. » Rythme poétique certes, mais chacun sait qu'il existe un rythme de la pensée, du discours, de toute activité qui implique la respiration. Au-delà, le rythme respiratoire s'articule avec le rythme universel, celui des arts en particulier (de la musique, de la danse, de la sculpture, etc.). Examinez, par exemple, une sculpture, les *Reliefs de la chancellerie*[12]. Considérez les plis de la toge de Vespasien, ou de son fils Domitien. Le dessin de leur relief se superpose absolument au tracé spirographique du débit bronchique de référence[13].

Les *deux temps* du mouvement respiratoire sont également lourds de signifiés ! Nous voilà bien au-delà de la physiologie. La plupart des traditions se sont attachées à ce caractère binaire de la respiration. Inspiration et Expiration sont devenues symboles de prise et restitution au Cosmos (en Inde, Kalpa et Palaya), des pulsions centripète et centrifuge de l'être humain, de l'ouverture et fermeture de la Porte du Ciel, du yang et du yin.

Dans la dialectique Avoir et Etre[14], inspirer c'est prendre, et expirer c'est donner. Le type respiratoire dans lequel prédomine l'inspiration, relève donc du mode *Avoir,* qui signifie incorporer, posséder[15]. Un rythme respiratoire équilibré dans ses deux temps, avec en particulier une expiration prolongée, participe davantage au contraire du mode *Etre,* c'est-à-dire de l'intégration non possessive mais existentielle au monde. Prise et libération du Souffle, possession et don, donner pour recevoir, voilà des images éloquentes.

On ne saurait dire que la civilisation occidentale se caractérise par le « type inspiratoire ». Mais nous, Occidentaux, avons sûrement tendance à bâcler l'expiration, que philosophies et religions orientales privilégient au contraire. Leurs pratiques tendent à la prolonger, à lui donner toute son ampleur, comme s'il s'agissait de restituer au Cosmos ce qu'il a donné. Il y a peut-être là une différence de philosophie des relations de l'homme au monde. Au sentiment de possession, de l'homme occidental, s'oppose la pensée d'échange de l'Oriental.

Cette attitude a l'avantage de l'efficacité. Je n'ai pas très bien perçu ce que m'a dit de sa respiration le Maître d'aïkido Nabuyoshi Tanura[16] capable, malgré sa modeste stature, de terrasser en quelques instants un dizaine d'adversaires, car il évoque, avec son vocabulaire, un vécu personnel, difficilement transmissible. Mais je n'ai jamais vu une expiration se prolonger aussi interminablement que la sienne. Prolonger l'expiration revêt en outre l'intérêt de ralentir sa respiration et par suite les autres rythmes organiques et, par conséquent, l'usure corporelle. Si l'on admet, avec les Yoghini, que le nombre global des mouvements respiratoires de notre vie est compté, il a intérêt à respirer lentement celui qui veut vivre longtemps.

*

Le médecin a les moyens du diagnostic et du traitement de l'asthme. Il sait en outre COMMENT se réalisent l'obstruction des bronches et la crise consécutive.

Mais au-delà des mécanismes demeure l'interrogation essentielle : POURQUOI des bronches, dont la fonction est d'être ouvertes au passage de l'air, en arrivent-elles à se fermer ? Et cette question me harcèle, lancinante, à propos de tel ou tel asthmatique qu'il m'est donné d'examiner : pourquoi son asthme ? Mon interrogation n'est pas « la question de l'enfant : *pourquoi ?* mais la question de l'ancien Grec, la question du sens [...] : *qu'est-ce que ça veut dire*[17] *?* »

Tenter de réunir des éléments de réponse, c'est-à-dire de compréhension du symptôme respiratoire, m'est devenu progressivement indispensable. Car, consacrer le plus clair de mon activité à ces patients, sans percevoir la vraie nature de leur demande, a fini par me paraître insensé et insupportable.

Mieux vaut dire, en fait, la SIGNIFICATION de leur symptôme.

Si j'excepte en effet quelques patients qui interrogent immédiatement, « j'ai toujours quelque chose, docteur, qu'est-ce que ça veut dire ? », la demande du malade est extrêmement simple et légitime : *guérissez-moi.* Peut-être pas aussi simple qu'elle paraît en réalité[18]. Car les faits d'observation quotidienne montrent que, pour un certain nombre de patients, le symptôme est devenu NÉCESSAIRE[19].

On peut, dès lors, se demander à leur sujet, pourquoi ils en sont arrivés à adopter un tel fonctionnement ? Au fond, *ils* PRÉFÈRENT *l'asthme à quoi ?*

Proust a indiqué clairement qu'il le préférait à la perte de l'affection maternelle. Mais cette éventualité ne saurait tenir lieu de règle ou prendre de valeur plus qu'indicative. Il ne s'agit là en effet, que de l'UTILISATION du symptôme. Ce que Freud dénommait « son bénéfice secondaire » et dont il nous a judicieusement prévenus : « Voilà donc là le symptôme chargé peu à peu de représenter d'importants intérêts ; il [...] tend de plus en plus à ne faire qu'un avec le moi et lui devient de plus en plus indispensable[20]. »

Puisqu'il faut se garder de l'assimiler à ses attributs, POURQUOI LE SYMPTÔME ASTHME ?

Des réponses, on ne se prive pas d'en proposer au médecin. À commencer par les patients eux-mêmes : « Oh, je le sais bien, mon asthme, c'est nerveux » ; ou encore (plus moderne) : « C'est psychosomatique. » Proust avait remarqué, à son propos, le caractère dérisoire et décevant de telles réponses[21]. Non, il me semble que la réponse à la question de la signification du symptôme respiratoire ne réside pas là, aussi simplette, dans des situations de surprotection maternelle ou de conflits affectifs.

Comment, dès lors, l'esquisser ?

On ne se risque pas, me semble-t-il, en postulant que ce symptôme manifeste une souffrance qui, ne pouvant pas se DIRE (ou être entendue), s'exprimerait par le LANGAGE douloureux et sonore de l'obstruction des bronches. D'autant qu'un traumatisme psychologique apparaît parfois dans le temps à l'origine de cette souffrance.

Ainsi, dans l'observation recueillie avec Marie-Christine Alquie, de cette jeune asthmatique de 25 ans.

Brune, aux cheveux courts, de type méditerranéen, la peau mate, elle est très attachée à son apparence physique et habillée de façon légèrement provocante. Elle me raconte « qu'elle n'en peut plus » des crises d'asthme qui la réveillent toutes les nuits. L'essoufflement l'empêche, dans la journée, de s'occuper de ses deux enfants et de sa maison. Elle est déprimée, au bord des larmes.

Sa respiration est courte et saccadée, manifestement oppressée. L'asthme a débuté en avril de l'année précédente et, depuis six mois, ne lui a laissé aucun répit. Je lui demande si son mari peut l'aider. Il est chauffeur-routier, souvent absent, des journées voire des semaines durant. « Mon médecin m'envoie, me dit-elle, pour savoir si je suis allergique à quelque chose. Pourvu, docteur, que vous arriviez à trouver. »

Tout en réalisant un bilan allergologique cutané, nous parlons et je reviens sur les circonstances du début. Que s'est-il passé au mois d'avril ? Un événement particulier est-il survenu dans votre vie ? Elle se met à pleurer.

« Il est arrivé quelque chose de terrible. J'avais des cheveux très longs et très beaux (d'un geste, elle me montre jusqu'où ils arrivaient dans le dos). Un ami de mon mari, également chauffeur-routier, me menaçait toujours, en plaisantant, de me les couper. Il me répétait : “Tu serais bien mieux si tu les avais courts, comme ma femme.” Et moi je l'envoyais à la pêche car j'étais très fière de mes longs cheveux. Un jour, c'était au mois d'avril, on faisait un repas à la campagne avec des amis de mon mari, tout le monde était gai, on avait un peu bu. Ce garçon me dit : “Aujourd'hui, je vais te les couper.” Sur le coup, je n'y croyais pas. Pourtant, il l'a fait. Il est arrivé par-derrière et avec des ciseaux m'a coupé tout un côté de ma chevelure. Ça a été horrible ; tout le monde est resté stupéfait. Je me suis mise à crier et à pleurer. Depuis je perds mes cheveux. » (De larges plaques d'alopécie sont effectivement visibles sur son cuir chevelu.) Elle se tait et pleure. Puis reprend : « La soirée a été affreuse ; moi j'étais ridicule ; il a fallu que j'aille le lendemain me faire couper les cheveux. » Et votre mari ? « Il n'a rien fait. J'attendais qu'il me défende ; bien sûr, c'était trop tard, c'était fait. Mais j'aurais voulu qu'il lui dise quelque chose. Il s'est écrasé, il n'a rien dit. Tout le monde est parti ; si seulement il lui avait dit quelque chose, j'aurais été soulagée. »

Nous avons reparlé ensuite à plusieurs reprises de cette histoire et de son histoire. Un profond sentiment d'abandon dominait chez elle. Enfant, elle avait en effet perdu sa mère et son père dans un accident de la route, et avait été élevée par des grands-parents. De son enfance, elle ne conservait pas un bon souvenir. Aucune chaleur, mais au contraire le sentiment d'avoir été une charge pour ses grands-parents. Lorsque je l'interrogeais sur le traumatisme de la mort de ses parents, elle répondait régulièrement que ça n'avait pas laissé de trace, puisque depuis, elle s'était mariée, et avait fondé une famille, non, tout allait bien. « D'accord, mon mari était souvent absent et j'étais très seule pour élever mes deux enfants, mais ça allait. » Elle semblait ne jamais se plaindre de rien. Son physique contrastait bizarrement avec sa discrétion : un certain renoncement au plaisir, au bonheur même. Dans ce mode de vie, elle paraissait avoir trouvé un certain équilibre puis, brutalement, tout avait basculé.

Le facteur déclenchant, c'étaient les cheveux coupés. Et son mari aussi, qui avait laissé faire sans rien dire, sans la défendre. C'est alors que son profond sentiment d'abandon et de solitude avait resurgi. Tout le fruit de l'effort accompli pour tolérer sa situation s'est brisé. L'asthme est apparu. Elle n'a plus toléré les absences de son mari, son immaturité affective, l'absence totale de soutien de sa part.

Elle venait vers nous désemparée, fragile, écorchée, espérant que nous trouverions une explication « médicale » à sa décompensation. À la suite d'un bilan cutané négatif, j'avais demandé sans beaucoup de conviction des examens biologiques. Elle en attendait les résultats comme un verdict. Des preuves médicales d'allergie, pensait-elle, signifieraient qu'elle était « vraiment » malade. « Sinon, c'est que je suis folle. » J'avais beau l'en dissuader, elle s'accrochait à l'allergie avec désespoir. Surprise ! les résultats attestaient des stigmates d'allergie. Cette nouvelle la rassura tellement qu'aucun médicament ne lui fut nécessaire en l'absence de crise pendant plus de six mois.

Une fois cet effet passé, ses difficultés reprirent le dessus. Elle n'acceptait plus son mari, comme elle l'avait fait jusque-là. Il avait tout à coup, par son comportement, dévoilé un aspect de lui et d'elle-même si fragile, que son image lui était devenue intolérable. Tout le système de défense qu'elle avait mis en place pour exister (en particulier après le premier traumatisme de la mort de ses parents) s'était effondré.

Je l'ai maintenant perdue de vue. Elle a progressivement espacé les visites hebdomadaires qu'elle me rendait, pour disparaître complètement. À la dernière consultation, elle allait mieux et semblait s'être peu à peu résignée à une certaine solitude, de la même façon qu'elle avait renoncé à une certaine image idéale de son mari.

Apparemment limpide à première vue, la relation de cause à effet entre asthme et traumatisme psychologique ou affectif ne doit jamais par conséquent être retenue trop facilement. Le choc initial n'est souvent que le révélateur d'une souffrance personnelle, extrêmement enfouie, tenant à l'essence de l'être.

Nous avons donc atteint ici une strate plus prodonde : L'ASTHME POUR EXISTER. Chez certains, l'asthme est bien symptomatique, en effet, de la souffrance de la perte du sens, celui de leur vie. La situation des sujets progressivement marginalisés, rejetés du sein de leur famille ou de leur milieu socioprofessionnel, constitue à cet égard un exemple évocateur. Pour exister, ils n'ont plus que leur symptôme[22]. Leur crise nocturne dérange, sollicite le médecin, un traitement d'urgence, voire l'hospitalisation. Je suis asthmatique, donc je suis. L'ASTHME POUR NE PAS MOURIR.

De nombreuses observations pourraient être ainsi rapportées, confirmant le poids considérable de signifiant et de signifié dont est porteur le symptôme respiratoire. Ces observations nous interpellent tous, malades ou pas, dans la mesure où leur dénominateur commun est l'altération de la respiration ; c'est-à-dire le SOUFFLE. Et le Souffle c'est la vie. Si bien que l'asthme ne constitue que le point de départ, le prétexte presque, de ce livre, qui n'est en rien un livre « médical ».

Ce n'est pas un hasard si, dans le vocabulaire, le Souffle désigne aussi l'Esprit. Et ces expressions figées (couper le souffle, rendre l'âme), pourquoi une expérience millénaire les a-t-elle fossilisées dans le langage, si ce n'est qu'elles sont essentielles ? Le langage commun a largement MÉTAPHORISÉ la respiration. À propos de tout et du contraire de tout, comme en témoignent les expressions courantes : « perdre haleine », « laisser souffler », « pomper l'air ». Et les malades sont éloquents lorsque, joignant volontiers le geste à la parole ils dressent une SÉMÉIOLOGIE phénoménologique : « Ça me serre ; je manque d'air, je suis bloqué. »

L'asthme altère essentiellement, il faut le souligner, l'expiration de l'air. Un peu comme si l'asthmatique REFUSAIT de se séparer de l'air alors qu'il étouffe, de la même façon que l'anorexique refuse de manger pendant qu'il meurt de faim. Or, expirer, cela signifie aussi mourir. L'asthmatique allergique, que son HYPERSENSIBILITÉ transforme en un véritable détecteur des agressions de l'environnement, argumente ce refus. D'une certaine manière, il refuse cet environnement, comme en témoigne l'expression d'origine immunologique « Je suis allergique à... » passée dans le langage familier pour désigner ce qu'on ne supporte plus.

Ce refus de respirer et sa manifestation bruyante dans le symptôme respiratoire, on peut se demander s'ils ne sont pas utilisés comme une sorte de langage rudimentaire qui, incapable de s'exprimer par la parole articulée, se ferait entendre par les bronches, serait respiré au lieu d'être parlé.

Un langage pour dire quoi ?

L'INDICIBLE, ce qu'on ne sait ou ne peut pas dire avec des mots, l'INEFFABLE, ce qui est trop violent, ou douloureux pour être parlé. Paul Valéry, qui prend ce mot pour titre d'une réflexion de ses *Cahiers*, observe que, dépourvus de paroles pour exprimer certains états nous chargeons « des organes dont ce n'est pas la fonction[23] » de traduire nos efforts impuissants d'expression.

Il faut remarquer ici que le symptôme respiratoire est proche du CRI. Or, le premier cri, première parole humaine, superbe et tragique, est issu du premier mouvement respiratoire. Et ce début de la respiration humaine autonome est intimement lié au traumatisme physique, biologique et affectif de la séparation d'avec la mère.

Peut-être donc, le symptôme respiratoire, l'asthme en particulier, est-il vecteur d'une réminiscence, mimologie du cri primal et de la souffrance de séparation maternelle ?

*

Beaucoup d'écrivains ont souffert d'asthme ou de symptôme respiratoire. Comment ce symptôme, largement modulé par l'imagination[24], n'affecterait-il pas ces imaginatifs professionnels que sont les écrivains ? Certains ont tenu sur lui des propos pertinents et féconds, qu'il s'agisse des caractères du symptôme ou de sa signification. Leur symptôme, ils le décrivent souvent avec plus de JUSTESSE que ne sauraient le faire des traités de séméiologie médicale, puisque à l'authenticité irremplaçable que confère le vécu, ils ont l'avantage d'associer leur singulière capacité d'écriture.

L'écrivain, comme tout créateur, est également un familier de l'angoisse : « Toute création doit surmonter une anxiété, observe Bachelard. Créer, c'est dénouer une angoisse. Nous ne respirons plus quand nous sommes invités à un effort nouveau. Il y a ainsi une sorte *d'asthme du travail* [...][25]. »

La description du symptôme par l'écrivain PRÉCÈDE parfois celle des médecins. C'est ainsi par exemple, que Valéry a excellemment rapporté le tableau clinique de la toux par reflux gastro-œsophagien bien *avant* qu'il n'apparaisse en 1951 dans les revues médicales françaises et anglo-saxonnes[26]. Cela ne saurait surprendre car l'intuition de l'artiste a démontré depuis longue date son aptitude à anticiper le fait scientifique : Henry Moore, par exemple, avait conçu à son insu, parmi ses sculptures, les sous-unités des ribosomes cellulaires, bien avant leur observation en microscopie électronique.

Les pneumologues connaissent évidemment l'observation de Marcel Proust. Celui qui, sans en être tout à fait le père, a beaucoup développé les effets de mémoire affective, démarche significative de l'hyperesthésique qu'est l'asthmatique. Valéry, pour avoir beaucoup observé son symptôme, a formulé sur lui quelques remarques fécondes : « Que serait telle pensée, si elle n'avait une gorge à serrer, des glandes à tarir, une tête à enflammer, un souffle à comprimer [...][27] ? » On peut également évoquer Mallarmé, à propos duquel Roland Barthes écrit « L'écriture et le silence[28] » et qui meurt muet, de son larynx. Ou Claudel enfin, indemne de symptôme respiratoire, qui est l'exégète du Souffle.

Mais le meilleur « asthmologue » des écrivains, celui dont la lecture a le plus éclairé mes interrogations, est Raymond Queneau. En lui, s'associent le séméiologiste admirable, qui a décrit la crise d'asthme de la façon exceptionnelle qu'on a vue, et l'homme de pensée, que les longues crises nocturnes ont déterminé à en chercher le sens. Et le fruit de la réflexion de l'asthmatique qu'il est, rejoint celle du médecin interpellé par l'asthme que je suis.

Ma *première démarche* a donc consisté à examiner, dans la littérature française, l'importante contribution des écrivains à mon interrogation. Je me suis attaché pour cela aux auteurs qui ont particulièrement eu à faire avec la Respiration, le symptôme ayant fait d'eux des témoins singuliers, sans former, évidemment, le projet absurde de dresser le catalogue des écrivains et poètes phtisiques, asthmatiques ou bronchiteux.

La signification qu'est susceptible de revêtir le symptôme respiratoire a fait ensuite l'objet de ma réflexion. Depuis Hippocrate et son intuition relative à la crise en médecine, après Eschyle et son théâtre dramatique, jusqu'à Raymond Queneau, en passant par Freud et sa fameuse psychanalyse de l'asthmatique Dora, un faisceau d'éléments, joint évidemment au témoignage des malades, éclaire la compréhension de ce symptôme.

Celui-ci est envisagé enfin, du point de vue de *son histoire culturelle*, c'est-à-dire de la trajectoire qu'il décrit par rapport à l'évolution sociologique, artistique et historique d'une époque. Deux sortes d'affections illustrent cette évolution depuis le XVe siècle. À la tuberculose, contemporaine du mouvement romantique et quasiment disparue d'Europe, s'est progressivement substituée la prédominance d'autres maladies respiratoires (asthme, bronchite et cancer). Leur dénominateur commun est d'atteindre les bronches, témoignant peut-être d'une perturbation dans la relation de l'individu avec son environnement.

*

Outre les risques qu'encourt le profane[29], je me suis exposé à un autre très classique thème de critique, souvent formulé à l'égard de ceux qui scrutent un auteur à travers son œuvre ou inversement. Car l'écrivain est à la fois présent et absent de son œuvre ; Proust et Valéry, par exemple, ont fortement dissocié l'un de l'autre. Mais il faut ici préciser une évolution dans le temps.

On a parfois, dans le passé, utilisé des biographies pour expliquer des œuvres littéraires. La tendance s'est ensuite inversée au contraire vers une dissociation radicale. Tout ce qui est excessif est insignifiant. Une attitude plus nuancée et mieux argumentée me paraît désormais possible et souhaitable. Bien qu'elles soient étroitement imbriquées dans la réalité (chez Proust par exemple), une tentative de dissection des liaisons entre symptôme et écriture peut donc être tentée. Le symptôme respiratoire peut s'inscrire dans l'œuvre écrite, tout d'abord par le MATÉRIAU qu'il est susceptible de lui apporter. Lorsqu'un écrivain est atteint de bronchite, d'asthme ou de tuberculose, les symptômes qu'il impute à ses personnages procèdent évidemment de son vécu : ce ne peut être que lui. Il en va de même de ses réflexions relatives au symptôme, à la façon dont il l'a perçu et compris.

La SOUFFRANCE et le HANDICAP, que constitue le symptôme respiratoire dans une existence, représentent le second élément à considérer. Une vie entière sous la menace de l'asthme ou de la tuberculose ne peut pas ne pas influencer les conditions matérielles et psychologiques de la vie de l'écrivain et indirectement son œuvre. La souffrance modifie encore, pour l'accroître, la SENSIBILITÉ de l'écrivain, favorisant sa fécondité. Gide et Camus considèrent ainsi que leur tuberculose les a rendus « poreux » à des sensations nouvelles. Mais, prenons garde de ne pas nous arrêter à une relation de causalité primaire selon laquelle il faudrait souffrir pour être génial. La souffrance et le génie, le thème n'est pas nouveau. Pas plus d'ailleurs que son relent d'apologie de cette souffrance. Non, mieux vaut tenter de disséquer la liaison entre souffrance et créativité.

L'artiste porteur d'un symptôme en général, et l'écrivain en particulier, entretient avec lui, on le sait, une relation variable selon les cas, mais toujours ambiguë. S'il en subit le poids de souffrance, il en recherche, plus ou moins consciemment, le bénéfice de créativité. Conscient de l'étroite connexion entre maladie et création artistique, Thomas Mann fait dire ainsi au poète d'*Altesse royale*, l'une de ses premières œuvres : « Ma santé est débile. Je n'ose pas dire malheureusement, car je suis convaincu que ma création est intimement liée à mon infirmité physique[30]. »

Le symptôme est donc maître, dans la mesure où son poids entrave profondément une vie, mais l'écrivain l'utilise, le met au service de sa création, en devient le régisseur : ma maladie m'impose (en fait me permet) de m'isoler, pour me consacrer exclusivement à mon œuvre. C'est le cas de Flaubert par exemple. C'est celui de Proust, qui qualifie la maladie de « collaboratrice inspirée[31] » et ses misères physiques de « Compagnes chéries[32] ».

Reste à discuter enfin une liaison encore plus intime mais plus mystérieuse aussi entre le symptôme et la création et, peut-être, l'écriture elle-même[33]. On ne peut manquer de remarquer que l'aggravation de l'asthme (celui de Proust par exemple) est parfois contemporaine de la fécondité créatrice. Est-ce à dire que le caractère cathartique de l'asthme, évoqué plus loin, doit être rapproché de cette créativité ?

Voici un texte de Queneau qui nous paraît de nature à argumenter la relation entre symptôme respiratoire et écriture : « L'idée du poème gît dans le nuage. En bas, le poète qui croyait bien respirer, s'aperçoit que les bronches sont un peu prises. Il tousse. Quelle toux ! Tout retentit de cette toux. Il rougit plein d'embarras, le sang circule un peu plus vite. *Le tonnerre thoracique secoue le ciel brumeux. Il y a maintenant des mots tracés sur la feuille blanche*[34]. Est-ce le commencement d'un recueil ? En ce cas, il devrait contenir dix mille choses. Ce n'est encore qu'un projet[35]. »

Après le « tonnerre thoracique » (c'est-à-dire les quintes de toux qui, dégageant les bronches obstruées, dénouent la crise), voilà que « des mots » sont apparus « sur la feuille blanche ». Les deux phrases n'ont pas une évidente relation de cause à effet, mais au moins de proximité. Leur concomitance les associe. La libération bronchique paraît avoir libéré l'écriture – et inversement –, le poème a peut-être délivré le malade.

Puisqu'il s'inscrit dans le corps, pourquoi le symptôme respiratoire ne s'inscrirait-il pas enfin, d'une certaine façon, dans l'écriture ? On verra avec Claudel que la respiration, au centre de toute vie et de toute création, participe à toute activité humaine, y compris l'écriture. Notre temps, à la suite de Gide, pose la problématique de l'écriture littéraire sous la forme de la « mise en abyme[36] ». Ce terme d'héraldique, que Gide, non peut-être sans raison, agrémente d'un « y », désigne l'inclusion, au centre d'un blason, d'un blason strictement identique, en réduction. Cette figure, dont j'ignore le sens, modélise assez bien, observe Daniel Moutote[37], le problème de l'écriture littéraire moderne. L'œuvre littéraire est une écriture en peine d'une parole, qui ranime une parole défaillante ou tarie, la « parole manquante », selon l'expression de Camus. Et peut-être, par la parole de sa souffrance, l'écrivain n'est-il pas totalement absent du centre du blason.

Respiration et écriture ne sauraient donc être tenues pour totalement étrangères. Mais, selon des modalités évidemment fort énigmatiques. En poète, René Char m'écrit à ce sujet : « Pénombre et clarté s'exercent certainement au judo, sans témoins, dans les clauses de notre respiration[38]. »

À d'éventuels détracteurs, je réponds par avance que ma démarche ne consiste en aucune façon à expliquer une œuvre par le symptôme respiratoire de l'écrivain, ou de lire inversement le symptôme dans une œuvre. Ce petit jeu ne m'a jamais paru ni bien réglé ni passionnant. J'ai voulu simplement présenter, côte à côte, des écrivains, leur symptôme et leur écriture.

Le caractère purement médical du symptôme n'était pas non plus mon dessein. Mon propos est de considérer ce que ce symptôme respiratoire a pu représenter dans la vie d'un écrivain, ce qu'il a signifié pour lui et de lui, influençant par conséquent ce que nous recevons aujourd'hui de cet écrivain.

Je n'ai jamais eu la prétention de révéler un écrivain, mais de parachever le dessin de ses traits par l'éclairage de son symptôme.

Cette démarche m'a permis en outre deux constatations.

À travers la bibliographie de cet ouvrage, j'ai pu remarquer combien les biographes sont avares d'indications sur la maladie en général et le symptôme respiratoire de l'auteur en particulier. L'absence d'information fiable l'explique parfois. La discrétion de l'auteur et/ou du biographe me paraît aussi souvent en cause. Évoquer la santé des autres relève d'une démarche considérée comme indécente. Spécialement en matière de tuberculose, maladie vécue comme « honteuse ». La fable est en revanche entretenue par des affirmations péremptoires lorsqu'elle est opportune : c'est le cas du prétendu asthme de Louis Jouvet inventé de toute pièce pour expliquer son élocution singulière[39].

Mais ce mutisme est également significatif d'un état d'esprit, plus ou moins conscient, qui consiste à considérer que l'état de santé de l'auteur est sans relation avec son écriture.

La seconde constatation concerne la contribution que pourraient – et devraient – apporter au médecin d'autres disciplines (sciences sociales, linguistique, épistémologie, etc.), dont il n'est aucunement instruit par sa formation universitaire. Les impératifs actuels de cette formation sont tels que le médecin se doit désormais beaucoup à sa technique. Mon propos n'a rien de péjoratif, dans la mesure où cette évolution correspond, pour partie au moins, à une nécessité. J'en déplore simplement certaines conséquences.

Ces auteurs, que leur symptôme respiratoire m'a amené à scruter davantage et avec d'autres yeux, me sont apparus attachants parce que « parfaitement » humains. Je veux dire de ces êtres auxquels nous sommes reconnaissants de nous avoir précédés dans la dure voie explorée par l'homme jusqu'à « l'extrême Nord humain ». Qu'il s'agisse de la souffrance de Queneau, de la personnalité anxieuse de Valéry, de la passion mortelle de Proust, du désespoir cynique de Laforgue, de la révolte de Camus, ou du courage silencieux de Barthes.

Je les ai beaucoup aimés, d'une affection profonde et vraie. Qui d'ailleurs pourrait bien ne pas les aimer, eux qui se révèlent, devant la maladie, à la fois douloureux et courageux, grands et vulnérables, géniaux et misérables, passionnés de vivre et fascinés par la mort ?

PREMIÈRE PARTIE

Des asthmatiques et un tousseur

1

RAYMOND QUENEAU :
L'ANTI-ROUSSEAU –
UN ASTHME ONTALGIQUE

> la grande atmosphère bien qu'il ouvre spasmodiquement le bec avec des amplitudes croissantes, elle n'arrive pas à pénétrer ses profondeurs à lui, l'homme pas plus grand qu'un pou, il y a [...] un petit espace tout ramifié pareil à un arbre double et qui ne veut pas de la grande atmosphère[1].

Au contraire de Mérimée et Proust, Raymond Queneau n'a pas écrit au sujet de *son* asthme. Mais ses personnages parlent de l'asthme d'une façon extrêmement pertinente, essentielle même, à mes yeux.

Et de quel asthme peuvent bien parler les personnages de Queneau, sinon évidemment du sien, c'est-à-dire de son vécu !

Ce vécu, c'est une très longue carrière d'asthme allergique. Sa première crise survient à vingt ans, mais elle a été précédée de rhinite et de rhume des foins. Aux descriptions qu'il en donne, on verra que son asthme était sévère et qu'il a connu l'impression de mort imminente, les nuits d'insomnie, les étouffements terribles qui ne passent qu'au petit matin :

> *À son heure l'aube opportune*
> *fait cesser l'asthme et l'insomnie*[2]

Queneau était sensibilisé à de nombreux allergènes et en particulier aux pollens de graminées. Leur agressivité printanière lui fit éprouver toute sa vie durant à l'égard de la campagne, une certaine aversion.

Qui sait tout ce que ces graminées ont pu représenter pour lui ?

Dans chacun des romans de sa première période (jusqu'à *Pierrot mon ami*), il a donné à l'un de ses personnages un nom d'allergène pollinique, adapté, évidemment, « à la Queneau[3] ». C'est « Agrostis » (variété de graminées) dans *Odile*, « Gramigni » (pour graminées) l'épicier d'origine italienne des *Enfants du limon*, ou « Miss Weeds » (herbacées) dans *Un rude hiver*. Sans compter le jardinier « Gramicide » (*Battre la campagne*). Queneau a sûrement examiné avec attention la liste des tests cutanés que lui avait faits son allergologue !

Ironisant, il recommanda le seul remède possible, contre les graminées : prier « le grand monsieur Saint Foin », patron des herbacées !

On a coupé les foins
ce qui fait éternuer
messieurs les Parisiens
venus se reposer

les paysans du coin
savent qu'il faut qu'on prie
le grand monsieur Saint Foin
pour guérir l'allergie

le grand monsieur Saint Foin
a fait bien des miracles
pour les poumons qui sifflent
les bronches qui renâclent
et les nez qui reniflent[4]

On verra cependant que les graminées ne sont que les coupables apparents de son aversion pour la Nature, fondée en fait sur des raisons plus profondes.

Pendant dix ans, de 1932 à 1942[5], ses crises, survenant surtout au bord de la mer et dans le Limousin, sont espacées et assez supportables. Mais 1942 est une année terrible, avec des crises extrêmement fréquentes et un essoufflement permanent.

Le traitement de désensibilisation ne donna jamais, chez lui, de résultat efficace. Il essaiera de même tous les moyens thérapeutiques du moment, et on verra, aux jugements pessimistes qu'il porte sur eux, quel bénéfice il en retira.

À partir de décembre 1943, son asthme aurait été amélioré par une technique thérapeutique actuellement abandonnée, consistant à infiltrer d'anesthésiques le système sympathique cervical. S'il ne fut pas le seul, le cas de Queneau représente, cependant, l'une des exceptions confirmant l'efficacité très incertaine de ce type de traitement. Effet placebo ? Il demeure en tout cas sans crise jusqu'en 1948, année où les troubles réapparaissent. Bronchites et rhumes l'handicapent ensuite jusqu'à la fin de sa vie, responsables progressivement d'une insuffisance respiratoire. Bien que très éprouvé par cet asthme, il en parlait peu autour de lui[6]. L'eczéma, l'urticaire, de violentes migraines, l'hypertension artérielle enfin l'affectèrent également.

Deux portraits d'asthmatiques sont dessinés dans l'œuvre de Queneau ; Daniel Chambernac[7] et Louis-Philippe des Cigales[8].

Très différents, ces deux personnages ont en commun leur souffrance, émouvante et violente, mais digne.

Daniel Chambernac (né en 1903, comme Queneau) est le neveu de celui qui travaille à son impubliable *Encyclopédie des fous littéraires*. C'est un garçon aimable, discret, qui ne parle pas, ou alors « pour ne rien dire ». Mais on va voir qu'à défaut de parler, il pense.

Depuis quelques jours, il ne va pas bien, et sent l'air « se resserrer autour de lui, se rider ». Et un soir au coucher, alors qu'il n'avait plus d'asthme depuis une dizaine d'années, il sent venir une crise. Il espère, au début, qu'elle va tourner court, et s'assoit tout bossu, « prenant automatiquement la position de l'asthmatique, celle des momies du Pérou celles qu'on mettait dans des jarres, celle de l'embryon[9] ».

Et il se souvient alors de sa première crise ; il était à La Ciotat. Ensuite, il en a eu beaucoup d'autres. Puis ce fut le calme total, une période de rémission, en particulier pendant tout le service militaire. Mais il n'a pas oublié qu'à l'époque de La Ciotat, il regardait avec horreur, à la pêche, « les cabrioles du poisson qui, gueule ouverte, sanglante du hameçon arraché, essayait de saisir un espace respirable dans cette grande masse d'air qui l'angoissait[10] ».

La crise qui menaçait devient réalité. Elle est terrible. Voilà Daniel

Chambernac suant et haletant, peinant « après la gorgée d'air. De temps à autre, il réussissait à expectorer des crachats granulaires et noirâtres, pas du tout comme ceux quand on est enrhumé. Congestionné, migraineux, le cœur battant gonflé comme outre, il attendait qu'arrivée à son comble cette crise se terminât. Il n'y avait plus en lui qu'un souffle si pauvre qu'il aurait pu croire qu'il allait mourir. Mais il savait qu'il renaîtrait[11] ».

La crise cède effectivement, au matin. Mais l'asthme, désormais, ne disparaîtra plus. Les crises se répètent « maintenant toutes les deux nuits », bien qu'il ait cessé de fumer, ce qui fait « un jour tout obombré d'emphysème ».

« Un médecin lui faisait prendre de l'éphédrine et cette substance l'éloignait du monde. Lorsque, ainsi drogué, la poitrine encore râlante, il errait dans les rues où courait un vent d'hiver, il apercevait une fantasmagorie singulière de formes et de lueurs agitées, toute une vie désormais étrangère.

« Il ne travaillait plus s'étant fait certifier malade. Mme Hachamoth s'inquiétait et le baron lui recommandait quelque grand professeur ; mais Daniel se contentait dans les plus fortes crises de piqûres de sédol et de morphine. »

« De grandes journées vides » se présentent ainsi à lui, qui se détache de plus en plus de l'existence qui était la sienne : « l'usine, Paris, sa famille ». On perçoit bien, par ces citations un peu longues, quel pouvait être le « contexte » de l'asthme de Queneau.

Le second asthmatique de son œuvre y apparaît sept ans plus tard et se dénomme Louis-Philippe des Cigales[12]. Loufifi pour les intimes. Ce personnage minable, décrit dès le début du roman, habite une mansarde. Il est poète, « comme Mallarmé » [!] mais moins célèbre que lui, car il est connu... à Rueil, mais moins à Nanterre, Suresnes et Courbevoie. Dès qu'on a passé la Seine, on ne le connaît plus. À Paris et à Neuilly, on l'ignore carrément.

Alors qu'il vient de vider sa poubelle en robe de chambre, il rencontre une jeune fille, Lulu Doumer, à laquelle, avec Thérèse sa compagne, ils proposent de jouer aux cartes.

À défaut de savoir en jouer, Lulu sait les lire. Voyance, ou pure imagination, tout ce qu'elle « voit » dans le passé de des Cigales se révèle cruellement vrai (la femme qu'il aimait est partie avec une lesbienne). Après avoir lu les cartes, on parle de tout et de rien ; ou plutôt si, de poux. Chacun raconte sa petite histoire de poux, sans prêter attention à celle des autres[13].

Mais des Cigales n'est pas resté indifférent au rappel de son passé. Thérèse, qui l'observait depuis cinq minutes, s'aperçoit qu'il « faisait une drôle de gueule [...].

« – Ça ne va pas Loufifi ?

« Il agite la tête, ça veut dire non. Il ne respire plus bien du tout. Il ne veut plus parler. Le pourrait-il même. Même s'il voulait[14]. » La crise d'asthme, qui débutait, va se développer et Raymond Queneau en donne la description « magistrale », précédemment rapportée, dont le ton, on l'a vu, est assez rabelaisien.

L'œuvre de Queneau, malgré son pessimisme fondamental, est effectivement imprégnée d'humour. Lui-même, très apprécié pour sa drôlerie et ses plaisanteries incessantes, était pourtant aux dires de ses proches profondément pessimiste et anxieux.

Faut-il imputer ce pessimisme à son asthme, chronique et invalidant ?

Si elle peut être posée, la question doit demeurer sans réponse. Un tel pessimisme, en effet, est présent chez beaucoup d'asthmatiques, qui finissent par penser que, de toute façon, « de l'asthme, on n'en guérit pas ». Mais ce serait une vue bien sommaire de la réalité que d'imputer anxiété et pessimisme au symptôme asthmatique, car la proposition pourrait être parfaitement inversée.

Non, mieux vaut considérer ce que Queneau a pu comprendre de l'asthme et ce qu'il a représenté pour lui.

Qu'est-ce que l'asthme à ses yeux ?

Sa description des crises évoque une souffrance terrible, une angoisse atroce. Mais ne comporte, au contraire de Mérimée, ni pleur ni gémissement. Sa « lecture » du symptôme asthme a évolué en outre dans le temps, car elle est différente à sept ans de distance.

La crise de Daniel Chambernac, décrite la première, dure toute une nuit. Longue nuit d'insomnie, pendant laquelle on pense... Le récit très « clinique » des manifestations découpe chronologiquement la crise en ses phases successives, de prodromes, début, acmé et, à l'aube, résolution. Et, entre chacune de ces phases s'intercale une réflexion, sur le thème de la souffrance et du Mal.

Car, pour le Queneau de cette époque (1930-1938), l'asthme, c'est le violent rappel de l'existence du Mal.

Daniel se remémore pendant sa crise le texte du Larousse relatif au mot *supplice.* Il le connaît par cœur ; y compris l'exemple, qui en est donné, de l'exécution du pauvre Damiens, affreusement torturé et écartelé pour le crime bien bénin d'avoir blessé Louis XV d'un canif. Parce que le thème de la douleur est devenu « son sujet principal de réflexion, son objet unique ». Il est taraudé par l'insoluble problème du Mal.

Si l'asthme l'amène à méditer ce thème, il ne représente pas le Mal à ses yeux ; pas plus que « l'agonie du cancéreux » ou les « douleurs fulgurantes du tabès ». Ce n'est pas sa souffrance personnelle qui lui fait évoquer le Mal, dans une sorte de révolte égoïste. Non, sa souffrance lui rappelle le Mal obsédant, né de la libre intervention de l'homme, « gribouillant » la création de Dieu. Peu importent martyrs et damnés, tant que persiste sur terre « l'ombre visqueuse des supplices ».

Mais l'asthme de Daniel, on l'a vu, passe à la chronicité. Et en même temps qu'il se marginalise, sa réflexion sur le Mal devient une réflexion sur Dieu et sa relation à l'homme. D'une sorte de passivité fataliste, il évolue vers une confiance un peu résignée.

« Un jour dans un café où, les poumons sifflants, il buvait, un Américain, un soldat de l'Armée du Salut lui vendit une bible dix francs. » Depuis le Deutéronome jusqu'aux Épîtres aux Romains, en passant par les prophètes, Job et Amos, il recense dans cette bible quinze versions d'une même formule, relative à la sévérité de l'Éternel : « de même l'Éternel prendra plaisir à vous faire périr et à vous détruire ».

« Et Daniel demeurait plein de stupeur. »

Mais son entourage finit par se lasser de lui et fourbit ses reproches. Car enfin, il exagère et son asthme est bien « incompréhensible », puisqu'il « avait complètement passé et puis voilà que ça te reprend. Pourquoi ? » Il répond calmement toujours la même chose : « La volonté de Dieu. »

La mort de son épouse, sorte de Jeanne d'Arc moderne l'affecte très modérément car « il désirait la solitude ». Qu'il finit par trouver dans un médiocre hôtel du centre ville où il « accomplissait ses crises d'asthme dans une petite chambre ». Errant d'autres fois sur les boulevards, suffoquant, « il continuait à chercher Dieu ».

Recherche laborieuse ; Dieu n'est pas l'auteur du Mal, il ne partage pas ses propres jugements sur ce qui est bon ou mauvais, voilà sa première réflexion. Les gens ont accommodé Dieu à leur façon, ils en ont fait un « bonguieu à la guimauve » qu'on peut « lécher sans se râper la langue », constate-t-il ensuite. Sa petitesse lui apparaît enfin, s'amusant que « son infirmité se soit gonflée de quelques onces de néant ». Il est désormais devant Dieu « comme un simple et comme un enfant », réalisant ainsi la recommandation évangélique du Christ.

Dans la période de rédaction de ce roman (1930-1938), la « lecture » de l'asthme est donc plutôt philosophique, sans dimension psychanalytique, alors qu'elle coïncidait avec la première démarche de psychanalyse de Queneau (1933-1939). Il semble qu'Adrien Borel, consulté en mai 1933, ait dirigé Queneau vers Mme Lowska, pour une psychanalyse qui se prolongea jusqu'en 1939. Après sa démobilisation, en octobre 1940, Queneau retourna vers Borel plusieurs fois par semaine, « mais sans reprendre la "position psychanalytique"[15] ». Si l'on en juge par les propos assez désabusés qu'il prête à Chambernac cette psychanalyse ne semble pas l'avoir beaucoup enthousiasmé :

« J'en suis bien revenu : de la psychiatrie, dit Chambernac [...] ça n'explique rien, et puis c'est prétentieux. J'ai lu aussi des livres de psychanalyse, vous connaissez ?

« – Mais certainement, répondit Astolphe qui se vantait d'avoir été un des premiers à parler de Freud dans des milieux distingués.

« – Ça explique des choses reprit Chambernac, mais pour les psychopathies, comme ils disent, ils avouent que ça les dépasse encore un peu. Ils remettent ce qui est faussé, ils ne remontent pas ce qui est cassé[16]. »

Chêne et Chien (1937) évoque également cette analyse à plusieurs reprises :

> *Enfin me voilà donc couché*
> *Sur un divan près de Passy*[17]

Mais

> *Il y a tant de rêves qu'on ne sait lequel prendre,*
>
> *C'était pourtant bien agréable*
> *d'avoir une oreille sous la main*
> *et dérouler sa comédie*
> *[...]*
> *et voilà que le salopard*
> *veut faire payer ces auditions*[18].

Avec l'asthme de Loufifi (1944), la « lecture » est radicalement différente. Queneau n'a plus de crise en cette période-là, mais le souvenir de l'année 1942, particulièrement mauvaise, demeure très vif. Si le ton est rabelaisien, la conception de l'asthme est freudienne et la seconde démarche de psychanalyse y est certainement pour quelque chose. Ce n'est plus le thème du Mal qui est évoqué à propos de la crise d'asthme, mais celui du refus de « l'environnement » (dans le sens le plus large du terme).

C'est Thérèse qui commence notre information sur l'asthme. Soignant très fidèlement Loufifi, elle connaît bien sa maladie et, avant que sa crise ne se déroule, nous avertit que c'est une « ontalgie », une maladie qui ressemble à l'asthme mais « c'est plus distingué[19] ».

À Lulu qui voudrait savoir, après la crise, « qu'est-ce qu'il a, au juste ? », Thérèse explique que cette maladie-là, on ne doit pas la connaître chez ses « péknos, vu que c'est une maladie toute récente, existentielle en plus de ça ».

Si l'ontologie est la « science de l'être[20] », l'ontalgie est probablement la douleur de l'être, la souffrance existentielle.

Thérèse sait bien par expérience, d'ailleurs, que « ça ne passe jamais l'ontalgie[21] ». On est toujours obligé d'en venir aux drogues. Et sur l'efficacité de ces drogues, Queneau porte un jugement cruel, lorsqu'il la compare à celle de la roupie de sansonnets. Le pharmacien Linaire prépare en effet un sirop, « l'Ontalgocure des Joyeux Sansonnets, spécifique radical de l'ontalgie, de l'angoisse existentielle, de l'asthme substantiel, de l'épilepsie essentielle et autres maladies circumvoisines[22] ».

La compréhension de l'asthme que formule Queneau après avoir décrit la crise de Loufifi me paraît essentielle. Pertinente et féconde, elle est exactement identique à celle d'un asthmatique, analysé puis analyste[23].

Queneau ne désigne pas notre environnement par les mots solennels d'Espace Cosmique ou de Cosmos. Il l'appelle la « grande atmosphère ».

L'homme qui y vit (pas n'importe lequel, s'il vous plaît, Louis-Philippe des Cigales !) n'est pas moins misérable, petit et laid, qu'un pou. Et pour son malheur la grande atmosphère ne parvient pas à pénétrer ses poumons : « la grande atmosphère qui entoure ce globe où pas plus gros qu'un pou vit Louis-Philippe des Cigales, la grande atmosphère bien qu'il ouvre spasmodiquement le bec avec des amplitudes croissantes, elle n'arrive pas à pénétrer ses profondeurs à lui, l'homme pas plus grand qu'un pou, il y a un petit espace où elle ne pénètre point, un petit espace tout ramifié pareil à un arbre double et qui ne veut pas de la grande atmosphère[1] ».

Il y a donc un petit espace qui *ne veut pas* de la grande atmosphère. Voilà me semble-t-il, évoqué le refus de l'air, refus de l'environnement.

Après s'être demandé comment Queneau a compris son asthme on peut examiner ce qu'il a représenté pour lui.

Voici dans ses notes, tout d'abord, quelques remarques singulières sur le sujet de l'asthme. En 1963 (il constate, cette année-là, que Breton, lui aussi, est asthmatique) : « Il y a quelques temps, découverte du rapport entre l'asthme et l'éloignement. » Et ailleurs : « Il y avait-il des asthmatiques parmi les légionnaires romains ? » À la date du 6 décembre 1975 : « état asthmateux = respiration courte et surtout une sorte d'aura psychique déprimante ». Il note la même année la curieuse incidence de la lecture d'un asthmatique allergique par un autre écrivain asthmatique allergique : « J'hésite toujours devant une relecture de Proust ; chaque fois, cela me donne des phénomènes allergico-hystériques[24]. »

Après ces remarques, on peut rappeler le texte, cité au début de cet ouvrage, où Queneau, associant l'une de ses crises d'asthme et la genèse d'un poème, paraît établir entre elles une relation, au moins de continuité. Son humour impose évidemment beaucoup de réserve dans toute interprétation ; lorsqu'on voit, par exemple, ce qu'il dit ici de l'inspiration poétique :

« – Je me demande comment ça vous vient l'inspiration ?
« – En général en me retenant d'uriner.
« – Il y a un rapport ?
« – Un rapport certain. De contention[25]. »

Mais la dérision est peut-être moins dérisoire qu'elle ne paraît ; car contention n'est pas très éloignée de rétention (de l'air).

Avançant à présent sur un terrain moins hypothétique, celui de l'allergique, on peut proposer que l'asthme de Queneau témoigne avant tout de son *hyperesthésie*. Allergique, il est l'être différent, le minoritaire, celui qui, doté d'une sensibilité exacerbée, perçoit davantage que les autres, et avec une extrême acuité, la dureté de la condition humaine.

De cette perception, procède la tentation du désespoir. Elle est omniprésente dans son œuvre. Il suffit de lire *Les Poissons*[26] pour s'apercevoir qu'ils ont une « chienne de vie, une vache d'aiguesistence et dépourvue de personnalité ». Et « l'ogresistence du homard » n'est pas « moins angoissante », puisqu'il est plein de « hainesistence ». La crainte, c'est bien le trait qui unit le homard et l'homme. Si toute visite à l'aquarium est affreusement angoissante, c'est que ces poissons sont misérables, aveugles, « osscurs », sans possibilité de transcender. Et même, si vous cessez de regarder l'aquarium « les tarabustations du doute » vous poursuivront, oppressé par un « malaise universel ».

Similaires à la situation des poissons, les personnages de Queneau vivent dans un univers médiocre, caractérisé par l'échec. Ils éprouvent le sentiment que quelque chose ne tourne pas rond dans l'existence. La vie n'est qu'une stagnation, dont la mort est le terme. Tout s'inscrit donc dans un mouvement circulaire, dont on ne peut sortir. Dépourvu de signification, notre monde est absurde. Dès lors, « Comment concilier l'absurde et la vie[27] ? »

À l'absurdité, notre monde ajoute son hostilité, qui fait naître l'angoisse, partout sous-jacente dans l'œuvre de Queneau.

L'angoisse m'étreint m'étrangle et j'empire
de plus en plus con[28]

L'agressivité des graminées, par exemple, il ne faut pas s'y tromper, ne représente à ses yeux que l'une des manifestations d'hostilité de la campagne, c'est-à-dire de la Nature. Celle-ci, contrairement à ce que chacun s'imagine depuis Rousseau, n'est pas bonne. Le long monologue de Paul, dans *Les Ruraux*, constitue contre elle un véritable réquisitoire : « Dès que je m'éloigne d'une construction habitable où subsiste, parois prenantes, l'odeur d'humanité, l'infecte frayeur qui me saisit me dégoûte à vomir des beautés naturelles[29]. »

Comment, se répète-t-il, après avoir accepté une invitation à la campagne, me « suis-je encore laissé prendre » au « solennel emmerdement de la ruralité ? »

Mais s'il n'y avait que cela ! À la campagne, on saisit l'absurdité du Cosmos, mais aussi, « on a peur[30] ». Peur d'une présence mystérieuse mais menaçante, de quelqu'un qui nous regarde ; « de là-haut ». Et il vaut mieux « se tenir à carreau ». On peut assister, passif, aux mouvements du monde et croire à ce que l'on veut, n'empêche qu'on n'arrive pas à savoir :

Mais qui mais qui donc tousse là-haut[31] ?

Dans l'œuvre de Queneau, l'une des « plus lucidement désespérées que l'on ait jamais vues » il y a heureusement l'humour[32].

« Soudain, son rire tout en asthme[33] » me paraît une formule très heureuse de Poirot-Delpech, pour évoquer son habitude de rire de tout, y compris de ses misères de santé.

Si l'humour disparaissait de son œuvre, seules subsisteraient l'absurdité de la vie et l'omniprésence de la mort. *Loin de Rueil* et les romans qui l'ont précédé dessinent un univers singulier, « où se rejoignent Watteau, Laforgue et Corbière [...][34] ».

À l'humour, s'ajoute l'effet salvateur du langage. Car l'écriture de Queneau est drue, drôle, spontanée. C'est la fête du langage. Et sans doute, cette exubérance du langage correspond-elle à une tentative de lui faire dire davantage, une sorte d'au-delà des mots. Car pour avoir beaucoup réfléchi au sujet du langage, Queneau ne le croit pas capable d'exprimer la vérité ; ou en tout cas, ignore « où se trouve le passage d'un petit peu de vérité à un peu plus de vérité[35] ». Il invoque comme significatif à cet égard le livre du docteur Carson, *Les Vieilles Douleurs*, parce qu'il démontre « l'incapacité maladive » des malades à dire leur symptôme, même dans des cas où celui-ci est simple (mal à la tête ou mal au ventre), c'est-à-dire où le langage serait un instrument facile à manier. « Eh bien pas du tout » ; et il cite, de mémoire, le dialogue suivant :

Le médecin demande au malade : « Qu'est-ce que vous avez ? » Le malade répond : « Des anomalies. » Le médecin demande : « Quel traitement avez-vous suivi ? » L'autre répond : « On m'a fait trois radios. – Quel métier exercez-vous ? » Le malade répond : « Je suis inspecteur au bâtiment B. – Et en quoi cela consiste-t-il au juste ? – C'est le bâtiment au fond de la cour. »

Ou bien, conclut Queneau, le langage le plus élémentaire n'est pas aussi simple qu'il paraît, ou bien il ne remplit pas son rôle, il est inapte à exprimer.

À travers les *Exercices de style*, la *Littérature combinatoire* et *L'Oulipo*, Queneau et son groupe n'ont pas cessé d'utiliser toutes les ressources du langage. « Toute l'œuvre de Queneau n'est qu'une longue et cocasse méditation sur le langage[36]. » Afin de trouver enfin « une voie triomphale qui conduira vers les Terres promises et les Eldorados[37] » de ce langage.

Mais, même utilisé à l'extrême de ses possibilités, ce langage paraît effectivement incapable de « tout dire ». Puisqu'il y a l'asthme.

Témoin de son hypersensibilité, l'asthme de Queneau lui permet donc aussi, semble-t-il, de la *métaboliser*. Décrire les crises de ses personnages et leur angoisse a vraisemblablement contribué à exorciser les siennes[38]. Pour ses personnages (et lui-même), mieux vaut l'asthme que le suicide et la folie.

L'angoisse de Queneau (celle du poète quel qu'il soit), c'est fondamentalement celle de la mort. Il ne fait que « parler la mort[39] », installée en lui comme en chacun de nous. Beaucoup de poèmes (IV) de *L'Instant fatal* évoquent la mort :

> *permettez mille excuz à ce crâne — une boule —*
> *de susurrer plaintif la chanson du néant*[40]

Et encore :

> *Je suis si mort déjà que je puis rire aux larmes*[41].

« Si la vie s'en va », et enfin, il ne reste que la nuit :

> *[...] la nuit ça va bien quand elle est passante*
> *et pas le trou noir qu'on vous fout dedans*[42]

Ces poèmes tentent de dire la monstruosité de la mort afin, peut-être, d'en accepter l'oppressante perspective.

Sur la fin de sa vie, l'asthme de Queneau n'est plus critique. Il a évolué vers une insuffisance respiratoire bronchitique, qui l'habite en permanence. D'autres symptômes l'accablent. Mais il n'attend plus rien de la médecine et des médicaments. Son hyperesthésie a été métabolisée. Il n'est pas blasé mais a perdu son appétit de vivre. Son Journal[43], s'il est publié un jour, montrera, semble-t-il, qu'il s'était orienté définitivement vers une autre espérance.

De lui, un large public se souvient surtout comme le père de l'effrontée Zazie, héroïne du film dont le langage vert fit, pour partie, le succès. Mais ce n'est pas, et de loin, le chef-d'œuvre de Queneau.

D'autres sont capables d'attacher à son nom des faits plus précis :

transfuge du Surréalisme, fondateur de l'OULIPO, parolier de la fameuse chanson à succès de Juliette Gréco *Si tu t'imagines.* Celui qui veut bien regarder au-delà de l'aspect facétieux, cependant, découvre le poète et un merveilleux artisan du langage.

À moi, qui l'ai scruté « entre ses crises d'asthme », Queneau apparaît attachant, profondément humain, parce que lucide, courageux, inlassablement prêt à espérer. Croyant, quoi qu'il en dise, en un « monde enfin compréhensible et amical que le rêve de l'art superpose à l'autre[44] ».

2

PAUL VALÉRY : UN TOUSSEUR INVÉTÉRÉ ET SES CRIS REFOULÉS

> [...] Il n'y a pas de paroles pour certains états [...].
>
> Alors ce sont des organes dont ce n'est pas la fonction qui sont obligés de recevoir ces efforts impuissants d'*expression,* d'*expulsion*[1].

Voilà au moins des propos de Paul Valéry éloquents concernant la capacité du symptôme à exprimer une parole.

Mais on peut commencer par évoquer de lui la volupté de respirer sans entrave, exprimée avec un rare bonheur dans son monologue de Faust[2].

Faust y proclame qu'il est parvenu à un état suprême « où tout se résume en vivre » : Mais vivre, c'est respirer. « VIVRE... Je ressens, je respire mon chef-d'œuvre. Je nais de chaque instant pour chaque instant. VIVRE !... JE RESPIRE. N'est-ce pas tout ? JE RESPIRE... J'ouvre profondément chaque fois, toujours pour la première fois, ces ailes intérieures qui battent le temps vrai. Elles portent celui qui est, de celui qui fut à celui qui va être... JE SUIS, n'est-ce pas extraordinaire ? Se soutenir au-dessus de la mort comme une pierre se soutiendrait dans l'espace ? Cela est incroyable... JE RESPIRE, et rien de plus. Le parfum impérieux de mes fleurs veut que je respire et l'odeur de la terre fraîche vient en moi surgir, toujours plus désirée, toujours plus désirable, sur les puissances de mon souffle. JE RESPIRE ; et rien de plus, car il n'y a rien de plus. JE RESPIRE et JE VOIS. »

Évidente est sa jubilation de respirer, puisqu'il répète cinq fois ce « JE RESPIRE », lui donne de l'ampleur par des lettres majuscules, aère le texte avec des points de suspension afin de donner à l'acteur (ou au lecteur) le temps de respirer profondément, de jouir de son plaisir.

La métaphore de l'ouverture profonde, des ailes intérieures (comme les poumons se déploient pour inspirer) et de leur ample battement rappelant la liberté de l'oiseau est particulièrement évocatrice.

Je respire, donc je suis. Cela suffit ; il n'y a rien de plus. Ou plutôt si, une chose encore : ma respiration, qui perçoit les odeurs surgissant « sur les puissances de mon souffle », est sensuelle. Au contraire de celle de Nietzsche, pour lequel l'air n'est que de l'air, qui n'apporte rien et ne donne rien :

> *Respirant l'air le plus pur,*
> *les narines gonflées comme des gobelets,*
> *sans avenir, sans souvenir [...]*[3].

Ce thème de la Respiration, Paul Valéry le reprendra dans l'un de ses derniers *Regards sur le monde actuel*[4] », intitulé « RESPIRER », juste avant « Ultima Verba ». Publié dans *Le Figaro* du 3 septembre 1944, ce texte a été rédigé dans l'ambiance qu'on imagine après la libération de Paris.

La respiration y est assimilée à la liberté, sujet essentiel de ce Regard : « La liberté est une sensation. Cela se respire. »

Le thème des « ailes intérieures » qui se déploient dans nos poitrines et nous portent est repris ici, après *Mon Faust*. Il s'agit d'une « ample, fraîche, profonde prise de souffle à la surface universelle, où nous puisons de quoi vivre un instant de plus... » Cette allusion à l'être, qui prend sa respiration à la surface de la mère universelle nourricière, est tout à fait magnifique. Et les armements les plus redoutables, les puissances les plus grandes ne « peuvent prévaloir » contre cette liberté, respirée et respirante.

Paul Valéry évoque ensuite la libération de Paris, amorcée par la ville elle-même : « Nous avons vu et vécu ce que peut faire une immense et illustre ville qui veut respirer. Et voici que ce mot si vague, l'ÂME, prend un sens admirable. » Ce texte, assez court, se termine par le célèbre : « Prenons garde d'entrer dans l'avenir à reculons... » Plutôt que « reconstruire la France : c'est construire une France que j'aimerais que l'on voulût[5] ».

Mais célébrer le bonheur de respirer librement, et vanter la respiration somptueuse du docteur Faust, cela signifie, aussi et surtout, la souffrance d'en être privé dans la réalité d'une vie[6].

Car si elle préside à la poésie (« Un poème est une durée pendant laquelle, lecteur, je respire une loi qui fut préparée ; je donne mon souffle et les machines de ma voix ; [...][7] »), la respiration peut faire défaut au poète.

Et celui que nous évoquons ici en sait quelque chose. Valéry, c'est un tousseur. Durant la plus grande partie de sa vie, il fut accablé par la *toux*, compliquée ensuite d'insuffisance respiratoire.

La toux, il en a pris la traduction anglaise pour titre d'une page de ses *Cahiers* (« Cough », écrite en 1920-1921), où il en donne une description séméiologique teintée d'humour, dont la véracité ne peut procéder que du vécu, et d'une solide expérience : « Cela est au début un imperceptible chatouillement annulaire au détroit de la gorge [...]. Il s'agit de gratter cet anneau irrité [...] en un point qui est tabou pour les doigts.

« Alors faute d'organe spécialisé, tout le corps peu à peu s'y met et exécute les mouvements possibles [...][8]. »

Paul Valéry s'était progressivement identifié à sa toux : « Peu de choses sont pour moi, aussi intimement liées au souvenir physique de mon père, que sa toux. Il toussait beaucoup, très souvent et quand il avait des quintes, il n'en finissait pas[9]. »

Et sa vie, peut-on remarquer, s'est déroulée comme s'il avait « tout fait » pour entretenir avec la (sa) toux, des relations, en quelque sorte, privilégiées.

Voyons les faits, disons... médicaux.

Sa toux débute à la quarantaine où il aurait contracté la coqueluche, une forme grave, à localisation pleuro-pulmonaire.

Je ne suis pas du tout convaincu de la véracité de ce diagnostic. Si cette maladie est parfaitement possible à cet âge-là, Valéry s'y prend tout de même un peu tard pour approcher *Hemophilus pertussis*, habituellement familier des enfants, d'autant qu'aucun vaccin ne le protégeait.

Coqueluche ou pas, d'ailleurs, peu importe. Disons qu'il souffre d'une affection qui le fait longuement et terriblement tousser. « Je souffre de te savoir toussant et fatigué. Te soignes-tu ? » lui demande Gide, le 20 janvier 1917[10].

Mais la toux « s'est solidement installée » et ne cessera pas de se manifester par la suite. Aucun hiver ne s'écoule sans quelque épisode de bronchite aiguë. Et sa toux demeurera singulière : « quand il toussait, il avait gardé longtemps une toux en forme de coqueluche, cette espèce de cri du coq. Il la retrouvait chaque fois qu'il avait de la bronchite, comme s'il y avait là une réminiscence, une mémoire de la toux[11] ».

Comme si cela ne suffisait pas, Paul Valéry fume, et il fume beaucoup trop : « je fume, je fume...[12] » Sa préférence va à la cigarette, roulée d'un mouvement agile des doigts, qui tient un rôle important dans ses journées, fidèle compagne de l'écriture. Il est incapable de commencer à écrire dans ses *Cahiers* avant d'avoir roulé avec soin sa cigarette et d'avoir préparé lui-même sa tasse de café noir très fort. « Qu'ai-je fait ce matin ? Deux pages de notes. L'esprit m'a visité pendant deux cigarettes[13]. » Et il observe cinq ans avant sa mort : « Toute la mécanique [...] de l'activité mentale est associée depuis des siècles (50 ans au moins) à ce geste digito-respiratoire[14]. »

Sa meilleure cigarette est la première de la journée, celle du matin : « ... Fumata Matutina... Les Romains eussent fait d'elle une petite déité[15]. »

Divinisable ou pas, la cigarette est le poison idéal de la respiration. Paul Valéry en a sans doute conscience mais ne peut s'en passer : « Nicotiana. Herbe à tous les maux. » Aux séquelles de la « coqueluche », vont donc rapidement s'ajouter les effets d'une trachéo-bronchite tabagique. Sa toux devient progressivement permanente. Ses familiers reconnaissant son retour à la maison, au bruit de cette toux au bas des escaliers. Un essoufflement à l'effort rend d'ailleurs de plus en plus difficile l'ascension des trois étages pour atteindre son appartement sans ascenseur.

Mais, comme si cela ne suffisait pas, voilà que sa toux se majore d'une raison supplémentaire de tousser. Voilà qu'il souffre d'une autre affection éminemment tussigène. Qui ne cessera de le tourmenter jusqu'à la fin de sa vie, puisqu'il en mourra. Une page des *Cahiers*, datée du 6 janvier 1943, est, à cet égard, extrêmement émouvante et éloquente, même si elle ne donne aucune précision sur l'ancienneté des troubles rapportés. Il ne s'y plaint plus d'une toux chronique, mais d'affreuses *crises* de toux quinteuse.

Cette page est manifestement écrite par un homme brisé, désemparé devant sa souffrance sans remède. Ce jour-là, à sept heures, Paul Valéry confie qu'« Un répit se fait dans la tempête organique [...] » mais qu'il a toussé sans interruption, comme la veille d'ailleurs, de deux à six heures. Si la cause lui paraît modeste, les effets l'épuisent, au point qu'il a l'impression d'être au bord de la syncope ou de l'évanouissement : « ce branle affreux lui-même, qui emporte le cœur, l'estomac, les poumons dans ses saccades de réflexes indomptables, qui se déchaînent tout à coup pour des heures à partir d'un grattement de minuscule étendue, vers le fond du pharynx[16]. »

Grâce à sa capacité d'observation hors du commun, Paul Valéry décrit là de façon propédeutique, avant et mieux qu'un ouvrage de séméiologie médicale, une crise de toux quinteuse d'origine gastrique, avec syncope asphyxique réflexe, absolument évocatrice d'un reflux gastro-œsophagien[17] : « comment des acides [*mot illisible*] et irritent la gorge, et comment la gorge créant le désordre [*mot illisible*] répétition agit sur l'estomac, qui se trouve roué de coups [*mot illisible*] par cette terrible striction ou ces pressions [...]. »

À défaut de prononcer les mots de reflux gastro-œsophagien, il ne pouvait décrire mieux sa symptomatologie, présentant aux médecins le diagnostic de son atteinte « sur un plateau[18] ».

Outre le diagnostic, il leur explique d'ailleurs le mécanisme de sa toux qui « est d'une naïveté remarquable ». Mais les hommes de l'art demeurent désespérément sourds à l'intuition de Paul Valéry à propos de l'origine gastrique de cette toux, qu'il leur suggère pourtant : « J'ai beau dire aux médecins ce qui en est, et leur signaler en particulier l'enchaînement de ce phénomène avec mon état gastrique ; [...]. »

Suit un jugement sur les médecins, terrible de vérité. Le propos est courtois, mais aussi incisif que peut l'être un jugement fondé : « les médecins ont la grande habitude de ne jamais réfléchir. Je l'ai remarqué cent fois. Il y a en eux l'étrange idée que tout est classé, que ce qui manque de nom n'existe pas. Chaque nouveau nom qu'on leur invente, comme *métabolisme, réflexes conditionnés*, etc., leur rend le service de diminuer l'attention directe aux faits et surtout la méditation des faits. IL N'Y A PAS UN MÉDECIN QUI SE FASSE UNE IDÉE DE L'HOMME, FONCTIONNEMENT D'ENSEMBLE[19] ». À la décharge des médecins il faut préciser que Paul Valéry était, sur ce sujet, un précurseur en science médicale, puisque les premières publications relatives à cette pathologie ne sont apparues, aux États-Unis, qu'en 1951.

La radiographie était, en outre, le seul moyen d'investigation alors disponible, et l'avènement de la fibroscopie a montré à quel point elle pouvait être insuffisante en gastro-entérologie.

Quelle était l'atteinte gastrique de Paul Valéry ? Sûrement pas un cancer. Une « affection gastrique tenace et douloureuse à manifestations hémorragiques[20] ». Il s'agissait donc d'une lésion responsable d'hémorragies récidivantes, et d'un reflux gastro-œsophagien, c'est-à-dire soit d'un ulcère gastrique, soit, tout simplement, d'une hernie hiatale. Une intervention chirurgicale, à visée à la fois diagnostique et thérapeutique, est envisagée à plusieurs reprises par les professeurs Gutmann et Mondor, mais est récusée constamment car interdite par l'insuffisance respiratoire.

Il reçoit donc un traitement médical. Qui lui donne l'occasion de quelques citations ou créations poétiques[21]. Ainsi lorsque les hémorragies abaissent trop le taux de globules rouges avant la prochaine transfusion :

Pâle, qui se résigne et saigne sans regret ?
Que lui fait tout le sang qui n'est plus son secret ?

Et il murmure, avant de boire un médicament atropinique, destiné à atténuer les contractions et sécrétions gastriques :

Atropine ma sœur, de quel amour blessée...

Ses derniers jours sont extrêmement douloureux. Les quintes de toux le laissent épuisé, à la limite de l'évanouissement. Il écrit dans l'une de ses dernières lettres : « Je n'ai jamais souffert comme cela... Je suis brisé. Ce matin, Gide est venu gentiment... Ces lignes sont les premières que je trace depuis 10 jours. »

Il décède le 20 juillet 1945, dans un état associant les mêmes symptômes respiratoires et gastriques, inexorablement aggravés.

*

Après avoir examiné son symptôme, on peut tenter d'en déchiffrer la signification. Paul Valéry nous met lui-même sur la voie, puisqu'il précise que la toux est l'« Image (ou plutôt autre forme) des phénomènes psychiques de l'inquiétude, de l'imagination aux abois. [...] C'est bête comme chou. Comme la vie, la mort [...][22] ». [! !]

Des mots essentiels : la vie, la mort ! Paul Valéry est dans le vrai, lorsqu'il estime que « c'est bête comme chou », et précurseur lorsqu'il ajoute qu'il retrouve là sa « sensation si ancienne de sottise, de stupidité universelle, de petites causes grands effets », parce qu'on écrira plus tard que le symptôme psychosomatique est bête.

La toux est donc clairement imputée à l'angoisse et ses attributs. Essayons de démêler les faits susceptibles d'éclairer la genèse de ce symptôme dans sa vie, lui qui écrit « Angoisse, mon véritable métier[23] ».

« Angoisse », ainsi que d'autres mots attachés au « même complexe d'émotions – "anxiété", "inquiétude", "douleur", "souffrance", etc. –, reviennent sans cesse comme un refrain tragique à travers toutes ses œuvres...[24] ». On lui connaît de nombreuses manifestations de cette anxiété : son incapacité à se détendre, à s'accorder des loisirs et ne rien faire (la natation était pour lui une des seules exceptions à ce « mal de l'activité »), le mouvement constant et nerveux de ses mains et de son corps, rarement immobiles, son insomnie chronique, sa façon de fumer sans arrêt.

L'anxiété de Paul Valéry, c'est fondamentalement l'angoisse existentielle, sous-tendue de sentiments d'insécurité, développés très tôt dans son enfance malgré – (à cause) – de l'hyper-protection dont il est l'objet de la part de sa mère. Car, si cette mère le protège excessivement, c'est qu'elle est elle-même hyper-anxieuse et l'imbibe de ses craintes : « Élevé dans la peur nerveuse de tout [...]. » Mes souvenirs ?

« Le jour du gros orage, près de la fenêtre, serré contre ma mère [...]. J'avais au plus 3 ans. Et le cauchemar de l'araignée énorme[25]. »

À Sète, encore, dans cette troisième année, lui arrive une aventure singulière.

Alors qu'il s'amuse à jeter du gravier dans le bassin du jardin public où tous les jours on le conduit et où nagent des cygnes, la jeune bonne chargée de le surveiller sacrifie sa mission aux charmes d'un sous-officier. Le jeune Paul tombe dans le bassin, flotte un instant grâce aux barboteuses empesées que portaient alors les enfants, mais se serait noyé sans l'intervention d'un sauveteur entreprenant. Voilà l'épisode originel d'un élément essentiel de la thématique de Paul Valéry : « le cygne ». Il se racontera plus tard en imagination, flottant sur l'eau avec ses robes blanches, « cygne parmi les cygnes[26] ». L'image est très belle mais de l'incident du bassin est issu sans doute un facteur d'anxiété, celui de la noyade et de la mort. Qu'il y ait ou non relation de cause à effet entre les deux, c'est-à-dire que l'angoisse soit essentielle, ou provoquée *a posteriori* par les récits répétés de l'aventure en famille.

Ce thème de la noyade conservera une extrême importance dans l'inconscient de Paul Valéry. Dans *Ma légende*[27], dressant la liste des événements qui ont acquis dans sa vie un statut mythique, il place, en tête, pour des raisons sans doute à la fois chronologiques et plus que cela : « Cygnes – Une femme qui me gardait s'étant éloignée. » La relation très « défensive » qu'il en fait dans « Enfance aux cygnes » (comme s'il voulait prendre des distances par rapport à quelque chose qui l'avait profondément marqué) constitue une autre preuve de l'importance de l'événement.

À ce thème du cygne[28] se trouvera donc associé celui de la noyade. Dans une version ancienne d'« Anne », disparue par la suite, une strophe « module la respiration brisée et l'eau de la Noyade » :

D'air sombre l'aube basse enfle sa gorge lente...[29]

De la même façon, « la poitrine anxieuse où s'engouffre l'eau qui monte » est évoquée dans l'*Air de Sémiramis* :

Anxieuse d'azur, de gloire consumée,
Poitrine, gouffre d'ombre aux narines de chair,
Aspire cet encens d'âmes et de fumée
Qui monte d'une ville analogue à la mer[30] *!*

Plus tard, quand Paul Valéry se sentira angoissé, déchiré (par un conflit amoureux par exemple), il évoquera souvent l'image de la noyade, de l'être qui coule sous l'eau. À une amie, il confiera ainsi que, du *Bateau ivre*, de Rimbaud :

[...] ; *où, flottaison blême*
Et ravie, un noyé pensif parfois descend

représente pour lui le vers le plus important, demeuré présent à sa mémoire. L'image de la noyade, c'est-à-dire l'angoisse de ne plus pouvoir respirer, a donc hanté son imaginaire.

Mais à propos de son anxiété respiratoire, il faut surtout considérer l'importance de l'événement que fut dans sa vie la *mort de Mallarmé*.

De toute son œuvre, Paul Valéry n'évoque son père, avec lequel il paraît n'avoir eu que des rapports très distants, qu'à deux ou trois reprises. Il n'a que quinze ans lorsque ce père meurt et il n'en parle nulle part. Ce décès affirme l'attachement, sans doute excessif, qu'il portait à sa mère. Son frère[31], aîné de huit ans, devient son tuteur, sans que se développe pour autant, entre eux, des rapports très affectifs (mais au contraire une certaine rivalité).

En Mallarmé, auquel il écrit en 1890, Paul Valéry va trouver pour la première fois de sa vie l'image du père, à la fois aimé et admiré, « paternel et suprême ami ». Il s'attache immédiatement à lui et, réciproquement, devient l'objet, de sa part, d'un intérêt réel, autant pour son esprit que pour sa personnalité.

Mais voilà que, brutalement, le 9 septembre 1898, un télégramme de Geneviève, la fille du poète, trouvé à vingt-trois heures, apprend à Paul Valéry que Mallarmé est mort subitement à cinquante-six ans dans sa maison de vacances de Valvins. Mort de quoi ? « Spasme laryngé », dira-t-on. Voilà un diagnostic aussi mystérieux que discutable. Mais, dans l'imaginaire de Paul Valéry, son père spirituel est mort *étouffé*. Et on a vu tout ce que ce terme portait pour lui de signifié. Il est stupéfait, sa douleur est terrible, ce sera le grand chagrin de sa vie et une perte irréparable. J'ai passé « une des plus terribles nuits » que j'aie connues, écrit-il à Gide ; et à Pierre Louÿs : « je suis bouleversé et démoli[32] ».

Dans quelques-unes des plus belles lettres qu'il ait écrites[33], il confie qu'il n'avait jamais éprouvé une si grande douleur, emploie pour la première fois l'émouvante expression des « larmes de l'esprit » qui figurera, beaucoup plus tard, dans les brouillons de *La Jeune Parque*[34].

De la même façon, les paroles de la Parque au moment où, s'apprêtant au suicide, elle avance au bord de la falaise pour se jeter à la mer, demandant encore à la terre de la secourir :

> *Terre trouble... et mêlée à l'algue, porte-moi*
> *Porte doucement moi... [...]*

sont, à quelque minime modification près, les vers griffonnés quelques jours après la mort de Mallarmé, quand Paul Valéry, probablement, est retourné sur sa tombe.

À propos de cimetière, il faut évoquer la scène de l'enterrement, qui se déroule de façon tout à fait significative. On a demandé à Paul Valéry de prononcer un discours le jour des obsèques, au nom des poètes français de sa génération, qui tenaient Mallarmé en admiration et assistaient aux réunions du mardi. Il y a là en particulier Henri de Régnier, José Maria de Heredia, Catulle Mendès. Paul Valéry s'avance pour parler... mais demeure sans voix. Incapable d'articuler. Les mots restent dans la gorge. L'émotion, bien sûr, dira-t-on.

Mais enfin, spasme du larynx et gorge nouée ! Mallarmé qui meurt muet et Valéry sans voix ! La mort du « père », autant que la cause de sa mort, ont, dans l'inconscient, été « vécues » viscéralement. C'est la vraie sympathie, celle qui inscrit dans son corps celui de l'autre et mime son symptôme dans sa propre chair. C'est l'identification au père, une identification extrêmement profonde, physique, puisque Paul Valéry expliquera plus tard que la poésie, pour lui, « naît d'abord dans les articulations musculaires de la gorge, qui se trouvent justement nouées parce que la poésie est morte[35] ».

Revenons vers *La Jeune Parque.* Avant de mourir elle va se perdre dans l'eau, s'engloutir dans cette eau merveilleuse, cette « mer » (dans tous les sens du terme) qui fut l'une des passions de Paul Valéry. Le Serpent, qui étouffe, et la Mort, qui « veut respirer cette rose sans prix, dont la douceur importe à sa fin ténébreuse ! » y sont également invoquées :

Ô Mort, respire enfin cette esclave de roi :
Appelle-moi, délie !... Et désespère moi, [...]

Du point de vue qui nous retient ici (c'est-à-dire celui des relations entre symptôme respiratoire et expression écrite), les brouillons manuscrits de *La Jeune Parque* sont en fait plus éloquents que son texte définitif.

En les consultant, Judith Robinson-Valéry a pu constater que certains passages, très forts (esquisses ou fragments plus élaborés), avaient été exclus du texte définitif. Elle a pu remarquer ensuite que les fragments éliminés le plus systématiquement avaient trait aux CRIS poussés par la jeune fille.

Et la tonalité de ces cris refoulés était à la fois dramatique et énigmatique. Ainsi, lorsque la Parque déchire le silence et, « en criant, naît à elle-même en quelque sorte pour la première fois » :

Cri par toute ma chair cherchant toute sa voix
où je croyais crier pour la première fois
comme si j'enfantais une nouvelle voix
je me suis déchirée { et j'ai connu ma voix
pour la première fois[36].

La liaison proposée entre cri du nouveau-né et cri du symptôme respiratoire nous paraît évoquée ici.

Plusieurs fragments de la Parque tournaient donc autour de ce thème du cri, issu « du plus profond de la chair, du centre le plus caché de soi avec une force et une soudaineté... qui déchirent le corps comme le fait la naissance d'un enfant » mais qui procure aussi « une sensation d'extase, aussi aiguë que le cri lui-même[37] ».

Si de nombreux vers évoquant violence, passion, déchirement, n'avaient pas disparu, nous aurions donc perçu un double cri de la Parque : cri d'amour, né de la volupté de la vie, cri de mort, sa dernière parole avant de se jeter à la mer.

Que représentaient donc d'aussi important ces *cris*, pour Paul Valéry, pour qu'il ait supprimé tous les passages qui en comportaient ?

Ils exprimaient sans doute un élément du moi si important et intime qu'il a préféré s'autocensurer. Il avait bien conscience en effet que le cri, à l'opposé d'une parole maîtrisée et articulée, représente un moyen de s'exprimer, quand les pulsions intérieures sont trop grandes pour être formulées. Le cri est, « par définition, un échec du langage rationnel et analytique. C'est une manière de dire qu'*on ne peut pas dire* ce qu'on éprouve » et que « ça » ne peut pas se dire par des mots, parce que c'est à la fois trop violent et trop imprécis « pour passer par la parole[38] ».

Très attaché à la maîtrise du langage et de l'écriture, Paul Valéry s'est probablement censuré pour cette raison en supprimant ces (ses) cris, et non à cause de la pudeur inhérente aux sentiments qu'ils manifestaient.

Dans *L'Idée fixe*, plus tard, il n'aura plus à recourir au cri. Car son angoisse, il l'exprime librement avec ce texte, rédigé dans une période douloureuse de sa vie, une crise affective émergeant de l'angoisse fondamentale, un état de tension difficilement supportable, où une pensée « torture un homme » et pourrait le faire « mourir de dépit, fureur ou impuissance[39] ». Le docteur, rencontré à la pêche lors d'une promenade, y déclare qu'il existe une anxiété essentielle, sans cause précise, atteignant volontiers ceux qui auraient tout pour être heureux (et cela me fait penser aux asthmatiques qui répètent : s'il n'y avait pas « ça », tout serait parfait).

L'intéressé se défend de cette anxiété, qu'il ne pense pas vraiment être la sienne : « Je suis anxieux... dans la mesure où un homme auquel on serra la gorge est... asthmatique. Lâchez-le : il est guéri[40]. »

Comme par hasard, Paul Valéry a choisi l'exemple de l'asthmatique pour évoquer l'anxiété, et l'allusion à l'asthme est tellement pertinente qu'elle incite à invoquer son expérience personnelle. Mais à certains, objecte le docteur, il n'est pas nécessaire de serrer la gorge très fort, parce qu'ils sont « exagérants. Leur système va plus vite que les violons ».

Malgré la qualité et la maîtrise de la pensée, la sérénité de la « connaissance », Paul Valéry n'échappe donc pas à l'angoisse. Ainsi qu'aux pulsions de mort, qui l'ont toujours habité puisqu'il a eu, dans sa jeunesse, la pensée du suicide, poussée jusqu'à une tentative, et en 1945, se « laissera » mourir. Dans une page du dernier *Cahier*, où il a noté en épigraphe « *sub signo doloris* », il écrit, à quelques semaines de sa mort : « ma vie est achevée [...] je ne vois rien à présent qui demande un lendemain[41] ».

Mais ce n'est pas chez lui, aussi moniste que Groddeck au sujet de la globalité de l'être humain et de l'absence de dualité esprit/corps, qu'il faudrait rechercher une quelconque dichotomie, lui qui observe : « Et que serait telle pensée, si elle n'avait une *gorge à serrer*, des glandes à tarir, une tête à enflammer, un *souffle à comprimer*, des mains à agiter, des membres à paralyser[42] ? »

Rien ne permet de penser que Valéry a lu Groddeck, mais il le rejoint absolument. Autant que Gide, en effet, autant que Proust, il a une conscience extrêmement aiguë que le symptôme est langage. Voici d'ailleurs, pour en témoigner, l'un de ses propos, qui compte parmi les plus significatifs de ma réflexion. Sous le titre *Ineffable* (étymologiquement : ce qu'on ne peut exprimer par la parole), il indique dans ses *Cahiers* : « Il n'y a pas de paroles pour certains états, de même que le cheval n'a pas de mains pour tenir une plume. [...] Alors ce sont des organes dont ce n'est pas la fonction qui sont obligés de recevoir ces efforts impuissants d'*expression,* d'*expulsion.* Le cœur, le souffle sont altérés. » Et il ajoute : « Il y a des coups de bélier internes » [qui me font penser à ses quintes de toux] [...]. « Ainsi tout le domaine de l'ineffable, ce trop-plein ou au contraire, ce trop vide, cette anhélation – est insuffisance[43]. »

Voilà donc Valéry, qui avait, par la Parque interposée, poussé des cris, émouvants et admirables, mais les refoule, et censure ses textes originaux, au risque et au point de les affadir.

Comment ne pas envisager, dans les quintes de toux dont il fut familier toute sa vie durant, l'expression déformée de ses cris refoulés ?

3

MARCEL PROUST : SON ASTHME ET SA RECHERCHE MORTELLE DU SENS

> Car j'aime mieux avoir des crises et te plaire,
> que te déplaire et n'en pas avoir[1].

Le propre des images d'Épinal est de résister au temps. Celles de Proust n'ont pas failli à la règle, figeant son personnage dans une perspective déformée. C'est ainsi que prononcer son nom équivaut, pour beaucoup, à évoquer un écrivain singulier et homosexuel. Et les stéréotypes de frivole, paresseux et salonnard sont volontiers avancés.

Pour le médecin, Proust est avant tout un asthmatique célèbre. C'est tellement évident qu'une firme pharmaceutique a utilisé, pour illustrer sa publicité d'un médicament broncho-dilatateur, le fameux portrait par Jacques-Émile Blanche. Mais ce Proust-là, avec ses yeux assyriens, et malgré sa gravité un peu triste permet-il d'imaginer Marcel suffoquant des heures durant dans sa chambre de liège ?

Il faut donc juxtaposer à cette image la photo de Proust à Venise assis sur le balcon de son hôtel en pardessus et chapeau ; celle où, visage bouffi, méconnaissable, il est ébloui par la lumière solaire, comme ces prisonniers qui ne sont pas sortis de leur cellule depuis des années ; et surtout le croquis, que Dunoyer de Segonzac dessina à son lit de mort, soulignant la pâleur de son visage exsangue par la barbe noire et le profond cerne des yeux[2].

Réviser nos opinions sur l'asthme de Proust est donc indispensable.

J'ai toujours été agacé par une certaine façon de considérer cet asthme comme une sorte d'attestation médicale, venue à point nommé confirmer, dans la tonalité un peu trouble de son homosexualité, la réalité de sa névrose.

La richesse séméiologique de l'œuvre proustienne en matière médicale a détourné vers l'anecdote les mêmes qui se sont amusés à jouer aux devinettes avec ses personnages. Les biographes ne sont pas étrangers à cette méprise. Mais, « prodigue en papotages, la biographie proustienne est désertique dès qu'elle abandonne salons et bains turcs[3] ».

Proust lui-même a probablement contribué à déformer l'optique à travers laquelle nous le voyons, ne serait-ce que par sa vie recluse dans la période où l'asthme le terrassait. En le voyant dévorer certain repas, il paraît que Gaston Gallimard disait de lui : « Ce Proust, quelle santé ! »

À son amie d'enfance, Jeanne Pouquet, dont il prend congé pour la dernière fois au printemps 1922, et qui proteste de lui entendre dire adieu et non au revoir, il répond : « Non, Madame, adieu ! Je ne vous verrai plus... Vous me trouvez bonne mine ? Mais je suis mourant, Madame, mourant. Bonne mine ? [...] c'est trop drôle ! [son rire sonnait faux et faisait mal][4]. »

Ces anecdotes montrent à quel point l'asthmatique, qui paraît normal entre ses crises, peut donner le change. À quel point aussi, l'asthmatique en général et Proust en particulier, présentent un symptôme susceptible de fasciner et d'illusionner.

Alors, pourquoi pas l'anecdote ?

À la condition qu'elle ne masque pas l'essentiel. Car il faut rappeler avec véhémence que l'asthme de Proust, ce n'est ni de l'anecdote, ni la singulière coquetterie d'un écrivain génial.

C'est du pathétique. L'asthme de Proust, c'est une souffrance atroce, de plus en plus violente, aisément perçue en lisant ce qu'il en dit dans ses lettres et ses mots pour le dire : « Je suis au milieu d'une affreuse crise d'asthme. Le bruit de mes râles couvre celui de ma plume et d'un bain qu'on prend à l'étage au-dessous[5] » ; « Ces missives arrivaient à quelqu'un qui venait de *râler* pendant 14 heures[6] » ;

« Pendant deux jours la *violence de mes crises* m'a empêché de laisser rien ni personne entrer près de moi. Le mouvement de prendre une lettre, de l'ouvrir eût été au-dessus de mes forces, toutes convergentes à ne pas *asphyxier* complètement[7] » ; « Je suis depuis deux jours dans un état indescriptible d'*étouffement*[8] » ; « Un état d'asthme ininterrompu[9] ». « Au milieu d'une crise d'asthme *terrible*[10] » ; « J'ai depuis deux jours de véritables *convulsions d'asthme et d'asphyxie*, pendant lesquelles écrire m'aurait été aussi impossible que parler[11] » ; « Une crise de trente heures pendant laquelle tout mouvement (et aussi toute immobilité), toute pensée m'ont été refusées, crise d'asthme tellement *violente* que rien n'y résistait[12] » ; « Je me réveille à peu près *mourant*[13] » ; « Je suis à peu près mourant[14] » ; « Je viens d'être très particulièrement et affreusement mourant... Dans l'*agonie* où j'étais[15] ». Même si le désir de décourager des importuns ou d'apitoyer n'est pas absent de ces propos, les mots parlent d'eux-mêmes.

L'asthme de Proust, c'est le maître d'une vie et le serviteur d'une création. Et à ceux qui verraient volontiers dans cette dernière un aimable passe-temps, il précise tout ce que l'activité créatrice coûte de malheurs, en particulier « une angoisse de mourir qui est pire que tout [...][16] ».

Car au bout de l'asthme de Proust enfin, il y aura effectivement sa mort, à cinquante et un ans. Et quelle mort ! Dans un état de défaillance respiratoire aiguë fébrile, associant donc une pneumonie à l'obstruction des bronches.

Hanté par l'obsession de tenir, afin d'achever, de retoucher ses derniers écrits, il est désagréable avec le pauvre docteur Bize, chargé de le soigner, puis, pris de remords, lui fait livrer une corbeille de fleurs. Quelqu'un ayant été assez imprudent pour lui indiquer le bénéfice que pouvait apporter le jeûne à la liberté d'esprit propice à l'écriture, il se souvient que les diètes de sa mère lui réussissaient et refuse énergiquement de manger. Il ne s'alimente plus désormais que de café au lait, et avant de mourir ne boira plus, malgré sa pneumonie fébrile, que de la bière glacée, qu'Odilon va chercher au *Ritz*. Bize, qui ne sait plus comment se faire entendre, demande à Robert Proust d'intervenir. Robert décide de faire hospitaliser Marcel de force, mais se heurte à un refus extrêmement violent : « Laisse-moi tranquille, hurla Marcel fou de rage ; je ne quitterai pas ma chambre[17]. » Il supplie sa servante : « Céleste, il faut me promettre de ne plus laisser entrer personne, ni médecin, ni infirmière, ni famille, il faut écarter tous ceux qui veulent m'empêcher de travailler. » Asphyxique, vers trois heures du matin, il fait venir Céleste, pour lui dicter avant de mourir des « retouches à faire à la mort de Bergotte, maintenant que me voici presque au même point[18] ».

*

Cette large remarque préliminaire concernant l'asthme de Proust ayant été formulée, la toile de fond que dessina ce symptôme dans sa vie peut, à présent, être dessinée.

C'est en revenant d'une longue promenade au bois de Boulogne, dans l'été de 1880, que Marcel, qui a neuf ans, présenta pour la première fois, « une effroyable crise de suffocation qui faillit l'emporter[19] » devant son père terrifié. Sitôt après ce drame, Marcel ne sera plus jamais un enfant comme les autres.

Son asthme a une forte composante allergique, à la poussière de maison ainsi qu'aux pollens (d'arbres et de graminées) qui l'handicapent beaucoup au printemps. Il persistera sa vie durant, mais fluctuera dans le temps. Ainsi, les crises surviennent seulement, au début, lorsqu'il se rend à la campagne, à Illiers, ou dans les jardins du Carré Marigny. Une étonnante amélioration caractérise ensuite les années 1885-1905 où la vie se déroule quasiment sans crise. À partir de 1905 (année de la mort de sa mère) se dessine, au contraire, l'évolution vers l'asthme à dyspnée permanente de ses dernières années. C'est également, on le verra, le début de la fécondité littéraire.

Au début, il cherche obstinément à guérir. Extrêmement anxieux, il se rassure par la consultation de nombreux médecins, et parmi eux les plus célèbres des « patrons » parisiens : Brissaud, considéré comme un spécialiste de l'asthme parce qu'il a rédigé *L'Hygiène des asthmatiques* (dans lequel il invoque la « vermine » intestinale comme une cause importante d'asthme !) ; le professeur Dieulafoy, interniste renommé, dont l'une des spécialités « était de venir constater l'agonie ou la mort[20] » et également très habile à faire disparaître le cachet de la consultation comme s'il ne l'avait pas vu, avec la « souplesse d'un prestidigitateur », au point qu'on se demandait si on le lui avait vraiment donné ; le professeur Robin, dont les prescriptions, apparemment farfelues, tenaient compte à la fois de la psychologie de ses patients et des nécessités de la rééducation respiratoire. Léon Daudet rapporte ainsi qu'il avait prescrit à une vieille dame de « manger des épinards feuille à feuille en sautant nue et à cloche-pied autour d'un guéridon de deux mètres de circonférence[21] ». Plus tard, Proust consultera le cardiologue Vaquez, parce que des palpitations (dues au caféisme) l'inquiètent, et lui font craindre une maladie de cœur ; le neurologue Babinski, auquel il demande avec insistance de l'opérer parce qu'abusant d'adrénaline il souffre de maux de tête pulsatiles, et se croit atteint d'une tumeur du cerveau.

Ce professeur Babinski, ami de la famille, est venu visiter Marcel peu avant sa mort, surtout pour être agréable à son collègue le professeur Robert Proust, car il déclare en sortant de la chambre qu'il n'y a « plus rien à faire ».

De nombreuses thérapeutiques sont proposées à Proust. Mais il s'autoprescrit abondamment, faisant des mélanges insensés de toutes sortes de drogues. Son père, le professeur Proust, doit acquitter tous les mois d'énormes factures (plusieurs centaines de francs) de médicaments pour l'asthme, l'insomnie, les rhumatismes, les indigestions[22].

Contre les crises d'asthme, il prend des perles de nitrite d'amyle, des pilules de Trousseau, des iodures, de la belladone, de l'eucalyptus, de l'adrénaline inhalée au moyen d'un pulvérisateur, la fameuse poire de caoutchouc. Ses fumigations, leurs vapeurs et leurs odeurs, imprégnant l'obscurité de sa chambre vide, ajoutent à son étrange atmosphère. Elles effraient Céleste Albaret lorsque, pénétrant pour la première fois dans cette chambre, elle croit « se retrouver dans les sombres mines d'Auxillac, son pays natal », en Lozère[23]. Les amis de Proust sont prévenus de cette ambiance singulière : « Ma crainte est que par ces temps si lourds la fumée des poudres que je brûle ne se dissipe guère avant 9 heures du soir, et que vers 7 heures l'atmosphère vous paraisse encore irrespirable et vous brûle les yeux[24]. »

La caféine a ses faveurs, et il en abuse, sous toutes formes : sachets, cachets, potions, essence et nombreuses tasses de café, qu'il boit très fort : « J'avais pris pour calmer mon étouffement dix-sept tasses de café[25]. » Il justifie cet excès par l'effet thérapeutique (« En attendant l'horrible crise qui, dès la fin de l'action de la caféine commencera[26] ») mais recherche surtout la stimulation intellectuelle propice à l'écriture, car la caféine seule ne dilate les bronches que modérément. Il blanchit son café au lait et le boit très chaud, grâce à tout un matériel de bouteilles thermos puis, plus tard, de bouilloires électriques.

Aussi, quand vient le moment de dormir, impossible de trouver le sommeil : « Quand on n'a pas comme moi, dormi depuis plus de 15 jours, et qu'on est à moitié fou[27] » ou encore : « Il y a plus de 60 heures que je n'ai, je ne dirai pas dormi, mais éteint mon électricité[28]. »

À l'aube, il lui faut finalement des sédatifs et des somnifères, comme la valériane et les barbituriques (Trional et Véronal) dont il prend des doses énormes (« malgré 3 grammes de Véronal par jour[29] »), auprès desquelles nos présentations médicamenteuses actuelles font figure d'homéopathiques. Ses observations sur le sujet des rêves, des cauchemars, du sommeil et de sa qualité selon la nature de l'hypnotique utilisé, pourraient être longuement développées. Il observe ainsi que les variétés de sommeil – naturel ou provoqué par les différents somnifères – sont « mille fois plus nombreuses que, jardinier, on n'obtiendrait de variétés d'œillets ou de roses[30] ». Parmi ces nombreuses fleurs, il en est qui sont « rêves délicieux », tandis que d'autres « ressemblent à des cauchemars ».

Mais des narcoses provoquées naissent surtout des fleurs rares, des « sommeils si différents les uns des autres, le sommeil du datura, du chanvre indien, des multiples extraits de l'éther ; le sommeil de la belladone, de l'opium, de la valériane, fleurs qui restent closes jusqu'au jour où l'inconnu prédestiné viendra les toucher, les épanouir, et, pour de longues heures, dégager l'arôme de leurs rêves particuliers en un être émerveillé et surpris[31] ».

Et à propos de la dernière maladie de Bergotte – intéressante puisqu'il en retoucha le texte au moment de sa propre mort – il évoque « la délicieuse attente de l'inconnu », attachée à l'essai d'un narcotique nouveau : « Le cœur bat comme à un premier rendez-vous. Vers quels genres ignorés de sommeil, de rêves, le nouveau venu va-t-il nous conduire ? Il est maintenant en nous, il a la direction de notre pensée. De quelle façon allons-nous nous endormir ? Et une fois que nous le serons, par quels chemins étranges, sur quelles cimes, dans quels gouffres inexplorés le maître tout-puissant nous conduira-t-il ?

[...] Nous mènera-t-il au malaise ? À la béatitude ? À la mort ? Celle de Bergotte survint le lendemain de ce jour-là où il s'était ainsi confié à un de ces amis (ami ? ennemi ?) trop puissant[32]. » Eh oui, le même texte précise que « sa maladie durait depuis longtemps », que les médecins l'avaient entretenu avec leurs médicaments, qu'il avait fini par ne plus faire appel à eux et essayé avec succès, « mais avec excès », tous les narcotiques, chacun étant vanté par son prospectus comme moins toxique que les autres. Proust était donc sans doute familier des graves effets néfastes de fortes doses des somnifères rustiques de son époque, et a connu probablement des malaises impressionnants puisqu'il paraît lier la mort de Bergotte à ce qu'on appellerait aujourd'hui une « overdose ». Car le malaise grave qui terrasse Bergotte, précédé « d'étourdissements » alors qu'il contemple la *Vue de Delft*, de Vermeer (seul objet de sa sortie, à l'exposition hollandaise), a bien les caractères d'un accident de type vagal tel qu'en provoquent ces médicaments. Et on peut se demander jusqu'à quel point l'indigestion de « pommes de terre pas assez cuites » n'est pas métaphorique de l'intoxication par ces drogues.

À cause des somnifères, les réveils de Proust sont aussi difficiles que ses endormissements. Il s'éveille tard dans la journée, nauséeux, vertigineux, somnolent, des effets secondaires des barbituriques : « Le Véronal me fait tellement perdre la mémoire en ce moment[33]. »

Alors il reprend du café et ce sont les palpitations, les tremblements, les crises de fou rire ou de pleurs. Les boissons alcoolisées (champagne, cognac, bière forte), qu'il ne dédaigne pas à l'occasion, ne vont pas sans inconvénient en association avec les barbituriques.

Les effets toxiques des médicaments lui causent effectivement, à la longue, des difficultés majeures : « J'ai depuis un an des accidents très graves empêchant presque qu'on me comprenne quand je parle et me faisant craindre de tomber comme ma pauvre maman a fini dans l'aphasie complète, avant que mes livres aient paru[34]. » Entré dans un restaurant, il a « dû répéter plus de dix fois, le mot *"Contrexeville"* », avant de se faire comprendre. Cela passe après plusieurs « jours de caféine et d'adrénaline ». « Mon frère dit "intoxication". C'est un bon billet pour rassurer les malades[35]. »

Vivre et travailler enfermé dans l'obscurité au milieu des fumigations finit également par altérer les yeux. « Je lis très difficilement »,

« je perds la vue », « je souffre énormément des yeux », sont les formules employées dans ses lettres. Mais, il justifie sa négligence à consulter et à se soigner par le fait qu'il ne sort que la nuit, « quand tous les médecins sont couchés ».

Contrairement aux craintes de Mme Proust, il semble n'avoir pas abusé de morphine et d'opiacés. Il y a recouru cependant, pour son asthme, constatant avec une certaine satisfaction leur inefficacité qui l'a protégé de cette toxicomanie.

« Asthme drogué » est en tout cas la formule des médecins pour désigner l'asthme évolué après un régime thérapeutique tel que celui de Proust. Ils désignent ainsi un asthme grave, de moins en moins sensible aux médicaments, amenant l'asthmatique à une escalade thérapeutique. Car il n'y a pas que la drogue pour se droguer ; les drogues le font tout autant. Mais elles ont leurs effets délétères. La fragilité respiratoire, qui met à la merci de la moindre infection intercurrente, en est une. Elle fut fatale à Proust en 1922, sous la forme d'une pneumonie terminale.

L'asthme de Proust ce n'est donc ni une coquetterie ni l'alibi d'un écrivain soucieux de s'insulariser.

*

Parce qu'il associe un asthme à une écriture aussi singulière, beaucoup se sont interrogés sur les éventuelles relations entre son symptôme et son écriture.

L'*a priori* consiste effectivement à postuler la réalité de telles relations.

Comment une infirmité qui tient une si grande place dans la vie d'un écrivain, présente des heures et des mois durant, au point d'inhiber tout l'être, pourrait ne pas influencer ce qu'il écrit et la façon dont il l'écrit ? Est-il possible d'être par moments asphyxique, angoissé de mourir étouffé, et à d'autres (« entre les heures de service », dit-on à propos des fonctionnaires), comme s'il n'en avait rien été ? Nier toute relation entre Proust, son asthme et son écriture serait donc sans doute bien péremptoire.

Mais cette relation, il est intéressant de la discuter afin de la scruter davantage. Elle a déjà fait, évidemment, l'objet de nombreuses argumentations dont les conclusions, le plus souvent affirmatives, sacrifient peut-être trop facilement à un certain besoin de causalité.

Dans sa thèse de Médecine (1945), consacrée à *l'influence de l'asthme sur l'œuvre de Marcel Proust* et préfacée par Henri Mondor[36], Georges Rivane réalisa une étude de qualité mais, emporté par son enthousiasme et sa conviction, fit souvent l'économie des preuves de sa démonstration et mêla médecine, intuitions et arguments littéraires. Il n'en fallait pas davantage pour l'exposer aux critiques. Éviter tout malentendu à propos d'une relation entre l'asthme et l'œuvre de Proust oblige donc à distinguer dans cette relation les influences respectives sur le matériau de l'œuvre, sur le style, et enfin sur la signification.

Examinons d'abord comment sa nature d'asthmatique allergique a pu influencer le matériau de son œuvre.

Comme tout patient atteint d'asthme atopique, Proust est fondamentalement un *hyperesthésique*. Celui qui perçoit excessivement le monde extérieur, celui qui LE SENT, et SE SENT, avec une exceptionnelle acuité. De la même façon qu'un médium reçoit le message invisible des choses.

L'abondance et la richesse de ses cénesthésies et cénestopathies confirment ce qu'il a souligné lui-même, de la part prise dans son œuvre par sa sensibilité : « Mon livre n'est à aucun degré une œuvre de raisonnement ; ses moindres éléments m'ont été fournis par ma sensibilité, je les ai d'abord aperçus au fond de moi-même, sans les comprendre, ayant autant de peine à les convertir en quelque chose d'intelligible que s'ils avaient été aussi étrangers au monde de l'intelligence que – comment dire ? – un motif musical[37]. »

Sa sensibilité exacerbée s'exerce d'abord sur le terrain immuno-allergologique, où elle revêt un caractère pathologique (dans le sens santé/maladie) puisqu'il est hypersensible à de nombreux allergènes. Mais le temps passant, il réagit de plus en plus à des facteurs non allergologiques, c'est-à-dire à des agressions purement irritatives et de type sensoriel.

Ainsi ses bronches, par exemple, ont progressivement développé une hyper-réactivité non spécifique. Cela signifie que son asthme, d'abord consécutif aux contacts allergéniques, survient plus tard à la suite de n'importe quelle inhalation (odeur des asperges, odeur des roses – dont le pollen, entomophile, ne paraît pas allergisant).

Et plus tard encore, une agression – allergénique ou sensorielle – n'est plus nécessaire au déclenchement de l'asthme. La seule pensée de l'inhalation d'un élément redouté est suffisante à induire la crise, comme chez ces asthmatiques où la vue d'un bouquet de fleurs artificielles, ou celle d'une ménagère de cinéma secouant un chiffon à poussière, la fait apparaître.

On comprend, dès lors, combien tout est menaçant dans l'environnement de Proust. Avant d'entreprendre toute démarche, il faut en évaluer le risque respiratoire : « Est-ce que tu pourrais me dire, si même à dose infinitésimale, la fumée du chemin de fer peut imprégner l'air qu'on respire dans cette partie du boulevard Malesherbes[38] ? »

Sa géographie, de ce point de vue, tient dans un Guide Bleu respiratoire, dont les localités se rangent en deux catégories : « Y ai eu une crise d'asthme », ou « N'y ai pas eu de crise d'asthme[39] ». Et l'inconnu représente une grave menace pour le malade « qui a été obligé de partir en voyage et a dû coucher dans un hôtel inconnu, réveillé par une crise [...][40] ».

Hanté par l'angoisse de la crise d'asthme, tout, chez lui, passe à la jauge, au détecteur de la respiration. Le critère respiratoire est devenu l'étalon du monde extérieur. Ce qui a fait dire à un philosophe : « On dirait que l'univers de Proust est fait pour être perçu sous la forme respiratoire[41]. »

La hantise de l'environnement atteint, chez lui, à l'obsession. Il est, comme tout asthmatique, obsédé par l'un des caractères essentiels de l'asthme : la survenue habituelle des crises sans *cause évidente.* Si cette cause pouvait pourtant, être décelée, il n'y aurait plus qu'à l'évincer. Commence, dès lors, une quête perpétuelle et obsessionnelle des facteurs de l'asthme. Comme ceux-ci sont nombreux, intriqués et à modulation psychologique, sa vie quotidienne devient une permanente recherche. Et à défaut de savoir, il fantasme et élabore son catalogue personnel des éléments qu'il estime dangereux.

Ce ne seront bientôt plus des craintes, mais des *phobies.* Il en associe plusieurs. Celle de la *poussière* (« La colonne de poussière qui se tient debout toute seule au-dessus du piano ») ; du *froid* (il allume le feu en plein été, porte deux caleçons de flanelle et deux tricots, place du coton ouaté sous sa gabardine. « Je grelotte sous cinq couvertures de laine augmentées de trois édredons, cependant que sur moi, les tissus que vous méprisez du docteur Rasurel, recouverts de trois épaisseurs de Pyrénées [...] »). Il redoute également les *odeurs* vives, jetant par la fenêtre de l'antichambre le bouquet qu'une admiratrice américaine s'obstina à lui apporter tous les jours un an durant, ou renvoyant quelque élégante au parfum trop agressif. Comme tout phobique, il est excessif : « Cher Ami, je vous prie, est-ce que je vais vous causer beaucoup de désagrément si je vous demande d'enlever le mouchoir de votre veston. Vous savez que je ne peux pas supporter les parfums... Céleste, prenez le mouchoir de Monsieur et mettez-le dans une autre pièce... Cher ami, la dernière fois que vous avez eu la bonté de venir me voir – (car personne ne vient plus voir le malade que je suis) – j'ai été obligé d'exposer pendant trois jours dans la cour le fauteuil où vous vous étiez assis et qui était resté tout imprégné de parfum[42]. »

C'est pour éviter les odeurs que, sur la fin de sa vie, il interdit de cuisiner, et fait apporter ses repas du restaurant *Edouard VII*. Interdit, pour les mêmes raisons, d'utiliser le gaz, de chauffage comme d'éclairage. À cause des odeurs de soufre, les allumettes sont prohibées, et une bougie (que Céleste achète par caisses de cinq kilos) demeure allumée nuit et jour afin de brûler les poudres à fumigation.

Il tient enfin le *bruit* en horreur, et prend pour l'évincer des mesures extravagantes, comme celle d'offrir des chaussons de feutre aux locataires de son immeuble, ou de louer à l'hôtel plusieurs chambres vides autour de la sienne. Plus tard, il fera insonoriser sa chambre, qui a été comparée à celle d'un tétanique, ce malade affecté de crises de contractures musculaires atroces, déclenchées par le moindre bruit. Heureuse comparaison puisque c'est la même contracture, affectant les muscles lisses bronchiques au lieu des muscles striés squelettiques, qui afflige l'asthmatique.

Proust présente donc, en résumé, une sensibilité exacerbée au milieu extérieur, que ce dernier l'agresse sous forme allergénique ou sensorielle. Ses sensations, aiguës et multiples, l'immobilisent – sans arrêt et à l'arrêt – avant de le mettre sur la piste des chemins du passé. Son œuvre, ce « Gâteau de sensations[43] », est particulièrement riche de ses évocations sensorielles, qu'elles soient *auditives* (bruit des roues sur les pavés de la cour), *gustatives* (la fameuse madeleine), mais surtout *olfactives* et *respiratoires* (odeur des lilas, du géranium, évoquée par le rire d'Albertine, des aubépines). Cet épisode des aubépines de Tansonville constitue un morceau d'anthologie de la recherche proustienne, qui n'aboutira que dans *Le Temps retrouvé* : « j'avais beau rester devant les aubépines à respirer...[44]. » À cet égard, la *Recherche* correspond aussi à une recherche de psychologie clinique.

Mais les sensations en font revivre d'autres et voilà que surgissent les réminiscences involontaires.

Une sensation actuelle inattendue provoque une impression identique à une autre ancienne et, lorsque les deux sensations se superposent, confondues, le passé surgit avec une acuité, une vigueur, une présence, dont la mémoire volontaire serait bien incapable. Ce passé n'est plus seulement évoqué, mais revécu au présent. Avant lui, Rousseau, « Chateaubriand, Nerval et Baudelaire ont fait appel [...], à des expériences du même genre ». Proust reconnaît cet héritage, mais s'en fait un trait personnel[45]. Il est effectivement le père de ce qu'il est convenu de dénommer « *la mémoire affective*[46] » puisque nulle part ailleurs, celle-ci ne tient une place aussi grande que dans son œuvre. Et que ce père soit un asthmatique n'est sans doute pas le fait du hasard mais de son hypersensibilité. Ce qui incite à invoquer les similitudes entre cette mémoire affective proustienne et la mémoire immunologique, responsable de la réaction allergique[47].

Jusqu'à quel point l'assimilation est-elle légitime ?

Les deux phénomènes, physio-psychologique et immunitaire, procèdent, c'est évident, d'une même hypersensibilité initiale. Ils se déroulent, de la même façon, en trois temps : primo-contact sensibilisant, période de latence où s'inscrit la mémoire, reconnaissance lors d'un contact ultérieur. Ils mettent en jeu des mécanismes cellulaires : cellules nerveuses limbiques dans le premier cas, lymphocytes dans le second. La « reconnaissance » permet, dans les deux cas, de remonter à la « connaissance » du facteur sensibilisant initial, passé inaperçu (allergique ou sensoriel). Ces deux mémoires ont enfin une relation de chronologie dans l'historique de leur publication : le mot d'allergie est inventé par von Pirquet à la suite de ses travaux en 1906 ; la rédaction du *Temps perdu* débute peu de temps après. Peut-on leur décrire des mécanismes physiologiques et biochimiques communs ? La démonstration scientifique, difficile, n'en est pas encore faite. Une certaine parenté biologique, fondée sur un intermédiaire commun, l'A.R.N., a cependant été argumentée[48].

La psycho-neuro-immunologie[49], discipline nouvelle, en pleine expansion aux États-Unis, contribuera probablement à étayer cette parenté dans les années à venir.

Proust a eu enfin, on peut le préciser ici, une conscience nette de la réalité des deux sortes de mémoires, des faits anciens et des faits récents (la seule perturbée par certains narcotiques)[50] dont l'individualité a été récemment confirmée par la différence de leurs médiateurs.

Mais pour en finir avec le sujet de l'identité des deux mémoires, affective et immunologique, l'important est de remarquer qu'elles ont, chez Proust, des effets divergents.

La mémoire immunologique, responsable de l'asthme, lui répète à l'improviste la preuve de l'agressivité du monde extérieur, et réveille donc sans cesse une blessure, celle de la rupture entre ce monde et lui.

La mémoire affective au contraire, c'est l'univers possédé, miraculeusement recréé sous une forme inoffensive et lumineuse. Et on comprend dès lors qu'elle ait paru à Proust si essentielle. Le monde extérieur n'est plus à craindre puisqu'il n'y a plus d'extérieur. Il n'y a qu'un « dedans ». La blancheur ou le rose des aubépines « transsubstantialisés », devenus images musicales (quatuor et septuor de Vinteuil), picturales, ou littéraires (Elstir, et le Narrateur), sont les couleurs de fleurs intériorisées, immunologiquement dépouillées de tout allergène.

Cette divergence d'effets, nous allons la retrouver à propos de l'asthme et du style de Proust. Mais de son hypersensibilité, spécifique ou non, et de la mémoire affective qui en découle, Proust retire un autre bénéfice, le plus précieux sans aucun doute.

La *Recherche*, c'est, selon le titre, celle du Temps perdu. Mais ce n'est pas pour réanimer des faits du passé que Proust se lance dans cet effort terrible, obsédant, exclusif, mortel. Qu'il se « dope » de plus en plus par l'abus de café et de médicaments jusqu'à en mourir. Comme celui qui cherche la clef d'une énigme et se hâte, parce que, plus ou moins consciemment, il sent bien que la menace de mort le presse d'achever. Il s'agit au contraire pour lui de vérifier que le passé est encore présent, c'est-à-dire que le réel est intemporel (ou immortel). Cela lui permet de s'affranchir de l'ordre du temps et de la mort.

Comment pourrait-il perdre de vue la réalité de la mort lorsqu'elle est sans cesse présente dans ses étouffements pendant qu'il écrit ?

Mais il en triomphe par sa « victoire sur le temps mortel ». Son chagrin, sa souffrance, la mort elle-même « (cette chute du haut des "échasses du temps" !) » il les utilise pour assurer la victoire de l'Immortalité. Voici l'une de ses plus belles phrases, particulièrement éloquente à cet égard : « Moi je dis que la loi cruelle de l'art est que les êtres meurent et que nous-mêmes mourions en épuisant toutes les souffrances, pour que puisse pousser non l'herbe de l'oubli mais de la vie éternelle, l'herbe drue des œuvres fécondes, sur laquelle les générations viendront faire gaiement, sans souci de ceux qui dorment en dessous, leur déjeuner sur l'herbe[51] ! »

Parti à la recherche du temps perdu, Proust retrouve, estime Gilbert Durand[52], non l'éternité, « mais l'immortalité, c'est-à-dire un temps dont la fonction [...] est essentiellement victoire sur la décrépitude et la mort ». Car « tout l'art de vivre, observe-t-il, c'est de [...] *peupler ainsi joyeusement notre vie de divinités* », celles qui, après un long « processus d'affinement » nécessitant une lente genèse, permettent d'atteindre à l'immortalité.

À un temps mythique, que caractérise la redondance, et dont la réminiscence, si essentielle à Proust, constitue le témoin. Grâce au romancier et à ses réminiscences, dans ce temps sans mort, ce qui a été est encore. Et ce qui est est à jamais, puisqu'une sensation passée s'étend « sur plusieurs époques à la fois[53] ».

Proust s'inscrit donc dans l'immortalité de ce temps mythique, cette genèse « qui ne peut que se *répéter* puisqu'elle ne se termine jamais[54] ». Et il précise lui-même à propos de la mort de Bergotte, que l'idée qu'il « n'était pas mort à jamais est sans invraisemblance[55] », et en note : « (Ici mettre le passage placé je ne sais où de ses œuvres faisant la veillée devant sa tombe, aux vitres enflammées (?) des libraires)[56]. »

En définitive, l'asthme de Proust, c'est la conséquence et la cause d'un certain type de relation au monde. Son hyperesthésie constitue l'un des fondements de sa thématique puisque son hypersensibilité d'asthmatique allergique rend compte pour partie de son esthétique. Par cette dimension « sensorielle », Proust rejoint l'Impressionnisme – pour lequel « la réalité n'est faite que de nos états sensoriels et émotifs » et qui atteint à son plein développement au moment de la *Recherche*.

L'hypersensibilité de Proust a donc beaucoup contribué à son œuvre. Mais en déduire qu'il ne s'en est servi que pour rédiger une sorte d'autobiographie constitue l'erreur à éviter. Son œuvre ne s'explique en effet « ni par les intuitions intemporelles de l'écrivain ni par quelque rumination autistique. Il est temps d'abandonner ces préjugés des années 30, et de donner à cette œuvre sa vraie physionomie[57] ».

Parce que Proust (contrairement aux trois autres « grands ») n'a pas tenu de journal ou cahier, on l'a surtout scruté à travers des témoignages, sa correspondance et, trop souvent, son œuvre. Mais on a pris l'habitude de considérer la *Recherche* comme « des Mémoires un peu arrangés[58] ». C'est une erreur préjudiciable car « Proust n'a pas raconté sa vie... ». La *Recherche* décrit symboliquement une aventure métaphysique, dont il n'a inventé ni la proposition ni le trajet. Aussi, l'emploi de cette forme personnelle factice pourrait être suspecté de recouvrir une certitude fondamentale. Car « Marcel Proust ne raconte pas son histoire, mais en même temps il s'arrange pour laisser croire que c'est la sienne, allant même jusqu'à s'indigner contre les lecteurs qui se sont imaginé qu'il leur livrait son existence[59] ».

Si Proust a bouleversé l'économie du roman préexistant – « et si cette révolution n'a pu être imitée par personne – c'est que ce caractère tout entier d'autobiographie est illusoire et que sa géniale initiative ne résidait pas dans un perfectionnement artisanal, aisément transmissible. Son invention a consisté à transposer ce qui était demeuré jusqu'alors dans l'abstraction des traités [...][60] ». C'est donc avec prudence qu'il faut retirer des indications de l'œuvre de Proust. Ainsi, par exemple, le célèbre épisode du baiser vespéral paraît être un thème littéraire d'époque, réutilisé par lui pour avérer une théorie de Schopenhauer sur l'affectivité libre et anxieuse[61].

La même réserve s'applique à ses écrits concernant la médecine. Il est évident que sur le sujet de son asthme et de ses autres difficultés de santé, il a son expérience, un vécu personnel, c'est lui. Mais il ne faut pas oublier que se superposent chez lui, dès qu'il parle médecine, difficiles à démêler, le vécu, l'entendu (dans son milieu médical), l'acquis (de ses recherches personnelles). Que ce soit sur le sujet de son asthme ou de son homosexualité, il s'est en effet beaucoup documenté. Il a lu en particulier Janet et Binet. À force d'insistance, il a pu obtenir de sa mère l'autorisation de suivre l'enseignement d'une licence de philosophie, qui l'intéressait bien davantage que celle de droit, imposée par sa famille les trois années précédentes (1890 à 1893). Il a en outre, on l'a vu, beaucoup consulté les « patrons » parisiens collègues de son père, et les travaux de l'école de Charcot, auprès duquel séjourna Freud, lui étaient familiers. La physiologie, la chirurgie, la thérapeutique, ont donc fourni à Proust de prodigieux éléments de création littéraire et dans « l'Arsenal instrumental de la *Recherche* », la médecine représente indéniablement une source irremplaçable d'inspiration[62]. L'histoire de la grossesse de la fille de cuisine de tante Léonie constitue un exemple significatif de la connaissance qu'il avait des choses médicales.

*

Le deuxième des trois éléments de la relation entre asthme et écriture de Proust concerne l'éventuelle influence de son symptôme sur son style.

Etiemble fut le plus sévère détracteur de la thèse de Rivane, qu'il résume ainsi en ironisant : « Tout ce qui est en Proust est proustien (et notamment cette mémoire involontaire, et notamment ces intermittences du cœur, et notamment cette abondance des "mais") s'explique enfin par l'asthme, ou pour mieux dire par un phénomène d'anaphylaxie, dont il est constant que souffrit cet écrivain. Asthmeux, les "mais" qui donnent au récit son allure saccadée, l'allure même de l'existence hachée que mènent les asthmatiques ; asthmeuses donc, cela va de soi, les intermittences du cœur ; asthmeuses, les bouffées de mémoire involontaire en quoi s'épanouit un parfum d'aubépine ; asthmeux, donc le style de Marcel Proust[63]. »

La critique est trop caricaturale pour être juste. L'un de ses arguments contradictoires, Etiemble le retire de la possibilité qui lui a été donnée de consulter plusieurs états des *Jeunes Filles en fleurs*, dont l'écriture ne correspond pas aux caractères retenus par Rivane alors que Proust avait de l'asthme lors de sa rédaction. L'analyse très serrée de nombreuses phrases proustiennes ne lui a rien montré enfin qui lui paraisse lié à une respiration anormale. « Plutôt que la gêne de l'asthmatique, je vois donc sur les placards, [...] la graphie aisée, coulante, d'un homme qui écrit naturellement vite [...]. »

Etiemble, me semble-t-il, a raison et tort à la fois. On peut évidemment se demander qui est le mieux autorisé, du grammairien qui ne sait rien de l'asthme ou d'un asthmologue qui n'a pas fait de la grammaire sa spécialité. Mais le fait d'avoir entendu des centaines d'asthmatiques me donne cependant quelque prétention à comprendre leur parole.

À propos du style, Etiemble est évidemment dans le vrai lorqu'il dénie l'aptitude d'une étude purement stylistique à retirer des indications d'un symptôme fonctionnel tel que la dyspnée. Il faudrait pour cela que l'écriture de l'asthmatique soit caractéristique et caractérisée et qu'on en ait dégagé des constantes, afin de déceler leur éventuelle présence dans la *Recherche*. Le problème se compliquerait encore d'ailleurs par suite des incidences artisanales et culturelles, si bien qu'il serait difficile de déduire d'une telle étude une taxonomie des tempéraments pathologiques comme cela se faisait à la Renaissance.

Des études stylistiques enfin, on ne peut retirer plus qu'elles ne peuvent indiquer. De telles études, se voulant tout à fait sérieuses, ont cru démontrer par exemple que l'écriture de Proust était typiquement judaïque ! Qui donc faudrait-il croire dès lors, des stylistes, rabbins ou médecins ? Quant aux ratures, surcharges, repentirs ou béquets, on les constate chez tous les écrivains et il semble qu'en ce domaine Balzac devancerait Proust.

Le style d'un grand écrivain aussi peu spontané que Proust ne saurait être utilisé par conséquent à la façon d'un test projectif de type Rohrschach.

Mais Etiemble est passé à côté de la réalité lorsqu'il a porté sur l'écriture proustienne un regard d'entomologiste, y recherchant par l'analyse logique la trace de l'asthme qui ne saurait évidemment être ainsi appréhendé. Il ne parle en effet que de liens grammaticaux, de subordonnée conjonctive, etc. Et c'est probablement son mode d'approche qui l'amène à conclure : « Je ne vois nulle part la dyspnée dans le récit du Narrateur. » Cela me rappelle le grand Claude Bernard, déclarant qu'il n'avait jamais trouvé l'âme sous son scalpel. Mais cet instrument la tue en opérant ! C'est un peu comme si, pour analyser un tableau, on faisait la somme arithmétique des couleurs dominantes, de leur densité, de leur répartition. Une telle démarche méconnaîtrait l'essentiel.

Proust nous invite lui-même à ne pas scruter son œuvre au microscope, puisqu'il s'est « au contraire servi d'un télescope ». Au-delà du mot à mot, on peut donc déceler dans son écriture quelques indications fécondes. Remarquer par exemple, sans rouvrir le faux débat d'une phrase spécifiquement asthmatique, que la phrase proustienne, au contraire de celle de Claudel, retient son souffle, si j'ose dire.

Le verbe, énoncé au début de ces longues phrases « de style Bergotte[64] », fait attendre le complément parfois plusieurs lignes, à travers relatives et circonstancielles. L'esprit de ces phrases, leur souffle, c'est la chute, le dernier groupe signifiant où se condense la signification qui se cherche, en même temps que le mouvement expiratoire s'achève enfin. Voici un exemple où, par suite de la syntaxe, une sorte de protase à répétitions fait attendre l'apodose, après une acmé mélodique : « Quand je pense maintenant que mon amie était venue, à notre retour de Balbec, habiter à Paris sous le même toit que moi, qu'elle avait renoncé à l'idée d'aller faire une croisière, qu'elle avait sa chambre à vingt pas de la mienne, au bout du couloir, dans le cabinet à tapisseries de mon père, et que chaque soir, fort tard, avant de me quitter, elle glissait dans ma bouche sa langue, comme un pain quotidien, comme un aliment nourrissant et ayant le caractère presque sacré de toute chair à qui les souffrances que nous avons endurées à cause d'elle ont fini par conférer une sorte de douceur morale, ce que j'évoque aussitôt par comparaison, ce n'est pas la nuit que le capitaine de Borodino me permit de passer au quartier, par une faveur qui ne guérissait en somme qu'un malaise éphémère, mais celle où mon père envoya maman dormir dans le petit lit à côté du mien[65]. »

On trouve donc là une longue remontée musicale pendant laquelle le sens s'accumule et le souffle se retient (quand je pense que... qu'elle avait renoncé... qu'elle avait sa chambre... a pu... comme... comme... nourrissant et ayant...) avec des redoublements de circonstances et de comparaison, puis une descente sur la principale jusqu'à cette fine comparaison finale, et la scène de la mère consolant son enfant triste, la Pietà de Combray.

Julien Gracq (qui m'a précisé ne pas être asthmatique lui-même) note, avec une connotation respiratoire, à propos de la phrase proustienne : « La masse centrale du livre, impérieusement, rabat et plaque contre elle-même, par une force de gravité toute-puissante, tout ce qui tend à se projeter hors d'elle, y compris la production imaginative du lecteur qui, privée d'air (!) et privée de mouvement par la jungle étouffante et compacte d'une prose surnourrie, n'arrive jamais à s'élancer hors d'elle, à jouer à partir d'elle librement [...][66]. »

Si la phrase de Proust retient ainsi sa respiration, c'est parce qu'elle vise à inclure le plus d'éléments possibles, à établir des relations aisées, des passages – métaphoriques ou métonymiques – entre le monde extérieur et le monde intérieur.

Bloquant sa respiration, qui représente la forme même de la relation au réel, ses crises d'asthme constituent pour lui l'expérience – ou la preuve – de son impossibilité de mettre en communication l'espace du dedans et l'extérieur, son moi et le monde. En asthmatique, il rêve d'une circulation aisée, d'un rapport euphorique et harmonieux, et définit la création, l'écriture, comme le seul moyen de rétablir entre le monde et lui un rapport tel que l'univers ne lui soit plus extérieur mais intérieur, recréé, presque inhalé.

Par l'œuvre écrite, le contenant devient contenu, *le monde est en moi*, je peux l'exprimer, l'aspirer, l'expirer, le respirer. La notion de transsubstantiation, dont nous soulignerons l'importance chez Proust, prend dès lors chez lui une double signification. Asthmatique, il « refuse » d'expirer, de communiquer avec le monde, par le passage de la substance subtile, l'extériorité qui nous pénètre. Mais la création est une transsubstantiation maîtrisée, le monde devient matière spirituelle qui peut être enfermée dans un livre. De même que pour un asthmatique, la personnalité d'un lieu tient à la qualité de l'air qu'on y respire (la géographie des odeurs), de même la vérité d'une vie, ou d'un épisode, ou d'un personnage, c'est la qualité des mots qu'on peut en avoir tirés, et par lesquels on les a transformés en matière subtile, qui peut être retirée du livre à loisir.

Si bien que la proposition de Rivane, quelle que soit sa part de légitimité, doit être parfaitement inversée. Si l'asthme de Proust s'inscrit d'une certaine façon dans son écriture, cette écriture est absolument « anti-asthmatique », dans la mesure où elle constitue le refuge par lequel il reconstruit un univers antithétique de celui dans lequel il vit, sans y avoir accès. Un univers qui lui convient et où il est heureux, un univers sans asthme, sans distance et sans séparation.

*

Reste à aborder la troisième question à propos de l'asthme de Proust. Comment l'a-t-il perçu et qu'a-t-il signifié pour lui ?

La réponse n'est pas simple, mais il nous en donne lui-même certains éléments. Qui autorisent à proposer que son asthme est *symptôme*, puisqu'il a perçu le caractère symptomatique de certaines affections : « Il y a des maux dont il ne faut pas chercher à guérir parce qu'ils nous protègent seuls contre de plus graves[67]. »

Proust est également conscient de l'opportunité, voire de la nécessité, du symptôme, puisqu'il note que celui-ci récidive parfois et sous une autre forme lorsqu'on guérit le symptôme initial : « l'amour de Swann en était arrivé à ce degré où le médecin et, dans certaines affections, le chirurgien le plus audacieux, se demande si priver un malade de son vice ou lui ôter son mal, est encore raisonnable ou même possible[68]. » « [...] comme ces diathèses où le rhumatisme ne laisse quelque répit que pour faire place à des migraines épileptiformes[69] ».

Le professeur Albert Robin lui a dit d'ailleurs clairement : « Je pourrais peut-être faire disparaître votre asthme, mais je ne le veux pas ; étant donné la forme que l'asthme a prise chez vous, il est pour vous un exutoire, et vous dispense d'autres maladies[70]. »

Proust se fera donc progressivement à la pensée qu'il doit vivre avec son asthme, sorte de « locataire » imposé, dont on guette la présence : « il est rare que ces grandes maladies, [...], n'élisent pas pendant longtemps domicile chez le malade avant de le tuer, et durant cette période ne se fassent pas assez vite, comme un voisin ou un locataire "liant", connaître de lui.

« C'est une terrible connaissance, moins par les souffrances qu'elle cause que par l'étrange nouveauté des restrictions définitives qu'elle impose à la vie. On se voit mourir, dans ce cas, non pas à l'instant même de la mort, mais des mois, quelquefois des années auparavant, depuis qu'elle est hideusement venue habiter chez nous. La malade fait la connaissance de l'Étranger qu'elle entend aller et venir dans son cerveau. Certes elle ne le connaît pas de vue, mais des bruits qu'elle l'entend régulièrement faire elle déduit ses habitudes. Est-ce un malfaiteur ? Un matin, elle ne l'entend plus. Il est parti. Ah ! si c'était pour toujours ! Le soir, il est revenu[71]. »

Asthme-symptôme. Mais de quoi ?

Proposer qu'il représente le langage d'une souffrance ne paraît pas infondé. Proust est hypersensible et en a parfaitement conscience. Au point, précise-t-il, que jamais personne ne saura ce qu'il a souffert. Mais pour dénommer sa sensibilité hyperalgique, il ne trouve pas mieux que le mot, dérisoirement insuffisant et disproportionné, de « nervosisme » : « Vous appartenez à cette famille magnifique et lamentable qui est le sel de la terre. Tout ce que nous connaissons de grand nous vient des nerveux. Ce sont eux et non pas d'autres qui ont fondé les religions et composé les chefs-d'œuvre. Jamais le monde ne saura tout ce qu'il leur doit et surtout ce qu'eux ont souffert pour le lui donner. Nous goûtons les fines musiques, les beaux tableaux, mille délicatesses, mais nous ne savons pas ce qu'elles ont coûté à ceux qui les inventèrent, d'insomnies, de pleurs, de rires spasmodiques, d'urticaires, d'asthmes, d'épilepsies, d'une angoisse de mourir qui est pire que tout cela, et que vous connaissez peut-être, Madame, ajouta-t-il en souriant à ma grand'mère [...][72]. »

L'épilepsie mise à part, on voit bien que tous ces troubles que Proust attribue aux « nerveux » sont les siens.

Le nervosisme, auquel il impute ces symptômes « est un pasticheur de génie », précise-t-il. « Il n'y a pas de maladie qu'il ne contrefasse à merveille. Il imite à s'y méprendre la dilatation des dyspeptiques, les nausées de la grossesse, l'arythmie du cardiaque, la fébricité du tuberculeux. Capable de tromper le médecin, comment ne tromperait-il pas le malade[73] ? »

Il fait allusion sans doute à son expérience des crises d'asthme nocturnes, lorsqu'il évoque les « premiers antres du sommeil, où les autosuggestions préparent comme des sorcières l'infernal fricot des maladies imaginaires ou de la recrudescence des maladies nerveuses et guettent l'heure où les crises, remontées pendant le sommeil inconscient, se déclarent assez fortes pour le faire cesser[74] ».

Ces propos sont de nature à argumenter le rapprochement, souvent invoqué, entre Proust et Freud. Le désir, d'ailleurs, lui apparaît tout aussi obscur, inconscient et « (mystérieux que l'est, par exemple pour quelqu'un qui avait souffert toute sa vie de crises d'asthme, l'influence d'une certaine ville, en apparence pareille aux autres, et où pour la première fois il respire librement)[75] ».

L'inévitable alternative du psychosomatique, c'est-à-dire la fausse question – maladie organique ou psychique –, lui fut familière. Autant que sa vanité puisqu'il ironise sur ce sujet à propos de la tante Léonie, geignarde et cloîtrée dans sa chambre depuis plusieurs années et dont la mort fit « triompher à la fois ceux qui prétendaient que son régime affaiblissant finirait par la tuer, et non moins les autres qui avaient toujours soutenu qu'elle souffrait d'une maladie non pas imaginaire mais organique, à l'évidence de laquelle les sceptiques seraient bien obligés de se rendre quand elle y aurait succombé [...][76] ».

Mais lui, n'est pas dupe, et sent bien que derrière ce mal-être profond, se trouve une souffrance qui ne peut être dite ni supprimée. Et il est bien illusoire, à cet égard, d'espérer obtenir de son corps quelque « compréhension ». « Quelque brigand que nous rencontrions sur une route, peut-être pourrons-nous arriver à le rendre sensible à son intérêt personnel, sinon à notre malheur ; mais demander pitié à notre corps, c'est discourir devant une pieuvre, pour qui nos paroles ne peuvent avoir plus de sens que le bruit de l'eau [...][77]. »

Il faudrait donc déceler cette souffrance, « comme ces malaises que le médecin écoute son malade lui raconter et à l'aide desquels il remonte à une cause plus profonde, ignorée du patient [...][78] ».

Et il a un reproche plein de cruelle ironie, pour le comportement fréquent du médecin, que le patient vient consulter porteur d'une attente, celle justement du défaut de sens, et qui voudrait comprendre la signification du symptôme. Mais cette attente est déçue, comme celle « d'une névropathe qui voudrait arracher au médecin sur son mal, quelques paroles profondes, et le médecin se contente de parler de choses et d'autres et dit : « mais couvrez-vous je vous en prie, vous aurez froid », ou « bon appétit et bon voyage[79] ».

S'il témoigne d'une courtoisie assez affectueuse pour les médecins, il ne les estime pas, pour les avoir beaucoup pratiqués, très différents de ceux de Molière et les évoque avec une dérision bien cruelle. « Pour une affection que les médecins guérissent avec les médicaments (on assure, du moins, que cela est arrivé quelquefois), ils en produisent dix chez les sujets bien portants, en leur inoculant cet agent pathogène plus virulent mille fois que tous les microbes, l'idée qu'on est malade. Une telle croyance [...] agit avec une efficacité particulière chez les nerveux. Dites-leur qu'une fenêtre fermée est ouverte dans leur dos, ils commencent à éternuer [...][80]. »

Sur le sujet de l'acharnement thérapeutique et de ses désastreuses conséquences, il a, à propos de la mort de Bergotte, une phrase vengeresse : « les maladies naturelles guérissent, mais jamais celles que crée la médecine [...][81] ».

Quelle est la souffrance, dont Proust est conscient que son asthme est symptomatique, et dont il s'obstine à identifier les racines ?

L'angoisse, celle de la séparation d'avec la mère, peut être immédiatement invoquée, lorsqu'on sait que ce thème de la Séparation est celui de toute son œuvre.

Les relations de Marcel avec sa mère ont souvent été évoquées pour souligner le caractère excessivement protecteur de celle-ci. Leur correspondance, fondée sur cent quarante-neuf lettres échangées jusqu'au décès de Mme Proust, c'est-à-dire de 1887 à 1905, soit entre la seizième et la trente-quatrième année de Marcel, permet de scruter ces relations[82].

Mme Proust est intelligente, dotée d'une grande culture et d'une vive sensibilité. Enceinte de Marcel durant les premières semaines du siège de Paris, elle en subit les privations, le froid, la faim et vit cette première grossesse dans l'angoisse et, vers son terme, les frayeurs de la Commune et des massacres de la semaine sanglante. Elle se consacrera donc davantage à Marcel, venu au monde chétif et malingre, handicapé par ses difficultés de santé et d'affectivité, qu'à son second fils qui grandit simplement. Il est adoré, couvé, surprotégé. Elle l'encourage à écrire, l'aide par ses traductions de textes anglais et allemands et lui rapporte des scènes de la vie, des portraits, des dialogues qui ont probablement compté dans son inspiration.

Marcel, qui lui écrit très souvent, quelquefois sitôt après l'avoir quittée, commence invariablement ses lettres par « Ma chère petite maman » et les termine par « Mille tendres baisers ». Ces lettres contiennent des informations matérielles, des comptes rendus de ses activités, de sa maladie et de son traitement. La composante affective en est majeure et les fréquentes plaintes, relatives à sa santé, suscitent en retour la compassion de sa mère.

Les lettres de Mme Proust à son fils débutent toujours par « Mon Chéri ». Elle y est aimante et tendre et le dénomme volontiers « crétin, mon loup, mon petit serin ». Les appels de Marcel à sa compassion ne demeurent pas sans réponse : « Elles [tes lettres] sont bien douces mais bien tristes, mon pauvre loup. Elles me font souffrir en pensant à la tristesse que tu as éprouvée[83]. »

Mais l'obsession de Marcel est de ne pas perdre l'affection de cette mère et, hyperesthésique, il réagit vivement dès qu'il éprouve de sa part ce qu'il ressent comme de la froideur. Elle s'en défend vivement : « Je suis *outrée* ! que tu *oses* dire que je ne lis pas tes lettres quand je les lis, relis, regrignote tous les petits coins et puis le soir, tâte encore s'il reste q.q. chose de bon à savourer[84]. »

Un jour cependant, lassée du mode de vie de son fils, ou bien, culpabilisée par son comportement à son égard, elle se décide à distendre les relations et donne la consigne aux domestiques de ne plus donner suite à ses caprices...

Il lui écrit immédiatement une lettre de reproche : (« Je te trouve bien incompréhensible [...] ») et l'accuse d'avoir fait exprès d'engager des ouvriers qui font du bruit tout le jour, alors qu'il avait pris son

Trional pour dormir. « J'étais par ta faute dans un tel état d'énervement que [...] ». C'est à cause d'elle s'il s'est disputé avec un excellent ami. Bertrand de Fénelon et Georges de Lauris lui ont rendu visite en effet ; on est en décembre et, dans la pièce non chauffée, les visiteurs ont gardé pardessus et chapeau. Marie, à laquelle Marcel a demandé de faire du feu, répond : « Je n'ose pas, Madame me ferait renvoyer. » Là-dessus, de Fénelon a le malheur d'ajouter « un mot fort désagréable ». C'en est trop. Marcel saisit cette occasion pour montrer à sa mère la contrariété qu'elle lui a causée, se jette sur l'ami à coups de poing, s'empare de son chapeau neuf, le piétine. Et comme sa mère pourrait douter de la gravité de sa colère, il joint à la lettre un morceau de chapeau « pour que tu voies que c'est vrai[85] ».

Ce comportement infantile est effectivement celui d'un enfant qui refuse le moindre signe d'éloignement de sa mère.

Car il faut que sa mère sache qu'il souffre et il cite : « La consolation des martyrs est que Dieu pour qui ils souffrent voit leurs plaies[86]. » Suivent divers autres reproches, mais il va dire jusqu'au bout tout ce qu'il a sur le cœur : « La vérité c'est que dès que je vais bien, la vie qui me fait aller bien t'exaspérant, tu démolis tout jusqu'à ce que j'aille de nouveau mal. » Et Marcel en rajoute, précise que ce n'est pas la première fois qu'elle fait de la sorte et que si, comme il le craint, il a une nouvelle crise alors elle sera gentille avec lui. C'est tout de même regrettable « de ne pouvoir avoir à la fois affection et santé[87] ».

En fait l'objectif recherché, c'est l'intimité, la communion, la fusion, bref le retour *in utero* : « la joie que j'ai de te sentir plus près de moi et de penser que bientôt nous ne ferons plus qu'une personne comme nous ne faisons qu'un cœur[88]. » L'union avec sa mère c'est bien l'essentiel, fût-ce au prix de l'asthme (ce qui veut dire qu'elle n'a pas de prix) puisqu'il finit par lui écrire : « Car j'aime mieux avoir des crises et te plaire que te déplaire et n'en pas avoir[89]. »

Le mot est lâché : pourquoi pas l'asthme (et le risque accepté, d'en mourir), vive l'asthme, pourvu que tu m'aimes !

Proust n'aborda jamais, semble-t-il, avec sa mère le sujet de son homosexualité[90], à la différence d'André Gide, presque exhibitionniste. Très différentes, d'ailleurs, ont été les attitudes respectives de Proust et de Gide à l'égard de leur mère, le dernier finissant par prendre ses distances avec la sienne quoi qu'il lui en coûte de l'éprouver, ce dont le premier demeura incapable. Je ne pense pas qu'on doive invoquer en outre, comme l'ont fait certains, la différence entre la mère juive de Proust, réputée « castratrice » (alors qu'elle ne l'était pas) au contraire de la mère protestante de Gide, rigide et oppressante.

La relation excessive de Marcel à sa mère n'est pas interrompue par le père, absent à la fois physiquement, car de nombreuses charges l'appellent au loin de sa famille et aussi et surtout psychologiquement. Dans les lettres, il est cité avec une affectueuse déférence, mais toujours sous une forme conventionnelle. Professeur d'hygiène, très imbu de théorie et de méthode, le professeur Proust était, moins que tout autre, apte à comprendre et à admettre le comportement de son fils, son évolution psychologique, sa maladie enfin, déroutante s'il en est pour des esprits tant soit peu rigides. Les préceptes d'hygiène constituaient à peu près toute sa thérapeutique[91], ce qui ne pouvait guère réussir avec Marcel. Sans se désintéresser de la santé de son fils, il cessa assez vite de lutter et de présider au traitement, par suite de sa double impuissance, médicale et paternelle. Sur le tard enfin, déconcerté, blasé aussi, lassé surtout, il se borne à quelques remontrances.

Il y avait sans doute, dans le mode de vie aussi antihygiénique du fils, une façon de s'opposer à son hygiéniste de père.

Certains traits du professeur Cottard illustrent probablement, de façon vengeresse, ceux du professeur Proust, pour lequel Marcel éprouvait sans doute du ressentiment. Son père avait en effet proscrit de son éducation la culture allemande de sa mère et de sa grand-mère ; il avait épousé la dot mais était assez distant de Mme Proust. Peut-être entretenait-il, vers la fin de sa vie, un second ménage.

La mort de sa mère, le 26 septembre 1905, constitue pour Marcel une épreuve terrible, qui va ouvrir dans sa vie une crise aux conséquences majeures. Les années 1906 et 1907 sont consacrées au travail du deuil ; mais celui-ci demeura impossible à métaboliser. Et ici, me vient à l'esprit l'une de ses métaphores, la plus forte de son œuvre pour ce qui concerne mon propos : « on aurait dit qu'une partie de ma poitrine avait été sectionnée par un anatomiste habile, enlevée et remplacée par une partie égale de souffrance immatérielle, par un équivalent de nostalgie et d'amour. Et les points de suture ont beau avoir été bien faits. On vit assez malaisément *quand le regret d'un être* est substitué aux *viscères* [...][92] ».

Voilà qui est éloquent au sujet du deuil impossible de la mère, installé dans la poitrine à la place des bronches. Voilà qui évoque, si on nous permet cette comparaison théologique, la transsubstantiation et ce qu'elle désigne, dans le contexte de cette phrase de Proust, c'est-à-dire l'appareil respiratoire, devenu bien davantage que l'organe et la fonction qu'il assume, le site du regret maternel. Voilà une capacité singulière de l'homme, sorti de la Nature, et tellement plus homme que *l'Homo Biologicus Perfectus* dont rêve notre époque[93].

Ce terme de transsubstantiation, Proust l'emploie lui-même d'ailleurs pour exprimer sa gratitude à Lucien Daudet, à propos d'une phrase de ce dernier sur son sujet, belle comme les « deux ou trois merveilleuses phrases que je sache en français ». Grâce à cette phrase, estime-t-il, « s'est accompli le miracle suprême, la transsubstantiation des qualités irrationnelles de la matière et de la vie dans des mots humains[94] ».

Au regret de la perte maternelle, s'ajoutent de cruels et obsédants remords, inspirés par « l'inquiète tendresse » que sa maladie et son comportement n'ont pas cessé de susciter chez sa mère. Lorsqu'il reprendra, en 1907, sa collaboration suspendue avec *Le Figaro*, ce sera pour consacrer un article à un jeune homme assassin de sa mère, Henri Van Blarenbergue, avec lequel il correspondait. Cet article lui permet de se livrer sans réserve à ses remords et d'évoquer Œdipe à leur sujet.

De l'épreuve du deuil, dont il émerge lentement, Proust resurgira totalement transformé.

Il réorganise sa vie de façon radicalement différente. L'homme mondain et superficiel qu'il était se cloître désormais dans sa chambre. Le 27 décembre 1906, il s'installe au 102, boulevard Haussmann, dans un appartement « fort laid », qui associe les risques de bruit, de poussières et de pollens d'arbres. Mais « c'est le seul que j'aie pu trouver que maman connaissait ».

Il y passe toutes ses journées, frileusement couché dans son lit, sa pelisse doublant les couvertures, vêtu de tricots de laine molletonnés, d'un caleçon long, de chaussettes de laine, une bouillotte aux pieds.

Un drap de lit plié en quatre contre la porte évite les courants d'air tant redoutés.

Ma vie a bien changé, précisera-t-il à Louis de Robert, « j'ai perdu tous ceux que j'aimais, ma santé s'est définitivement ruinée et voilà une dizaine d'années que je suis alité, me levant quelques heures une fois par mois à peu près, [...], n'ouvrant jamais une fenêtre ni un volet, ne mangeant pas[95] ».

Comme si cette chambre n'était pas encore suffisamment claustrale, comme si ses murs demeuraient trop poreux au bruit, en 1910, il la fait insonoriser en revêtant les murs de plaques de subérine et annonce à Reynaldo qu'elle « va être en liège comme un petit bouchon ». Enfermé dans cette chambre de liège, il vit désormais en écriture ce qu'il ne peut plus vivre en réalité.

Volets hermétiquement fermés, rideaux tirés, murs couverts de liège, voile de fumée des fumigations, cette chambre est l'espace clos où va se consumer le temps qui lui reste à vivre. Elle est coupée du monde extérieur, dont n'arrive jusqu'à lui, hormis quelques rares visites des intimes, que la musique de l'Opéra. Le théâtrophone, auquel il est abonné, lui permet d'entendre des concerts, parmi lesquels il demande « perpétuellement » *Pelléas et Mélisande,* de *Debussy,* qu'il vient de découvrir.

De cette chambre, il sort de moins en moins, seulement pour quelques sorties nocturnes, consacrant à l'écriture tout le temps que lui laissent l'asthme et le sommeil des barbituriques.

Voilà bien occluse la cellule propice à la rédaction de la *Recherche*, son arche de Noé. « Quand j'étais tout enfant, observe-t-il, le sort d'aucun personnage de l'histoire sainte ne me semblait aussi misérable que celui de Noé, à cause du déluge qui le tint enfermé dans l'Arche [...]. » Plus tard, « je dus rester dans l'Arche. Je compris alors que jamais Noé ne put si bien voir le monde que de l'Arche, malgré qu'elle fût close et qu'il fît nuit sur la terre[96] ».

Il se compare à Beethoven sourd, incapable de jouir de sa musique : « ce sont aussi des symphonies pastorales que je fais à ma manière[97] ».

On l'a comparé, enfin, écrivant couché dans son lit, à Michel-Ange peignant le plafond de la Sixtine allongé sur le dos[98]. Je ne sais s'il faut retenir cette image, mais sa réalité émotionnelle me paraît fondée.

La seconde transformation, consécutive à la mort de sa mère, a trait à la créativité de Proust.

Même si le matériau de la *Recherche* était, de longue date, en gestation, sa rédaction ne commence vraiment qu'après 1909. De 1905 à 1907, il n'a plus travaillé : « J'ai clos à jamais l'ère des traductions, que maman favorisait. Quant aux traductions de moi-même, je n'en ai plus le courage[99]. »

Les débuts de la rédaction sont longs et laborieux. Car après 1905, l'asthme ne cesse de s'aggraver : « c'est maintenant presque chaque jour que j'ai ces terribles journées qui n'étaient autrefois que la rançon d'une exceptionnelle fatigue ». Après deux séjours dans la clinique du docteur Solier à Billancourt-Boulogne-sur-Seine, spécialisée dans le traitement de l'asthme, il a acquis la conviction qu'il ne guérira plus. Aussi, ne fera-t-il jamais chez le docteur Widmer, à Calmont, le stage médical longtemps projeté, et destiné à restaurer un rythme nycthéméral compatible avec le voyage à Florence qu'il désirait ardemment.

L'été à Cabourg, une assez bonne santé lui permet, dans la voiture conduite par Agostinelli, des sorties destinées à visiter les villes d'art et chefs-d'œuvre médiévaux de Normandie : « l'air pur joint à une funeste caféine m'a permis de sortir tous les jours en automobile fermée ». Un article, donné au Figaro, « Impressions de route en automobile », en rapporte le récit. Mais il a suffi qu'il s'arrête sur le chemin du retour à Paris, dans un vallon humide « dont de loin, on voyait la brume et on devinait la fraîcheur », pour qu'une attaque d'asthme sévère l'oppresse. Il a absorbé dix-sept tasses de café pour être capable de rendre visite à Mme de Clermont-Tonnerre, qui a dû ensuite, sur les marches de la cathédrale d'Évreux, guider ses pas « tremblants de caféine ».

De nombreux autres symptômes s'ajoutent à l'asthme pour entraver sa création : « Jamais ma vie n'a été telle, mangeant une fois par 48 heures, jamais avant trois heures du matin, etc., etc. Et si je veux écrire une ligne, une lettre, plusieurs jours de maux de tête[100]. » « [...] je n'ai encore pu absolument rien faire et je commence à désespérer [...] je ne dors plus, je ne mange plus, je ne travaille plus », écrit-il en février 1911.

Son état général décline jusqu'à être profondément altéré.

Alors qu'en 1908, M. Plantevignes avait remarqué son « visage ivoirin à la Greco sous cette frange épaisse de cheveux noirs bleus, qui rejoignait une barbe de Christ espagnol », il apparaît en 1911 au *Carlton*, où se tient la soirée annuelle de *L'Intransigeant*, « engoncé dans son pardessus et faisant peur avec sa face exsangue et sa barbe noire de Christ arménien au tombeau[101] ».

Espagnol ou arménien, il est significatif, par rapport à sa passion, que l'image de Proust soit évoquée comme celle du Christ.

C'est qu'il n'est plus habité, désormais, que de la passion d'achever son œuvre avant de mourir. À René Blum, auquel il demande d'intervenir en sa faveur auprès de l'éditeur Grasset, il explique : j'ai mis dans cette œuvre le meilleur de ma pensée et « elle réclame maintenant un tombeau qui soit achevé avant que le mien soit rempli ».

Il lui reste pourtant à livrer encore un difficile et éprouvant combat pour faire paraître, le 14 novembre 1913, la première partie de l'ouvrage, *Du côté de chez Swann*. Cette longue attente, troublée de peines affectives cruelles, l'a épuisé. « J'ai tellement maigri que tu ne me reconnaîtrais plus », écrit-il à Maurice Duplay ; et à Albert Nahmias : « j'ai tellement maigri que j'ai peur en faisant un long déplacement de me tuer tout à fait[102] ! »

Le découragement l'accable : « pour la première fois, je suis entièrement découragé, la vie n'est pas possible dans des crises aussi constantes ». Il en arrive, enfin, à éprouver des désirs de mort : « moi qui avais si bien supporté d'être malade, qui ne me trouvais nullement à plaindre, j'ai su ce que c'était, chaque fois que je montais en taxi, d'espérer de tout mon cœur que l'autobus qui venait allait m'écraser[103] ».

On peut ici ouvrir une parenthèse pour souligner combien l'infirmité de l'asthme et sa claustration, au lieu d'enfermer Proust sur lui-même, l'ouvrent au contraire à une grande bonté, qui constitue une espèce de revanche sur son malheur.

Et de même que s'intriquent chez lui souffrance/créativité, il associe également pauvreté (physique et progressivement matérielle) / générosité (affective et matérielle).

En toutes circonstances, il se révèle en effet, comme un ami attentionné et généreux, ému des épreuves des autres et assez impliqué pour proposer son aide. Il est prodigue en cadeaux et largesses de toutes sortes et nombreuses sont ses lettres destinées à rendre service, recommander, s'enquérir des nouvelles et des soucis de chacun avec cordialité et affection.

Ainsi, écrit-il à Gide qui lui a dit avoir un grand chagrin : « moi si impuissant [...] à m'éviter le moindre mal, j'ai été doué [...] du pouvoir de procurer des bonheurs aux autres, [...] j'ai guéri des malades quand je n'ai pu qu'empirer mon mal[104] ». Et ajoute-t-il, « je suis prêt malgré ma maladie invalidante à partir immédiatement, à prendre un train, à aller où vous voudrez si une intervention de ma part peut modifier les choses qui vous font de la peine ». Il adresse la même proposition à Louis de Robert : « Je me soigne en dépit du bon sens et je ne compte plus les malades que j'ai guéris. » Mon désir du bonheur des autres est tel que « vous n'avez qu'à parler [...] j'irai où vous voudrez, je ferai ce que vous voudrez [...] ».

Au moment du décès de Mme de Caillavet, il insiste pour que les fleurs qu'il a fait livrer soient placées dans le cercueil contre son corps et décide qu'il va se « droguer » car il tient à assister aux obsèques. Avec ses domestiques enfin, compagnons quotidiens de la fin de sa vie, il ne se départit jamais d'une grande amabilité.

Aussi atroces que soient ses propres difficultés de santé, comment ne pas voir que sa période de fécondité littéraire, correspondant à la rédaction de la *Recherche*, est celle où son asthme évolue vers la mort. Et la relation n'est pas seulement de chronologie. L'asthme et la claustration qu'il légitime apparaissent comme les catalyseurs de son œuvre. Si les médecins demeurent impuissants sur sa souffrance, lui la met « très délibérément à son propre service ». De ses symptômes, ses « compagnes chéries », il est un « parfait régisseur[105] ».

Que la maladie soit à la fois maîtresse et servante de sa création, il en a une conscience aiguë.

À son ami Louis de Robert, atteint comme lui d'une maladie chronique, et qui vient de publier *Le Roman du malade*, il demande dans une longue lettre : « peut-on la qualifier de malheureuse, la vie qui permet d'écrire "un si beau livre" ? Comme il faut l'"accueillir sans colère", une telle maladie, qui s'avère la "collaboratrice inspirée" ! »

Un an avant sa mort enfin, il réplique ainsi à la sentence de Valéry (« un artiste vaut mille siècles ») : un artiste n'est pas un temps indéfini « par rapport à quelque malade, un Baudelaire ou mieux encore un Dostoïevski, qui en trente ans, entre leurs crises d'épilepsie et autres, créent tout ce dont une lignée de mille artistes seulement bien portants, n'auraient pu faire un alinéa[106] ».

Dès lors, au-delà du temps, sa recherche, fébrile et « viscérale », n'est-elle pas celle du sens, de la vie et de sa souffrance ? L'asthme de Proust lui permet de parler du vrai de la condition humaine, à partir de *sa* vérité, de sa dérisoire condition de malade, qu'il oppose souvent « à la force d'indifférence de la santé rayonnante ».

Si ces romans s'attachent à la condition humaine, Proust a nettement conscience qu'il ne fait plus désormais une « littérature qui se contente de "décrire les choses", d'en donner seulement un misérable relevé de lignes et de surface, [...] ». Cette littérature-là, bien que qualifiée de réaliste, « est la plus éloignée de la réalité » ; c'est « celle qui nous appauvrit et nous attriste le plus, car elle coupe brusquement toute communication de notre moi présent avec le passé, dont les choses gardaient l'essence, et l'avenir, où elles nous incitent à la goûter de nouveau[107] ».

Les mots d'analyse, d'inconscient, sont prononcés, évocateurs de la démarche qui est la sienne désormais : « Pour dire un dernier mot du roman dit d'analyse, ce ne doit être nullement un roman de l'intelligence pure, selon moi. Il s'agit de tirer hors de l'inconscient, pour la faire entrer dans le domaine de l'intelligence, mais en tâchant de lui garder sa vie, de ne pas la mutiler, de lui faire subir le moins de déperdition possible, une réalité que la seule lumière de l'intelligence suffirait à détruire semble-t-il[108]. »

La voilà bien, peut-être, l'essence de la *Recherche*, le projet apparemment réalisé mais toujours insaisissable, de nier le temps pour retrouver l'être, le sens, celui de la souffrance, de l'existence.

Le réel, l'important de ce que nous croyons maîtriser, Proust a compris qu'il est parfaitement inaccessible. Nous ne faisons que l'approcher dans sa discontinuité : « Une heure n'est pas qu'une heure, c'est un vase rempli de parfums, de sons, de projets et de climats[109]. » « [...] le geste le plus insignifiant que nous avons fait était entouré, portait sur lui le reflet de choses qui logiquement ne tenaient pas à lui, en ont été séparées par l'intelligence qui n'avait rien à faire d'elles pour les besoins du raisonnement [...][110]. »

Chercher au-delà du réel. Ce thème de l'*inaccessible* constitue une dominante de l'œuvre de Proust. Qu'il revête la forme de l'abandon, de la solitude, de l'éloignement de l'objet aimé, qu'il s'agisse d'Albertine, de Gilberte ou de la duchesse de Guermantes, il est omniprésent. Albertine n'est pas une femme réelle, c'est une métaphore de la femme, et plus profondément du désir.

D'ailleurs, ce n'est pas Albertine qui est inaccessible, c'est l'autre, c'est l'être. Si bien que nul amour ne peut être satisfait. On peut seulement toucher « l'enveloppe close d'un être qui par l'intérieur accédait à l'infini[111] ».

Comment les autres seraient-ils accessibles lorsque le moi est lui-même incertain[112] ? Le Narrateur, qui se modèle à la ressemblance des autres, adoptant et adopté, est « n'importe qui ». « Si le héros n'a pas d'identité parce qu'il peut en avoir plusieurs – à la limite les avoir toutes –, le "je-sujet" n'en a pas parce qu'il refuse toute identification. »

Ce défaut d'identité est assez commun à l'asthmatique. Il n'est pas étonnant de le retrouver chez Proust.

Sans doute, parce qu'il n'a pas été voulu par sa mère autrement distinct, parce qu'il a été privé de son autonomie, c'est-à-dire non considéré comme être porteur d'un Désir. C'est vrai dans la genèse de tout symptôme « psychosomatique ». C'est particulièrement vrai de Proust que les circonstances aussi n'ont peut-être pas favorisé. Ainsi en est-il de l'échec de son premier amour, très fort, et très pur pour Marie de Benardaky, qui était aussi sa première tentative d'aimer et d'être aimé par quelqu'un d'autre que sa mère, afin d'échapper à l'impossible inceste.

La mère, « contenant qui est plus que le contenu », protégeait sans doute son fils, mais l'a maintenu en situation de dépendance. « Vivre, progresser, vers "la vraie vie" suppose donc qu'on brise le contenant, qu'on absorbe le contenu pour le restituer ensuite [...][113]. »

Le défaut d'identité de Marcel va donc de pair avec sa quête passionnelle de cette identité, et par conséquent d'une différence, l'une n'allant pas sans l'autre. Voilà encore l'un des nombreux malentendus relatifs à Proust. Ses biographes se sont toujours attachés à identifier ses personnages. Pourquoi procéder à une telle recherche d'identité dans l'œuvre de celui qui cherchait passionnément sa différence ! « Ce travail de l'artiste, de chercher à apercevoir sous de la matière, sous de l'expérience, sous des mots quelque chose de différent, c'est exactement le travail inverse de celui que, à chaque minute [...], l'amour-propre, la passion, l'intelligence, et l'habitude aussi, accomplissent en nous, [...][114]. »

*

Proust et son asthme nous sont-ils, en définitive, aussi familiers qu'on nous l'a donné à croire ? Parce qu'il ne manque pas une anecdote au catalogue, ses nombreux biographes nous en ont souvent laissé l'impression. Mais rien n'est moins sûr.

La richesse ainsi que la complexité de sa personnalité, de son intelligence et de sa culture contribuent assez paradoxalement à le maintenir assez distant de nous.

Pour cette raison, certes, mais surtout pour ses qualités humaines, il m'est apparu comme l'un des plus fascinants et des plus attachants parmi les écrivains que j'ai scrutés.

Car c'est là sa dimension essentielle. Son écriture n'intéresserait pas autant si elle n'était garantie par l'expérience d'un homme. Le pur exercice de style ne retient pas longtemps ses adeptes. Son écriture nous émeut parce qu'en ses pages les plus attachantes, un tremblement existentiel révèle l'homme derrière son écran, parce qu'elle est messagère de l'humain.

4
L'ASTHME TARDIF DE PROSPER MÉRIMÉE : DE L'ASTHME ET DES LETTRES

> Je suis dans l'état de quelqu'un qui se prépare à un voyage ennuyeux ; les préparatifs sont encore plus ennuyeux que le voyage[1].

Si le symptôme respiratoire de certains auteurs nous laisse démuni d'indications, ce n'est vraiment pas le cas de Prosper Mérimée. Par suite de sa fécondité épistolaire, celui qu'on a dénommé le « maître des Lettres familières et de la Correspondance » rédige en effet, presque au jour le jour et avec force détails, son bulletin de santé. Trois ou quatre lettres simultanées à des destinataires différents fournissent en outre, dans chaque version, des indications supplémentaires. Aucun détail ne vous est épargné. À travers cette abondante correspondance, vous pouvez donc suivre pas à pas l'évolution de son asthme jusqu'au terme mortel. L'auteur ne s'y départit jamais de son humour, délicieux et souvent très noir. Mais ses réflexions sur la vie en général et surtout la sienne, sur les médecins et leur thérapeutique, se font de plus en plus désabusées.

C'est que, manifestement, est survenue chez lui, entre quarante et cinquante ans, une crise grave qui a fortement altéré son appétit de vivre.

Depuis 1834, il a été nommé par Guizot inspecteur général des Monuments historiques, poste nouvellement créé à son intention. Il voyage beaucoup, car sa fonction l'amène à parcourir la France afin de dresser, aidé du jeune et érudit architecte Viollet-le-Duc, l'inventaire du patrimoine national et de ses chefs-d'œuvre en péril.

Mais il se rend souvent aussi à l'étranger, en particulier en Espagne, pays qui le fascine, où il séjourne volontiers et développe de durables amitiés. C'est ainsi qu'il est introduit chez les Montijo, dont il devient un familier et où il sera très souvent reçu. Lors de ses premières visites, Eugénie n'est encore qu'une enfant. À la cigareria de Séville, il entrevoit des jeunes filles, dont l'une lui inspirera la fameuse Carmen.

L'année 1852 est décisive dans la vie de Mérimée.

Elle a commencé par une douloureuse épreuve, celle du décès de sa mère. Quelques semaines plus tard, parce qu'il a voulu prendre, par esprit chevaleresque – contre l'évidence et l'avis des experts – la défense de Libri, professeur au Collège de France, il est condamné à mille francs d'amende et quinze jours de prison qu'il passe à la Conciergerie.

Cette année se termine pourtant dans de bien meilleures conditions. Le 2 décembre 1852, le prince-président est proclamé empereur des Français sous le nom de Napoléon III et le 29 janvier 1853, Eugénie devient impératrice. Voilà, *a priori*, des événements extrêmement favorables à Mérimée, qui devient le confident de l'Impératrice et un personnage important de la Cour. Il est, de surcroît, nommé sénateur le 23 juin.

Mérimée a donc « tout ce qu'il faut pour être heureux ». Eh oui, et comme par hasard, c'est alors qu'il a atteint cette situation extrêmement flatteuse et privilégiée que tout se dégrade.

Son ralliement à l'Empire lui a été dicté par sa sincère et ancienne affection pour l'Impératrice et non par l'intérêt. Mais il y perd presque tous ses amis. Les salons l'accusent d'opportunisme et, s'il continue à tenir à Paris, « Paris ne tient plus à lui ». En Espagne pour son cinquantième anniversaire, il constate amèrement qu'il ne s'est trouvé personne pour le lui souhaiter.

Et voilà que sa santé se dégrade.

À vrai dire, c'est à partir de 1840 (l'année de la publication de *Colomba* et cinq ans avant celle de *Carmen*) que Mérimée, qui a trente-sept ans, fait état pour la première fois dans sa correspondance d'ennuis respiratoires. Il se plaint de « chats » dans la gorge, de « feux d'enfer » dans la poitrine, d'être obligé de s'aliter et de « reprendre ses pilules d'aconit[2] ». Il en avait donc déjà eu besoin auparavant.

Dès cette date, c'est bien d'un asthme qu'il souffre, un asthme compliquant une trachéo-bronchite chronique tabagique. Il faut y ajouter la rhinite, qui lui donne l'impression d'être un perpétuel enrhumé. En fait, si nous soulignons ici ses symptômes respiratoires, il est évident que Mérimée est un hypochondriaque qui se plaint de tous les maux : rhumatismes, maux de tête et surtout douleurs d'estomac. Aussi, sera-t-il obsédé toute sa vie durant par ses problèmes de santé, ne cessant pas de consulter des médecins et de prendre toutes sortes de médicaments.

Le bon médecin à ses yeux est celui qui n'est pas « charlatan » et sait prendre le temps d'écouter. Nombreux sont les médecins parmi ses amis, qu'il accable de demandes d'explication. Il voudrait connaître les causes de ses maux, et souhaiterait que les médecins répondent, vulgarisent leur savoir dans des ouvrages destinés au public. Car sa curiosité est insatiable en matière de médecine ! Et il serait tellement heureux d'être informé. Lorsque le docteur Gimbert lui a tracé le schéma de la segmentation de l'embryon humain, il a éprouvé « quelque chose de ce que Christophe Colomb dut sentir en découvrant l'Amérique[3] » ! À défaut de savoir, il s'observe beaucoup, se fait des idées sur la maladie et ne se prive pas de donner aux amis des conseils médicaux, voire des consultations par correspondance.

Après sa santé, voici que sa vie sentimentale tourne également à la faillite. Le séducteur, qui se plut dans la société des femmes et jeunes filles de son temps, qui trouvait dans leur sensibilité matière à émotion et divertissement, écoutant sans se lasser leurs confidences en échange des siennes, ce séducteur n'est plus ce qu'il était.

En mars 1853, il a, déjà, « tous les chagrins possibles, de cœur s'entend » puisque, par ailleurs, sa vie va « comme sur des roulettes, pour la partie matérielle[4] ».

Eh oui, il est au sommet des honneurs et de sa situation matérielle, mais Mme Delessert le délaisse.

Cette femme dotée de grâce, de charme et de séduction, a tenu une place exceptionnelle dans la vie de Mérimée qui en est l'amant depuis le 16 février 1836. Elle est spirituelle, délicate sans faiblesse, alliant à une élégance toute féminine un goût très vif pour les arts. Elle dessine bien, mieux que lui et, mariée à un banquier fortuné qui deviendra préfet, puis préfet de police, elle n'est pas heureuse. Aussi volontaire que Colomba et indépendante que Carmen, voilà la femme dont l'esprit de Mérimée s'emparera ; ou, plus vraisemblablement « dont l'esprit s'emparera de Mérimée[5] ».

Malgré de nombreuses infidélités, il l'aimait très tendrement et, le mari ignorant tout, leur vie avait l'apparence de celle d'un « couple » uni. Mais en 1854, manifestement, Mme Delessert le traite « avec une grande froideur ». Dans la seconde des trois lettres que comporte seulement la correspondance de cette année-là, il lui demande des explications : « Me permettrez-vous Madame, de profiter de l'affaire de l'abbé Goschler pour vous parler de ce qui m'intéresse plus que tous les abbés du monde. J'ai cru remarquer que depuis quelque temps vous me traitez avec une grande froideur pour ne pas dire plus. J'ai la conscience de n'avoir rien fait pour mériter cela. *Je crois* au contraire m'être appliqué depuis un an à éviter en tout ce qui pourrait vous déplaire. Si je me suis trompé, Madame, je vous serais on ne peut plus reconnaissant de me le dire. Je vais partir bientôt et probablement pour loin et longtemps. Je ne voudrais pas laisser derrière moi de mauvaises pensées. Un Grec a dit qu'il ne fallait pas laisser pousser de l'herbe sur le chemin de l'amitié. Il me semble y voir des ronces et si par quelque faute involontaire j'en étais la cause, j'en serais aussi affligé que repentant[6]. »

Mais les éclaircissements sollicités ne lui sont pas donnés et, à la fin de l'année, sa disgrâce est évidente.

Peut-on en discerner les raisons ? Sa prise de position politique en faveur de l'Empereur alors que les Delessert n'étaient pas bonapartistes est-elle entrée en compte ? Que cherchait Mme Delessert auprès du médiocre Maxime Du Camp ?

Peu importe. La rupture constitue, pour Mérimée, un terrible traumatisme, qu'il confie le 1er janvier 1855 à Mme de Montijo : « Bien que depuis plusieurs années, j'aie eu beaucoup à m'endurcir de ce côté, je ne puis vous dire combien cela m'a fait de peine. Il n'y a rien de plus triste que de se trouver de plus en plus isolé à mesure que les années viennent et qu'on sent davantage le besoin de la confiance et de l'amitié[7]. »

Et un mois plus tard : « C'est un rêve fini, le réveil est assez triste [...]. Plus j'y pense et plus je m'y perds[8]. » Il avait bien souvent redouté « que cette amitié finirait soit par sa mort soit par toute autre catastrophe », mais n'avait jamais supposé que « cela s'éteindrait comme une lampe, faute d'huile[9] ».

Les conséquences sont très graves pour Mérimée, qui apparaît désormais comme un homme seul et va se rétracter dans sa maladie.

Affectivement tout d'abord, il souffre atrocement. C'est que, contrairement à la réputation qui lui a été faite, de cynique, de cœur sec au caractère déplaisant (Stendhal), Mérimée est un sensible, très vulnérable. « Je ne sais pas, Madame, si vous vous représentez ce que peut souffrir un homme qui a placé tout le bonheur de sa vie sur quelque chose qu'on lui ôte ainsi brusquement[10] », confie-t-il à Mme Senior.

Une lettre du 7 novembre 1856 à Mme de La Rochejaquelein est éloquente : « Je vais de temps en temps voir mon ennemi capital par politique, par habitude, et par faiblesse. J'ai fait une de ces visites depuis vous avoir écrit et j'en suis revenu moins *nervous* qu'à l'ordinaire. J'en conclus que je suis en voie de guérison[11]. » Et il lui précise deux jours plus tard : « En retour, je vous dirai que vous n'avez pas compris ce que je voulais dire par *mon ennemi*. Ajoutez un *e* muet. Si ce n'est pas assez clair, j'appelle ainsi une femme que j'ai aimée pendant quinze ans, que j'aime encore, et qui ne m'aime plus, qui peut-être même ne m'a jamais aimé. Le résultat, c'est qu'il faut que je retranche quinze ans de ma vie, non seulement perdus, mais dont le souvenir même est empoisonné pour moi. Je ne regrette pas le temps perdu, car j'aurais trop à faire, mais il y a des souvenirs qui étaient un monde surhumain pour moi, où j'avais autrefois accès et qui m'est fermé[12]. »

Les conséquences sont tout aussi désastreuses sur sa créativité.

Son œuvre littéraire est désormais « derrière » lui. Ses lettres évoquent sans cesse son incapacité à travailler. Il ne publiera plus que quelques textes d'intérêt secondaire, ainsi que des nouvelles : « Autrefois [...] j'avais un certain but, je ne travaillais pas pour moi seul...[13] » « Je n'ai plus personne pour qui travailler, j'avais un but, je n'ai plus de but[14]. »

Quelque chose d'essentiel s'est brisé. Pourquoi continuer à vivre ?

Rien ne va plus du côté de la santé. Mérimée a perdu l'appétit de vivre et se met, nous allons le voir, à collectionner les symptômes. Son humeur se dégrade parallèlement. Le ton de ses lettres devient geignard. On y trouve toujours quelque motif de plainte, quelque sujet pour appeler à la compassion ses correspondantes bien sûr en priorité. C'est que, d'une manière générale, en 1859 les choses pour lui ne sont plus ce qu'elles étaient.

Prenez l'Espagne par exemple. Ou bien « Je suis devenu très vieux, ou ce pays-ci a changé[15] ». Les femmes ? « Les dames que j'avais laissées minces comme des fuseaux sont devenues des éléphants [...][16]. » Les corridas ? « J'ai eu le malheur de connaître trop tôt la beauté parfaite, et après avoir vu Montes, je ne puis plus regarder ses successeurs dégénérés. » Les taureaux sont tout aussi dégénérés, « ils sont devenus des bœufs[17] ». « Nous en avons mis un à la porte, tant il était bête, ne sachant ce qu'on lui voulait, mais bien déterminé à ne faire de mal à personne[18] ! »

Et puis, on a voulu absolument l'emmener dans la Manche visiter le château de Belmonte. Eh bien, ce voyage dans « le plus horrible pays du monde » était épuisant. Il faisait d'ailleurs un temps affreux, un froid de Sibérie et « il n'y avait qu'un seul brasero » pour tout le château. Cela n'a pas manqué, il a pris froid. Et son hôtesse et amie la comtesse de Montijo, « persuadée qu'il fait un temps pour la campagne », s'obstine à demeurer à Carabanchel. Mais lui, il s'y ennuie, tue le temps comme il peut, contraint à faire des va-et-vient pour se rendre au Prado, à Madrid. Le climat aussi a changé : il fait toujours gris et froid. Vivement qu'il rentre à Cannes. Ah ! là-bas, au moins...

Mais à Cannes ce seront d'autres plaintes.

Mérimée éprouvait en fait des symptômes – ou l'angoisse d'en avoir – depuis plusieurs années.

Outre l'asthme, il se plaignait déjà en 1845 de se sentir vieillir, en 1847 d'être « tout gris », en 1848 de souffrir de névralgies, et en 1852 « de ressentir une disposition à la congestion cérébrale » [*sic*], risquant de l'envoyer « voir le royaume des ombres[19] ». Cette crainte de la congestion cérébrale (à laquelle il se croit vraiment prédisposé) et, plus simplement, de la mort constituera l'obsession de la seconde moitié de sa vie.

Il en reparle à Valentine Delessert (qui a rompu avec lui) dans sa lettre de vœux de Nouvel An (1856) : « Je me trouve assez bien de ce soleil. Lorsque j'ai quitté Paris je croyais me sentir quelques dispositions à la mort subite. C'est une fin assez agréable si on part tout de suite comme le pauvre Sharp[e] ou comme Beyle mais la chance assez probable de languir imbécile pendant des mois ou des années m'est insupportable[20]. »

Ses craintes ne paraissent pas avoir ému l'intéressée puisqu'il confie à Mme de Montijo : « J'ai écrit à V. à l'occasion de la nouvelle année, la première depuis 20 ans où je ne l'avais pas vue. No answer. » Plus tard, parce qu'elle le lui a demandé, ils reprendront progressivement des échanges de lettres, mais leurs relations se limiteront à cette correspondance.

Les difficultés respiratoires se font plus graves à partir de novembre 1862 (Mérimée a cinquante-neuf ans) : « Je suis enrhumé et assez mal de mes poumons. Vous apprendrez un jour que j'ai cessé de respirer faute de viscères[21]. » L'hiver se passe à Cannes mais il souffre en janvier 1863 d'un nouveau « rhume » grave, qui lui donne « de la fièvre et des étouffements très douloureux ». Il passe une semaine au lit dans l'état d'un « poisson hors de l'eau ». Au printemps, les céphalées et les douleurs d'estomac persistent, il tousse au lieu de dormir et les crises d'asthme empoisonnent ses nuits : « Je m'en vais à pleines voiles vers l'Achéron où mes amis me précèdent à l'envi[22]. »

Il respire si mal qu'il se décide, en décembre, à consulter le professeur Trousseau « qui a une grande réputation pour la guérison de l'asthme [...]. Bien que je n'aie pas grande confiance en lui, je lui ai écrit pour lui demander un rendez-vous [...]. Il prétend avoir découvert par hasard un produit qui est une vraie cure de l'asthme[23]. » [...] « Il est certain qu'il a tiré d'affaire M. Émile Péreire qui était assurément le roi des asthmatiques. Il couchait dans un étui de contrebasse un peu incliné contre le mur. À présent, il couche dans un lit et vit comme une personne naturelle[24]. »

Après une longue consultation, Trousseau lui déclare qu'il est atteint d'un « asthme nerveux, le plus rebelle », et lui ordonne de l'arsenic, estimant (d'après Mérimée) que « cela fait grand bien aux moutons, aux chevaux et aux Tyroliens ; mais c'est une question de savoir si mon estomac est comme celui des quadrupèdes et bipèdes à qui l'arsenic réussit ».

Mérimée observe ce traitement, qui consiste à absorber de l'arsenic à faibles doses plusieurs mois durant. Il précise à Viollet-le-Duc : « les Tyroliennes en absorbent énormément, ce qui leur donne de très gros culs et leur permet de monter lestement » les montagnes.

Une parenthèse permet d'indiquer la conception qu'avait de l'asthme le « grand Trousseau », lui-même asthmatique. À Bretonneau il écrit ainsi : « J'ai fixé mon attention en homme intéressé sur bien des asthmatiques. [...] Toujours toussant, toujours un peu poussifs grâce [*sic* !] à leur catarrhe chronique et à leur emphysème et quasi crevarts quand la névrose pulmonaire vient se mettre à la traverse[25]. » Un tel pessimiste pouvait-il être thérapeute ?

L'arsenic, en tout cas, n'empêche pas l'asthme de Mérimée de s'aggraver durant les années suivantes. Un nouveau « rhume abominable » l'accable lorsqu'il arrive à Cannes en 1864 : « Je suis toujours très souffreteux. Voilà dix jours que je n'ai pas quitté ma chambre et à peine mon lit. Le matin et le soir j'ai des quintes de toux abominables. On les avait d'abord fait disparaître avec de la codéine, mais cela m'a donné une autre maladie. Il en résultait une telle confusion dans la tête que je croyais être devenu complètement fou. C'est une drôle de chose que cette faculté que nous avons de nous observer nous-même, lorsque l'observatoire est en ruines[26]. » Et au maréchal Vaillant : « Je voudrais pouvoir dire qu'il ne me reste plus que le *souffle*, mais c'est précisément ce qui me manque, car je suis asthmatique au dernier chef [...][27]. »

Un événement le bouleverse au mois de janvier 1867, alors qu'il se sent « de plus en plus poussif ». Après la mort de ses amis Sutton Sharpe, Lagrene, Ampère, c'est Victor Cousin qui, la veille encore plein de verve, meurt quasiment dans ses bras. Ses lettres disent son angoisse : « Cette mort de Monsieur Cousin m'a vivement frappé et j'ai toujours sous les yeux le spectacle de son agonie. Je me demande ce qui vaut mieux ou mourir comme lui d'un coup d'assommoir ou bien s'en aller doucettement dans des souffrances prolongées[28]. »

Il n'en oublie pas pour autant d'être galant auprès de la duchesse de Castiglione-Colonna (août 1867) : « toujours malade comme une bête ; toussant et ne guérissant point ; c'est ce qui m'empêche de faire auprès de vous mon métier d'amoureux. Mais j'espère qu'au premier temps chaud je pourrai le reprendre[29] ».

En 1868 (il a soixante-cinq ans), son état cardiaque nécessite la prise de digitaline, et constater qu'après ses poumons, son cœur doit également être soigné le décourage beaucoup. Toujours à la recherche de traitements susceptibles de le soulager, il ne dédaigne pas les plus ésotériques. On peut remarquer ici sa très grande *soumission* aux thérapeutiques proposées, toujours confiant – *a priori* – en leur efficacité.

C'est ainsi qu'il va successivement essayer : le goudron, le soufre, l'arsenic, la codéine, le sirop d'éther, les cigarettes de stramonium, des « serviettes antiasthmatiques », inventées par un apothicaire de Tarascon. Saulcy, passant à Cannes et le trouvant en mauvais état, lui parle du docteur Worms, ancien médecin de l'armée d'Afrique et détenteur d'un remède qui « guérit de l'asthme en 48 heures ». Sollicité, ce médecin a envoyé des pilules, mais Mérimée préfère aller le voir avant de les prendre. Il le trouve « passablement charlatan » et « bon observateur » ; Worms refuse de donner la composition de ses pilules qui « sentent le camphre, l'essence de laurier » et rendent « la langue toute noire[30] ».

Dans le genre ésotérique, voici encore un traitement de l'asthme tout à fait singulier.

Au début de février 1868, Mérimée se souvient tout à coup de son ami Lecourt, avocat réputé de Marseille, et lui écrit : « Il y a un siècle que je veux vous demander de vos nouvelles. Il y en a un autre que je voudrais manger une bouillabaisse, avec vous, chez Roubion [...]. Asthmatique réfractaire, je passe mon temps à haleter quand je n'étouffe pas. C'est une triste vie. » L'ami avocat répond immédiatement, puisque Mérimée réagit à sa lettre trois jours plus tard : « Mais vous me racontez des choses pleines d'intérêt. Comment, vous avez été asthmatique et vous avez guéri sous cloche ! J'ai Lyon tellement en horreur, que je préfère aller à Montpellier, s'il n'y a pas de cloche à Paris[31]. »

Le traitement auquel il fait allusion était réalisé par les docteurs

Pravaz à Lyon et Bertin à Montpellier selon un principe thérapeutique animé, certes, des meilleures intentions : puisque l'air circulait mal dans les bronches de l'asthmatique, il n'y avait qu'à l'administrer sous pression pour vaincre les résistances. Trop simpliste pour être vrai !

Averti des illusions thérapeutiques dans l'asthme, Mérimée rappelle la sentence du docteur Guy Patin : « en fait de découvertes médicales, il faut se hâter de les prendre pendant qu'elles guérissent », se décide à essayer le traitement par l'air comprimé à Montpellier et prend contact avec le docteur Bertin qui le pratique : « Son abord m'a plu, rien d'un charlatan. Il est venu me voir le soir, m'a percuté, ausculté, etc. et a trouvé le coffre tel que les médecins de Paris me l'avaient dit[32]. »

Une lettre à Lise Przezdziecka (17 avril 1868) indique les modalités du traitement : « Je suis ici pour mes poumons, on les traite d'une drôle de façon. Votre infortuné secrétaire[33] est enfermé dans une boëte en fer où il y a deux fauteuils. Il s'assied sur l'un avec une chaufferette sous ses pieds, puis une machine à vapeur pompe dans la boëte l'air qui s'y comprime au point de faire tinter les oreilles assez désagréablement. J'y reste deux heures, regrettant fort que vous ne soyez pas sur l'autre fauteuil [...][34]. »

Quelle que soit l'efficacité réelle de la méthode, Mérimée éprouve, dès le troisième bain, un soulagement rapide : « Je me sens mieux, mes respirations sont plus profondes et plus faciles. Ce matin j'ai monté un escalier sans haleter, je m'endors tous les jours dans ma boëte. » Boîte qu'il compare à l'« un de ces monuments qui ornent le boulevard et qu'on doit à Monsieur Rambuteau », c'est-à-dire une vespasienne. Le 6 mai il confirme à Mme Delessert : « Je suis toujours ici entre les mains d'un docteur qui ne veut pas me lâcher et qui prétend me guérir. Je suis si accoutumé à ma boëte d'air comprimé que je la regrette les dimanches où elle chôme pour être réparée [...]. Au fond, je suis incontestablement mieux. Je reconnais qu'il est impossible de remettre à neuf une vieille carcasse comme la mienne. C'est déjà beaucoup que de la maintenir à peu près à flot[35]. »

De retour à Paris, il ne modère plus son enthousiasme : « Mes poumons ne se contractaient plus, ils se contractent. Mon médecin de

Paris m'a ausculté hier et m'a dit qu'il ne les reconnaissait plus [...] », écrit-il le 22 mai à la duchesse Colonna. Et il confirme à Mme de Montijo : « Les bains d'air me semblent admirables pour l'asthme et, pendant que j'étais à Fontainebleau, j'ai fort engagé l'Impératrice à les faire essayer à son neveu. » Et il précise que s'il a conseillé à Sa Majesté d'envoyer son neveu à Montpellier auprès du docteur Bertin, c'est qu'il redoute que les médecins de la Cour, « qui ne sont pas des aigles, ne soient assez mal disposés pour un système qu'ils ne connaissent pas et, selon leur usage, ils disent que cela n'est bon à rien. On m'a dit, à moi que ces bains ont empêché de crever, qu'ils ne m'avaient fait aucun bien. Vous reconnaissez là, Messieurs les docteurs, qui n'ont pas changé depuis Molière. Le mien qui ne croyait pas à l'efficacité du remède, m'a dit, à mon retour de Montpellier, après m'avoir ausculté : « Si je ne vous avais pas examiné moi-même plus de vingt fois, je dirais maintenant que vous n'avez jamais eu d'emphysème[36]. »

L'Impératrice est effectivement impressionnée par l'amélioration de sa santé, au point d'envisager que son neveu Carlos aille suivre le même traitement. Mérimée revient à Montpellier le 3 octobre pour consolider les résultats initiaux[37].

Il y commence la rédaction d'une nouvelle achevée à Fontainebleau : *Lokis* (c'est-à-dire Ours, en Jmoude). Cette étrange nouvelle est l'histoire d'une femme qui, violée par un ours, donne naissance à une monstre. Celui-ci participe à la fois de deux natures opposées, c'est-à-dire une humanité très évoluée et une bestialité féroce. Il s'enfuit le soir de ses noces. Sans nouvelle de l'épouse, on finit par enfoncer la porte de la chambre nuptiale, qui s'ouvre sur une vision d'horreur : « la jeune comtesse était étendue morte, sur son lit, la figure horriblement lacérée, la gorge ouverte, inondée de sang. Le comte avait disparu, et personne depuis n'a eu de ses nouvelles. Le docteur considère l'horrible blessure de la jeune femme. "Ce n'est pas une lame d'acier, s'écria-t-il, qui a fait cette plaie... C'est une morsure !" [...][38] ».

Que Mérimée, qui s'en était tenu jusqu'alors à des thèmes assez conventionnels, aborde ici une histoire fantastique est assez surprenant. Certains ont avancé, pour l'expliquer, que le personnage de Mlle Ivinska, devenue la jeune comtesse, était celui de Lise Przezdziecka dont Mérimée paraît avoir été très amoureux, si l'on en juge par le nombre et le contenu des lettres qu'il lui adressa. Faut-il en déduire, comme certains, que *Lokis* procède du refoulement d'un désir sadique ?

Dans les derniers mois de la vie de Mérimée, survient un événement, à la fois cruel et lamentable, mais à travers lequel, finalement, la fiction est significative de la réalité. Il va de plus en plus mal : « Je suis si souffrant que j'aime mieux vous envoyer des anémones que de vous parler de mes maux. Je n'ai jamais été plus mal. Je passe mes jours à tousser et la nuit à étouffer[39]. »

Ces mauvaises nouvelles se propagent dans Paris et un journaliste peu scrupuleux ayant donné au *Figaro* une information erronée, ce journal annonce le 10 mars 1869 : « d'après un bruit qui courait hier soir à Paris, Monsieur Prosper Mérimée serait mort à Cannes avant-hier, à 4 heures de l'après-midi. Nous espérons que cette nouvelle sera démentie » [*sic !*].

Le Figaro est effectivement à même de rectifier le lendemain : « Nos espérances se sont heureusement réalisées. Le bruit de la mort de Monsieur Mérimée était faux[40]. »

Mérimée sera cependant informé de sa « mort », puisqu'il plaisante le 15 mars dans une lettre à Mme de Beaulaincourt : « Petit bonhomme vit encore, quoique les journaux aient fait son oraison funèbre. Il est vrai qu'il a été très malade au commencement de ce mois. [...] Il paraît que pendant quelques jours je jetais un assez vilain coton. Je m'en suis tiré en buvant de l'eau-de-vie et en mangeant de l'arsenic[41]. »

Et le 17, il confirme à Mme Delessert : « Vous n'avez pas cru les journaux qui m'ont tué et vous avez bien fait. Cependant ils n'ont pas trop menti, car j'ai été pendant quelques jours assez près des sombres bords. C'était une bronchite aiguë, *galopante*, [...]. On m'a fait suivre un traitement assez étrange. J'ai bu de l'eau de vie à grands verres, et maintenant on me bourre d'arsenic. Croyez que c'est une substance calomniée, et il faut être bête comme l'était M. Lafarge pour s'en trouver mal. À présent je suis beaucoup mieux. Je me lève et je fais cent pas dans ma chambre[42]. »

Bien qu'il fasse, contre événement pénible, joli cœur, Mérimée est affecté par ce stupide incident. Mais qui était responsable de cette fausse mort, sinon lui-même, qui ne cessait de dire et d'écrire qu'il allait mourir, qu'il vaudrait mieux mourir, etc. La mort « biologique » exceptée, Mérimée est donc effectivement mort. Son entourage l'imagine agonisant et *Le Figaro* n'a fait que se comporter en journal qui veut être le premier à annoncer un événement.

L'Impératrice lui propose de l'emmener inaugurer le canal de Suez mais il refuse, par crainte de « lui donner l'ennui d'un malade et peut-être l'embarras d'un mort ».

Il est vrai qu'il est devenu incapable de rester debout plus de cinq minutes et doit faire suivre un siège pliant. Au mois d'août, il essaie de reprendre à Paris le traitement par l'air comprimé : « Il y a ici un établissement plus grand et plus élégant que celui de Montpellier. Les cloches sont si grandes qu'il y tiendrait facilement trois personnes. Le médecin qui préside a une fille asthmatique, très jolie vraiment, mais on ne nous encloche pas ensemble, ce que je regrette[43]. » Cette fois il ne retire aucun bénéfice du traitement et ironise « sur les hommes et leur folie ». Et il se moque aussi de « la chanson des médecins : faites ce qui est impossible et vous serez guéri ». Et puis enfin, « tout me paraît vilain, sale et bête ».

À Mme de Beaulaincourt il écrit au mois de février 1870 : « je vois que je ne respirerai jamais bien jusqu'à ce que je ne respire plus du tout. C'est fort triste et fort ennuyeux de souffrir. Je pense souvent dans les longues nuits à nos amis qui ne sont plus et à Monsieur Fould surtout, qui a eu une si heureuse fin ». Par Viollet-le-Duc nous savons qu'au mois de juin, son état est très précaire : « Mérimée est bien mal depuis son retour. Il y a quelques jours, nous avons cru qu'il ne passerait pas la journée. Il va un peu mieux en ce moment, mais cela ne peut aller loin. » Et il confirme le 1er juillet : « Mon pauvre ami Mérimée est bien mal et peut s'en aller d'un jour à l'autre[44]. »

Durant tout l'été 1870, sa correspondance a le ton de la désespérance. Il cherche en vain quelques signes d'espoir dans les nouvelles de la guerre, trouve l'Impératrice admirable et « ne doute pas » que l'Empereur, ne pouvant vaincre, « ne cherche à se faire tuer ». Il fait des séances d'oxygénothérapie et dessine son appareillage pour Panizzi, probablement asthmatique lui-même.

Mais il est totalement désabusé à l'égard de la médecine et des médecins : « Depuis Mithridate, jamais médecins et empoisonneurs – c'est tout un – ne se sont autant exercés sur une pauvre carcasse que sur la mienne. »

Il revient à Paris au début de septembre, et on imagine aisément l'ambiance qu'il y trouve puisque le 2, c'est le désastre de Sedan et le 4, l'Empereur est déchu. Malgré des jambes très enflées (« d'éléphant ») il se rend encore une fois au Sénat. On imagine son malheur lorsqu'il apprend que la petite fille qu'il avait fait sauter sur ses genoux, qu'il avait vue grandir et devenir Impératrice, a dû s'évader des Tuileries et partir en exil. Désespéré, il repart rapidement à Cannes le 8, après avoir recommandé l'Impératrice à Panizzi.

Deux lettres sont encore écrites le jour de sa mort. L'une à Ivan Tourgueniev, au sujet de son article, qu'il n'aime pas. « Il faut laisser cela à M. Max[ime] Du Camp[45]. » La dernière est pour Jenny Dacquin : « Chère amie, je suis bien malade, si malade que c'est une rude affaire d'écrire. »

L'Impératrice Eugénie s'est installée en Angleterre. Le 24 septembre, lisant après le dîner le célèbre *Times*, elle y découvre un entrefilet, cruel dans sa brièveté : « P. Mérimée the celebrated French novelist, dead yesterday at Cannes[46]. »

*

Qu'ajouter sur le sujet de Mérimée et de son asthme, qui n'ait déjà été perçu à travers le large filigrane de sa correspondance ?

Sa personnalité, telle qu'elle apparaît dans la seconde moitié de sa vie, est bien décevante. Ce « pauvre Mérimée », est-on tenté de dire, apparaît comme un être vulnérable, qui a beaucoup souffert et beaucoup gémi, sans ne jamais rien comprendre à ses symptômes.

Son asthme, sans cesse évoqué, lui sert beaucoup à se faire plaindre. Et il finit par se complaire dans le malheur et la tristesse. Tout aussi masochiste est sa façon assez insupportable de s'humilier auprès de Valentine Delessert, qui l'a odieusement ridiculisé[47].

Ses jugements, enfin, sur les écrivains et poètes de son temps, ne l'honorent pas, c'est le moins qu'on puisse dire. Il déteste Hugo, n'apprécie ni Chateaubriand ni Lamartine et défend mollement Baudelaire traduit en correctionnelle, estimant que les *Fleurs du mal*, livre très médiocre, « n'en valait pas la peine ». Flaubert ? Il n'aurait pas ouvert son *Salammbô* s'il avait eu autre chose à lire, ne serait-ce que *La Cuisinière bourgeoise*. Goethe est un « grand fumiste », et « un chat sur le clavier du piano » lui permettrait de composer aussi bien que Wagner. Voilà des jugements qui ne peuvent émaner que d'un homme porteur d'une profonde souffrance et qui vieillit très mal. Jugements qui ne doivent pas ternir l'image que nous conservons de Mérimée, écrivain et conteur de talent. Sainte-Beuve peut d'ailleurs être crédité de jugements tout aussi lamentables sur ses contemporains. L'usage que fit Mérimée de son influence politique pour agir efficacement en faveur de la conservation et de la restauration du patrimoine architectural national, fut, en outre, très fructueux.

Mais il se sera « traîné » des années durant, partagé entre son peu d'appétit à vivre et son désir de mourir. Voici qui témoigne de cette profonde ambiguïté :

« Lorsque je respire mal, c'est à dire, très souvent, je me fais de beaux raisonnements pour me prouver que le monde ne vaut pas la peine qu'on y tienne. Je ne trouve pas d'arguments pour le regretter et cependant je le regrette beaucoup plus que je n'espère dans l'autre. Je suis dans l'état de quelqu'un qui se prépare à un voyage ennuyeux ; les préparatifs sont encore plus ennuyeux que le voyage[48]. »

Carmen demeure l'opéra le plus joué dans le monde. Il serait injuste d'en attribuer le seul mérite à Bizet. Si vous avez pourtant la curiosité de relire le texte de la nouvelle dont a été tiré le livret, rien ne vous permettra d'y trouver du génie. Mais notre propos n'est pas de discuter ici des qualités littéraires de *Carmen*. Si cette œuvre plaît encore beaucoup, me semble-t-il, c'est parce qu'elle s'inspire d'une singulière histoire d'amour et de mort, le thème éternel de l'être humain.

C'est surtout de mort, en fait, qu'il y est question. Dans les années 1840 déjà, elle fascinait Mérimée au point de dominer et d'achever le récit. Carmen, superstitieuse, a le pressentiment de la mort dès le début du drame, et avertit José qu'elle apporte avec elle le malheur. Mérimée, toute sa vie durant, paraît bien avoir éprouvé une certaine complaisance pour ce malheur.

DEUXIÈME PARTIE

Rupture : un respirant et un suffocant

Après avoir souffert de la dyspnée de ces mal-respirants, il est indispensable de souffler un peu.

Claudel, un magnifique respirant, exégète du Souffle et des souffles, nous en donne l'occasion.

Mais après cette pause respirante, il convient de souligner une rupture. Celle qu'a représentée Mallarmé, qui tient, dans mon propos, une place singulière pour deux sortes de raisons. La nature de son symptôme respiratoire ainsi que la cause de sa mort prématurée nous demeurent bien mystérieuses. Mais cette mort elle-même apparaît comme située dans le prolongement logique d'une œuvre exceptionnelle, qui marque, dans la littérature française, une rupture définitive.

Un respirant et un suffocant : la force tellurique de l'élève et la « petite santé » du maitre.

5

PAUL CLAUDEL : LE BONHEUR DE RESPIRER DU DOCTEUR ÈS SOUFFLES

> **Rien ne m'a paru plus beau que la parole humaine ; c'est pourquoi je l'ai étalée sur le papier, rendant visibles les deux souffles, celui de la poitrine et celui de l'inspiration[1].**

Les deux souffles : cette formule résume l'importance de Claudel dans notre réflexion.

Il n'a éprouvé, en effet, aucune difficulté respiratoire et paraît avoir disposé, au contraire, d'une capacité respiratoire somptueuse, si j'en juge par sa robuste santé, et par le torse magnifique qu'il bombe sur son portrait de 1912, en habit de consul général de France à Francfort.

Enregistrer sa spirographie m'aurait vraiment intéressé ; mais enfin, tant pis pour cette inconnue définitive.

L'un de ses plus beaux textes, comptant parmi les plus évocateurs du thème de la Respiration, est celui où il l'assimile au phénomène de la marée dans le Zuyderzee, respiration de toute la Hollande[2].

En deux phrases, l'une longue mais très rythmée, l'autre brève, il donne au lecteur la sensation aiguë de la montée progressive des eaux dans le Zuyderzee, grâce à des mots éloquents et à des interrogations répétitives (« quand... »), qui élèvent peu à peu la tension pour atteindre les niveaux successifs d'une marée.

Celui qui veut *dire* le texte (ainsi que toute poésie doit l'être, et comme M. Pierre Emmanuel a bien voulu le faire magnifiquement pour nous) doit monter lui-même progressivement son niveau respiratoire jusqu'à atteindre sa *capacité inspiratoire maximale.*

Mais le résultat est acquis, car le flux des eaux atteint son niveau maximal en même temps que le lecteur parvient à celui de sa capacité inspiratoire et que la phrase s'achève sur son sommet émotionnel, avec la splendide épitaphe du Grand Amiral Ruyter : *Immensi tremor Oceani.*

C'est, me semble-t-il, le type même de la phrase « anti-proustienne », la *phrase respirante,* qui met le lecteur à respiration, et ne prend pleinement son sens que par elle.

Immédiatement après le sommet inspiratoire et émotionnel, la phrase suivante, *expiratoire,* relâche la tension et amorce le reflux des eaux : « ... un autre temps arrive où l'âme un moment saisie comme à la gorge par cet assaillant... »

« Il faut renoncer à comprendre les Pays-Bas », ajoute Claudel, « si l'on ne s'entend pas soi-même participer à cette espèce de rythme cosmique comme une poitrine alternativement qui se soulève et qui s'abaisse.

« La Hollande est un corps qui respire, et cette vaste poche du Zuyderzee au milieu d'elle, qu'est-ce que c'est, sinon une espèce de poumon ? »

Claudel n'aurait pu écrire, me semble-t-il, de texte aussi respirant, sans une perception très *sensuelle* de sa propre liberté de respirer. Et peut-être est-ce à cause d'elle qu'il fut *l'exégète génial de la Respiration.*

*

Pourquoi et comment en est-il venu à s'attacher à ce thème ?

De son maître Mallarmé, il a particulièrement retenu l'habitude de la fameuse interrogation : « Qu'est-ce que cela veut dire ? » Et cette question, il se la pose à propos de la poésie traditionnelle, dans laquelle « l'air n'entre point ».

Pour quelle raison, se demande-t-il, les poésies ont-elles organisé ainsi « le donné respiratoire sur un plan fixe, à l'intérieur d'un chiffre précis de pieds ou de syllabes[3] ? » Le vers français, par suite de cette pratique, est devenu « une matière inerte et morte » et la création logique s'est transformée en « un jeu purement cérébral, comme l'algèbre[4] ».

On en est arrivé là, parce qu'on a voulu mettre le lecteur dans un « état de facilité et de bonheur », le constituer « dans un état harmonieux[5] ». Mais cela s'est fait au risque évident de la monotonie, et le sommeil est plus facilement atteint que l'hypnose, remarque-t-il !

Comment modifier cette situation et rendre vie au vers français ?

Claudel s'est attaché à examiner les relations entre respiration et créativité dès 1890. Il constate qu'au commencement de la poésie, il y a le Souffle. Car la première des créations du Souffle est le vers : « j'appelle VERS l'haleine intelligible[6] ». Il a une formule superbe pour résumer la relation qu'il entrevoit entre le Souffle et la parole : « Rien ne m'a paru plus beau que la parole humaine ; c'est pourquoi je l'ai étalée sur le papier, rendant visibles les deux souffles, celui de la poitrine et celui de l'inspiration [...]. Le vers sert à représenter le rapport inexplicable de l'instinct muet et du mot proféré. »

La formule est claire pour indiquer sa conviction que la parole, devenue écriture, procède de deux souffles intimement associés, celui de la respiration et celui du langage intérieur. L'expression du poète, c'est son Souffle, physiologique et spirituel, parole de son corps et parole de son âme.

Voici, en définitive, la pensée maîtresse de Claudel sur la respiration, exprimant la relation qu'il établit entre l'être, le cosmos et son activité créatrice :

J'inventai ce vers qui n'avait ni rime ni mètre,
Et je définissais dans le secret de mon cœur cette fonction
double et réciproque
Par laquelle l'homme absorbe la vie et restitue,
dans l'acte suprême de l'expiration,
Une parole intelligible[7].

Voilà le thème essentiel : l'homme inspire de la vie et, en expirant, s'en sert pour proférer sa parole. À partir de l'air inhalé, par conséquent, il invente un poème, un chant, mais aussi une musique, une peinture, etc. On comprend pourquoi l'expiration représente, dans la conception de Claudel, « *l'acte suprême* ».

Ses deux théories, celle de la *respiration* et celle de la *différence* (entre la dominante et la rime), caractérisent, selon lui, la forme de vers qu'il a inventée et « servent aussi de base » à sa philosophie[8].

Réglée par la respiration, la poésie représente à ses yeux une fonction humaine essentielle. Au contraire de Valéry, qui ne lui accorde qu'une place médiocre, c'est l'*Inspiration* qui caractérise le poète aux yeux de Claudel. Ce mot, il l'emploie toujours dans son double sens de fonction respiratoire et de capacité créatrice, comme désignant le même processus, le même mouvement, le résultat d'une poussée intérieure irrésistible et irrépressible qui saisit le poète ; une « *explosion intelligible*[9] ». À la « parole intelligible » s'est substituée une « explosion ». Cette nouvelle et heureuse expression apparaît dans la première des *Cinq grandes odes* (rédigée de 1900 à 1904), consacrée aux muses, qu'il a observées au musée du Louvre, réunies sur la fresque ornant un sarcophage romain.

Au milieu des neuf muses, il place Terpsichore[10]. Le « souffle » qui « l'emplit » l'a mise debout, pleine de son inspiration. Et, comme elle, le poète devient lui aussi, soudainement, « la proie d'une espèce de transe » irrésistible. Animé par son souffle intérieur, il éprouve un soulèvement de tout son être, violent comme une explosion :

> *Voici soudain, quand le poète nouveau comblé de*
> *l'explosion intelligible,*
> *La clameur noire de toute la vie nouée par le nombril*
> *dans la commotion de la base,*
> *S'ouvre, l'accès*
> *Faisant sauter la clôture, le souffle de lui-même*
> *Violentant les mâchoires coupantes*
> *Le frémissant Novénaire avec un cri*[11] *!*

On remarque évidemment, ici, la violence de la clameur, qui dégage l'accès et brise ses barrières jusqu'au cri. Et qu'il s'agisse de mots, de phrases ou bien de cris, l'explosion est intelligible, puisqu'un appel a été lancé.

Ce texte, très significatif, me paraît devoir être rapproché de celui où, évoquant également le caractère irrépressible de la Respiration, Claudel reprend cette notion d'*explosion respiratoire* à propos de la

Connaissance du Temps, sous une forme qui, demeurant poétique, accorde davantage à la physiologie respiratoire. Voici décrit magnifiquement, en effet, un mouvement respiratoire conscient : « Et je ne pourrais longtemps réprimer l'essor de mes côtes. Soudain j'étouffe, le plancher du diaphragme se tend, je tire l'air par les narines, et, m'y étant combiné, il s'expire de moi mon souffle, sonore ou non, parole ou pas, esprit psychique et buée sur le miroir. Et comme la flamme jaillit sous le soufflet, éclatent à chaque aspiration la vie du corps et celle de l'âme, le vers substantiel, phrase ou acte. Tel est ce rythme en nous par qui nous nous brûlons pour vivre, l'ancre de notre échappement[12]. »

« L'esprit psychique » c'est *Animus*, par opposition à *Anima*, la buée sur le miroir. *Anima* désigne en fait le souffle vital, mais il est habituel de concrétiser ce mot en invoquant l'image de la buée déposée sur un miroir par l'air expiré, absente du miroir placé devant la bouche du mort. *Reddere Animan*, rendre le souffle, combien est « pathétique cette expression », souligne Claudel[13].

Comme la Respiration qui est son véhicule, la création du poète constitue une éruption violente, une explosion. L'inspiration poétique procède donc des mêmes lois que celles de la physiologie respiratoire. C'est pour cette raison que Claudel s'est particulièrement attaché au ïambique, parmi les cinq types de rythmes métriques qui fondaient le théâtre grec. Il a bien perçu en effet que chez les tragiques, Eschyle en particulier, ce rythme constituait le fondement du vers dramatique.

Pourquoi ? Parce qu'il se module très exactement, observe Claudel, sur le rythme respiratoire. Son association de brèves et de longues (et aussi de temps fort/temps faible, aigu et grave) correspond à un cycle respiratoire, avec ses deux temps bref et long.

Ce principe de l'alternance, ce rythme binaire de la Respiration et de la poésie, Claudel en fait, dès lors, un élément essentiel, « l'*ïambe fondamental*[14] ».

Et voilà le point de départ d'une réflexion qui, avec ses implications littéraires (règles prosodiques), métaphysiques et théologiques, constitue l'un des fondements de l'œuvre claudélienne. Car, tout est rythmé dans l'univers, et telles les systoles et diastoles cardiaques, la plupart des fonctions humaines sont également rythmées. On ne pense pas, on ne sent pas, on ne vit pas d'une manière continue, ajoute Claudel. Si vous écoutez un orateur pendant son discours, vous voyez bien que la nécessité de reprendre haleine interrompt sa parole de temps en temps. Il conclut à une rythmicité binaire universelle, calquée sur la Respiration : « La pensée n'a-t-elle pas le même rythme que la Respiration ? [...] La respiration, c'est-à-dire [...] cette alternative de prise et de restitution, de dilatation et de souffle, d'intensité et de détente, de montée et de descente, de vision et de conscience, d'appréhension et de compréhension, de communion avec Dieu et de communion avec son propre néant [...][15]. »

C'est la Respiration encore qui oppose prose et poésie ; Claudel a évoqué ce thème, repris par Gaëton Picon. Les divers temps respiratoires sont groupés dans la prose, au sein d'un paragraphe, et c'est la ponctuation qui permet la reprise du souffle. Dans le poème, c'est le blanc qui « isole, constitue en unité indépendante chaque émission du souffle...[16] » et permet de calquer les vers sur la physiologie humaine élémentaire : « Tel est le vers essentiel et primordial, l'élément premier du langage, antérieur aux mots eux-mêmes : une idée isolée par du blanc[17]. »

C'est dire l'importance du silence dans l'œuvre de Claudel, à la fois comme moyen et objectif. Sa réflexion sur le vers français a reconnu comme un élément essentiel le « *blanc poétique, nécessité respiratoire et émotionnelle*[18] ». Il s'est servi de ce « blanc » « pour aérer le vers qui sent le renfermé[19] » et le modeler sur la vie elle-même puisqu'il va courir librement, épousant à la fois le rythme de la respiration et de la pensée, ainsi que les à-coups de l'émotion.

La poésie ne sera donc pas, pour lui comme pour Mallarmé, une défaite de la parole, mais un consentement au silence. L'abîme n'est plus le gouffre du Néant, où la question qu'il se posait a conduit Mallarmé.

Le blanc, au contraire, donne au poète sa respiration et fonde une poésie respirante, par conséquent naturelle. Voilà pourquoi le thème a toujours fasciné Claudel. Et ce n'est pas par hasard si Gaëtan Picon a intitulé sa préface à l'édition des *Œuvres en prose, Le Discours d'Anima*[20]. Par des termes éloquents, il fonde une distinction « respiratoire » de prose et poésie : « de la même parole, la poésie est le degré le plus violent, le plus exaspéré, la corde la plus tendue : chaque fois, toute la force pneumatique s'y engage, et il faut attendre qu'elle se renouvelle. À chaque vers, le poète expire, et il lui faut renaître : il faut que son souffle lui revienne de cet océan silencieux où son verset s'est à la fin perdu ».

Ce mouvement d'allée et venue du Souffle, inspirant et expiré, on le retrouve partout chez Claudel.

Partout est présente la notion de prosodie essentielle, de rythme binaire, de la vie, de la relation à Dieu, « dont les figures en cette vie sont la respiration, le battement de cœur, l'aigu et le grave, les brèves et les longues, l'ïambe fondamental de tout langage[21] ».

Et la constance de ce thème ne se dément pas, bien que l'œuvre de Claudel soit abondante et multiforme puisqu'il fut poète, prosateur et auteur dramatique. Comme Virgile et Dante, il a accepté, dans la globalité de son œuvre, « la loi d'une parole découpée en multiples unités d'inspiration et d'expiration[22] ». N'est-ce pas notre lot à tous, qui respirons l'éternité universelle, de ne pouvoir l'expirer que successivement de sorte que, « chaque fois, entre l'inspiration et l'expiration, recommence pour le poète, la même hasardeuse préhistoire[23] » ?

Claudel prolonge sa réflexion bien au-delà de la poésie et de la création. Car le rythme binaire de la respiration s'applique encore à la *relation de l'homme au cosmos*. Et la dualité fondamentale réside bien dans les échanges entre l'être humain et son environnement.

Car, en respirant, l'être se consume.

Développant la fonction de communication entre l'homme et le monde qu'assume la respiration, Claudel la désigne comme la « balance entre les besoins de l'individu et l'exigence extérieure[24] ». C'est une façon poétique de rappeler une réalité physiologique. À savoir que cette fonction vitale est aussi l'instrument de la dégradation permanente de l'être, puisque le résultat des échanges respiratoires c'est bien la combustion tissulaire : « L'effet de ce feu... » L'oxygène, élément noble que l'homme prend au Cosmos, lui sert aussi à se consumer.

L'homme, par conséquent, survit en se détruisant. Il fonctionne, mais comme un sablier, en usant sa substance. Depuis qu'il est séparé de la bouche créatrice qui lui a donné son premier souffle, l'être se prend donc en permanence « à cette mer même de mouvement qui l'immerge, il en aspire l'impulsion jusqu'aux extrémités de son corps, et, ayant reçu de l'air complément, il restitue la partie de soi défaite[25] ».

Au-delà du Cosmos enfin, le va-et-vient respiratoire est également celui de l'homme à Dieu, car « l'être animé est creux ; à la façon d'une bouteille, il témoigne du Souffle qui l'a formé et le regonfle à chacune de ses aspirations ».

Mais puisqu'un souffle commun anime les êtres, la respiration individuelle se poursuit dans la « respiration de notre planète », qui élargit notre « champ respirable ». Et au moment de la parution de *Vents*, Claudel souligne, dans sa lettre à Saint-John Perse, le rôle des vents dans « cette solennelle fonction respiratoire de notre monde[26] ».

L'appareil respiratoire revêt pour Claudel une importance telle qu'il le dote de capacités *sensorielles*, capables, à la manière d'une circonvolution cérébrale, d'enregistrer une mémoire. Celle des odeurs par exemple :

Ah, je vous le dis, ce n'est point la rose ! c'est son odeur.
Une seconde respirée qui est éternelle[27] *!*

Celle des formes et des couleurs :

J'ai respiré
le paysage
et maintenant
pour dessiner
je retiens mon souffle[28]

Les vapeurs enfin : Si vous me laissez « respirer à pleins poumons cet arbre rouge », écrit ailleurs Claudel, ce soir, il n'y aura plus qu'à me pincer le nez et à frapper de petits coups sur ma gorge, pour voir apparaître « une vapeur de cinabre arborescent[29] ».

Dans les délicieuses *Cent phrases pour éventails*, les mots, brefs, « légers, aériens et silencieux comme un souffle...[30] » contribuent à l'impression générale de poésie respirante. L'une de leurs idées maîtresses, précise Claudel[31], est la brièveté de chaque poème, « une phrase seulement, ce que peut supporter de son, de sens et de mots une haleine, un souffle, ou le battement de l'aile d'un éventail ».

Le Souffle y est souvent évoqué, avec une graphie qui, dans le désir d'échapper à la banalité horizontale de la phrase où il se perd, essaie de lui donner dans l'espace sa « concentration verticale » :

Éventail

De la parole
du
poëte
il ne reste plus que le
S
ouffle[32].

*

Avant d'en terminer avec ce thème de la Respiration chez Claudel, il faut évoquer la respiration personnelle de ce docteur ès Souffle. S'il avait, sans doute, une sensualité respiratoire singulière, son élocution, telle que nous l'ont conservée les enregistrements, n'apparaît pas comme particulièrement respirante.

Voici deux témoignages significatifs à ce sujet. Le premier est de Gide, qui note dans son Journal à la date du 1er décembre 1905 (Claudel a trente-sept ans) : « Il me fait l'effet d'un cyclone figé. Quand il parle on dirait que quelque chose en lui se déclenche, il procède par affirmations brusques et garde le ton de l'hostilité, même quand on est de son avis. » Le second est celui de Jean Guitton consigné en 1953, dans son Journal (Claudel est alors âgé de quatre-vingt-cinq ans) : « Il parle sans aucune pause. Parfois il n'entend pas bien, il dit "comment ça ?". Bien qu'il ait tant parlé du Souffle, du rythme, de la respiration, sa voix à lui n'a pas de rythme, ni de cadence. Sa voix est sans inflexions. Sa voix ne semble pas s'alimenter dans l'univers. Le canal d'adduction qui le relie au monde doit être resserré en quelque point. Comme Bergson haletait un peu, Claudel nasille. Bergson était toute défiance vis-à-vis de lui-même et de sa candeur. Claudel d'une assurance absolue. Il ne cherche pas à ne pas montrer en lui de défaut. »

« L'important est de respirer ». C'est ainsi que Claudel conclut son hommage à Victor Hugo, dont il compare le « soufflet » à l'Aquilon enfermé dans une poitrine humaine, et dont « la bacchanale » soulève « énormément de poussière, de linge sale, de feuilles mortes et de vieux papiers ». « Ouvrons la fenêtre ! C'est bon de respirer[33]. »

6

L'ÉNIGME DE LA MORT DE STÉPHANE MALLARMÉ : ÉCRITURE DE SILENCE ET SPASME DU LARYNX

> en creusant le vers à ce point, j'ai rencontré deux abîmes qui me désespèrent. L'un est le Néant [...]... l'autre vide que j'ai trouvé est celui de ma poitrine. Je ne vais vraiment pas bien, et je ne puis respirer longuement [...].[1]

> Son « art a la structure même du suicide[2] ».

> Mallarmé est mort de ne plus pouvoir parler, il est mort muet...[3].

C'est en vain qu'on chercherait quelque évocation du Souffle dans l'œuvre de Mallarmé. À peine l'*Après-midi d'un faune* tente-t-il de redire le souffle de la flûte qui doit « perpétuer » les « nymphes[4] ».

Ce souffle, qui lui fait défaut, il le trouve dans le poème, comme pour une respiration imaginaire. La poésie contribue donc, pour un temps, à le sauver de la solitude métaphysique, à conjurer son angoisse d'anéantissement, grâce à l'écriture, expression d'une parole. Que ce soit dans le *Tombeau de Théophile Gautier* ou dans le *Sonnet du cygne*, le poème protège du Néant.

Mallarmé a compris que le cri[5] est souvent la seule parole possible du poète, un appel désespéré lancé devant le Cosmos muet[6]. Seul, le cri sauve du silence éternel qu'évoquait Pascal, et permet d'exprimer l'inexprimable : « Car rien n'est plus caractéristique de la poésie moderne depuis Rimbaud et Mallarmé que la lutte qui s'y poursuit [...] entre le dicible et l'indicible, entre le langage et les deux limites auxquelles il ne cesse de se heurter le silence et... le cri[7]. »

Avant lui, il est vrai, Baudelaire, Nerval ou Rimbaud, « pour ne citer que trois sommets de la littérature française, annoncent déjà la mutation...[8] ». Mais le mérite essentiel de Mallarmé fut de se demander, devant toute chose : « qu'est-ce que cela veut dire ? »

Sa question s'applique évidemment d'abord à l'*objet* de la fonction poétique. Car il a conscience qu'en chacun d'entre nous existe quelque chose d'occulte, « d'abscons, signifiant fermé et caché ». Et, ce qui l'intéresse, c'est de rechercher ce territoire, de l'explorer et de l'exprimer à travers sa création.

L'interrogation de Mallarmé concerne aussi la *forme* poétique, qui avait atteint, avec Flaubert, à une sorte de perfection. La littérature était progressivement devenue un joyau, au prix évidemment d'un effort considérable[9]. Après lui, par conséquent, on ne peut poursuivre plus avant, si ce n'est en cassant l'objet. Exorciser l'écriture traditionnelle, « sacrée », en la disloquant, la dépouillant de tout ce qu'elle comporte d'habitudes et de formules conventionnelles devient désormais l'objectif de Mallarmé. Mais ce sera le meurtre du langage : « tout l'effort de Mallarmé a porté sur une destruction du langage, dont la littérature ne serait en quelque sorte que le cadavre[10] ».

Et à quoi peut bien conduire la destruction du langage sinon au silence[11] ?

Imputer le silence final de Mallarmé à une impuissance, à un manque, constituerait cependant une erreur. Il y aurait plutôt profusion, excès. Mais l'exigence du poète va sans cesse croissant et il éprouvera de plus en plus de réticence à dire.

Sa poésie évolue en effet vers une raréfaction progressive. La typographie de ses derniers poèmes (*Un coup de dés* en particulier) est telle que les mots y deviennent rares et disposés au sein de larges zones de vide. C'est un caractère de la majorité des textes poétiques de notre temps, où la raréfaction des mots alterne avec de larges zones de blancs, pour aboutir à « la poésie pleine de trous », selon l'heureuse formule d'Henri Michaux. Comme s'il y existait de plus en plus une difficulté à dire. Mais voilà bien justifiée la façon dont Roland Barthes qualifie l'œuvre de Mallarmé : « l'écriture et le silence[12] ». « Sorte de Hamlet de l'écriture », Mallarmé est donc cet auteur significatif de « ce moment fragile de l'Histoire, où le langage littéraire ne se soutient que pour mieux chanter sa nécessité de mourir ».

Mais le silence, c'est également la mort. Car il n'existe plus celui qui, progressivement, se dépouille de sa parole. Et au terme de la démarche littéraire de Mallarmé, il y a effectivement sa mort prématurée.

Il fut « l'un des martyrs de cette conscience des opérations de la pensée[13] ». Son « art a la structure même du suicide[2] ». « Mallarmé est mort de ne plus pouvoir parler, il est mort muet...[3]. »

Muet en écriture, mais aussi des cordes vocales. Son œuvre « se confond avec le suicide. Le spasme de la glotte qui tua Mallarmé n'en fut peut-être que la traduction psychosomatique[14] ».

Peut-être est de trop. Tout démontre, en effet, que la vie lui était vraiment devenue insupportable. « Je suis un désespéré », confie-t-il à un ami[15]. Deux mois avant sa mort, il écrivait à Mauclair en juin 1898 : « Les ans, pour peu qu'il m'en reste...[16]. » De 1862 à 1869 il a présenté des crises successives de dépression, qui l'ont laissé dans un état de mélancolie douloureuse, avec incapacité totale d'action, idées négatives et hypochondrie.

Cet état dépressif était, pour partie au moins, réactionnel. Car toute sa vie a été souffrance. Il est meurtri dès son enfance puisque sa mère décède lorsqu'il a six ans et sa sœur lorsqu'il en a treize. Il est malheureux dans sa vie de lycéen, d'enseignant (chahuté par les élèves et incompris des parents) et de poète car, hormis ses fidèles, il sera surtout apprécié *a posteriori*. Son fils, Anatole, décède, à huit ans, le 6 octobre 1879, d'une « hypertrophie du cœur » dont il a suivi la lente et inexorable progression. Avec Villiers de l'Isle-Adam, il perd enfin l'un de ses plus chers amis.

On pourrait être dépressif pour moins que cela. Mais Mallarmé, « témoin ou martyr de l'idée du parfait[17] », portait sans doute en lui un élément destructeur. Dont témoigne l'abondance de sa symptomatologie fonctionnelle : malaises de toutes sortes, angoisses, absences, alternances d'hypersomnie et insomnie, rhumatismes, douleurs musculaires. Dont témoigne également son ambiguïté d'écrivain puisque son désir d'écriture va de pair avec une violente inhibition. Assez violente pour le rendre incapable de tenir sa plume : « J'ai senti des symptômes très inquiétants causés par le seul acte d'écrire et l'hystérie allait commencer à troubler ma parole. » Inhibition douloureuse assez vive encore pour persister même lorsqu'un tiers écrit sous sa dictée : « l'impression d'une plume qui marche par ma volonté, même grâce à une autre main, me rend mes palpitations[18] ».

*

Mais quelle fut, au juste, la nature de son symptôme respiratoire ? J'ai recherché obstinément des renseignements sur ce sujet. Mon collègue Mondor, le séméiologiste dont les *Diagnostics urgents* de pathologie abdominale (1928) demeurent très appréciés des étudiants, et qui a pourtant consacré quinze ouvrages à Mallarmé, donne curieusement bien peu de précisions sur ce point.

On peut invoquer, chez Mallarmé, malgré l'imprécision du terme, une « *fragilité respiratoire* ». À plusieurs reprises, en effet, et notamment à l'âge de vingt-huit ans, alors qu'il se trouve en Avignon, il doit interrompre ses fonctions d'enseignement pour « congestion pulmonaire ». Sur le conseil de Théodore Aubanel, il consulte, à Avignon justement, un spécialiste, le docteur Bechet, parce qu'il craint d'être « malade de la poitrine ». Ce médecin aurait conclu à des « troubles nerveux » [?].

Au printemps de 1880, il est alité deux mois durant et observe une convalescence prolongée. Dans une lettre de septembre (la troisième après un silence de neuf mois), il indique : « Je ne suis qu'imparfaitement guéri. Nous toussons tous [...][19]. » En décembre et janvier 1881, il « traîne » encore.

Au mois d'avril 1886, il écrit à son ami Cazalis : « En creusant le vers à ce point, j'ai rencontré deux abîmes qui me désespèrent. L'un est le Néant [...] ; l'autre vide que j'ai trouvé est celui de ma poitrine. Je ne vais vraiment pas bien et je ne puis respirer longuement[1]. » Il ne me semble pas que Mallarmé écrive là au figuré, malgré l'imprécision de la difficulté respiratoire indiquée.

On sait aussi qu'il fumait beaucoup, en particulier le cigare, qu'il était frileux, toujours frissonnant et portait un lourd pardessus, si bien que ses élèves le dénommaient déjà, à quarante-cinq ans, le « père » Mallarmé. Lorsqu'il recevait chez lui, le mardi soir, il portait, indiquent ses visiteurs, de grosses pantoufles et s'adossait au poêle. La célèbre photo de Nadar le représente enfin écrivant à sa table, couvert d'un gros plaid à carreaux, plié en quatre sur les épaules.

Mais l'interrogation fascinante à propos de Mallarmé concerne sa *voix*, et son *atteinte laryngée.*

Sa voix fut habituellement qualifiée de singulière. Mondor lui attribue « un timbre rare et émouvant[20] ». Elle était aiguë et musicale, responsable, peut-être, pour partie, du chahut de ses élèves. Fragile aussi, sans doute, puisque parmi divers arguments avancés pour l'inciter à choisir la carrière de l'enregistrement plutôt que celle de l'enseignement, les Desmoulin soulignent que « la nécessité de parler sans cesse est une grande fatigue à moins d'un tempérament très robuste » et ils font allusion à de « cruels antécédents » familiaux.

Mallarmé fut souvent aphone en effet. Mais d'une aphonie variable. Car de Belgique, où il fait une tournée de conférences, en février 1890, il écrit à sa famille qu'il se reconnaît à peine, que sa voix puissante l'étonne et qu'il prend plaisir à l'entendre retentir devant son auditoire attentif. Il parle deux heures et demie durant et le journaliste de l'*Indépendance belge* remarque sa voix « oratoire, organe musical qui ne rate pas son effet [...] » et le « souffle grandissant des 145 minutes de lecture[21] ». Il a été, faut-il le préciser, très bien accueilli dans ce pays où de nombreuses réceptions lui ont permis de rencontrer de jeunes et jolies femmes, et Mallarmé le farouche est déridé, échauffé, enthousiasmé par ce voyage. Cela n'empêche qu'à Bruges, il tremble durant une nouvelle conférence, redoutant l'« extinction de voix ».

Outre la voix et le langage, il est fascinant de constater la place symbolique extrêmement importante qu'a tenue le larynx dans l'esprit et l'inconscient de Mallarmé.

Gérard Macé souligne en effet dans son excellente étude, qu'au moment où ce dernier a voulu enrichir son œuvre poétique de notions scientifiques, il a demandé à son ami Cazalis de lui procurer entre autres ouvrages, « une bonne petite anatomie », précisant à ce propos : « un livre de science ne peut être assez niais pour moi qui placerais facilement le larynx dans le cerveau[22] ».

Le larynx paraît donc revêtu pour Mallarmé à la fois de mystères morphologiques et topographiques, mais aussi de multiples facultés, respiratoires, langagières et d'intelligence. *Son* larynx, il semble, en tout cas, l'avoir perçu comme un organe à la fois essentiel et vulnérable. Par une véritable sympathie, il éprouve dans son corps la menace du « sanglot définitif de la folie » lorsqu'il apprend l'aphasie de Baudelaire et a « bien peur de *commencer*... par où notre pauvre et sacré Baudelaire a fini ».

Et lorsqu'il envisage, à peu près au moment de ses préoccupations anatomiques, de s'attacher à la linguistique, ce n'est pas sans l'espoir d'en retirer un bénéfice supplémentaire de type thérapeutique, puisqu'il estime « que cet effort spécial ne serait pas sans influence sur tout l'appareil du langage à qui semble en vouloir principalement ma maladie nerveuse ».

Mais le plus mystérieux de toute l'histoire laryngée de Mallarmé est le « *spasme du larynx* » [! ?] auquel il est habituel d'imputer sa mort, subite et prématurée, à l'âge de cinquante-six ans : « La mort de Mallarmé est de nature à faire perdre à la médecine le peu de latin qui lui reste[23]. »

Le professeur Henri Mondor nous en a laissé un récit très lyrique, mais bien peu médical : « Le 8 septembre 1898, dans l'après-midi, tandis qu'il travaille, Mallarmé, qu'une laryngite d'apparence banale irritait depuis trois jours, est pris brusquement d'un accès de suffocation qui l'oblige à demander du secours. Le souffle lui manque. Ses yeux s'agrandissent d'effroi. Il fait des efforts violents pour retrouver l'absence de la respiration, mais retombe épuisé, les mains à son cou pour désigner l'obstacle. Vers Marie [sa femme] et Geneviève [son enfant unique, après la mort d'Anatole] ses regards ont une douleur, une douceur, une supplication qui les brisent[24]. » Puis, comme si le mystérieux étranglement cessait, tout à coup, l'air passe, franchit la glotte, le visage n'est plus révulsé. Le sourire revient pour rassurer. Mais quelle émotion !

C'est alors qu'il rédige les fameuses consignes, à l'usage de sa femme et de sa fille : en cas de malheur, détruire tous les manuscrits. « Brûlez... il n'y a pas là d'héritage littéraire, mes pauvres enfants », etc. Mais cette lettre-testament débute, il faut le noter ici, par une sorte de prémonition : « Le spasme terrible d'étouffement subi tout à l'heure peut se reproduire au cours de la nuit et avoir raison de moi[25]. »

« La nuit [du 8 au 9 septembre] se passe sans malaise, précise Mondor. Le matin venu, il recopie d'une main ferme ce testament de premier jet [...] mais s'arrête à la quatrième ligne, pour aller s'accouder à la fenêtre. Est-il fatigué, préoccupé, assoiffé d'air ? [...] On lui annonce le médecin. Au moment où celui-ci demande à voir la gorge, Mallarmé qui veut faire la démonstration de la voix de la veille est tout à coup repris d'un spasme laryngé plus terrible. On l'étend. La situation est aussitôt dramatique. L'air ne passe pas, le visage bleuit, le regard s'éteint ; les plaintes et les efforts du malade cessent. Geneviève supplie son père de respirer. Il vient de mourir[26]. »

Dans une correspondance adressée à Francis Vielé-Griffin, Paul Valéry donne sa version de cette « fin si brusque, et qui a eu le temps d'être tragique ». Mais notre perplexité sur l'affection dont mourut Mallarmé ne s'en trouve pas dissipée pour autant :

« Voici sa mort, arrivée le vendredi 9 septembre. Il souffrait depuis le lundi d'un mal de gorge assez douloureux et sans la moindre gravité : une amygdalite. Le médecin consulté l'assura qu'il serait guéri en peu de jours. Le vendredi matin, il s'est levé très gai, plein d'activité. Il a dicté à sa fille une lettre (exquise, m'a-t-elle dit) à un ami. Il a achevé de dicter une heure avant de mourir. Le médecin vint le voir vers 11 heures. Il parle de sortir, se trouvant guéri. Il se met à plaisanter [...] [...] un spasme le saisit, il tombe à genoux sur le médecin, l'étreint, jette un regard affreux à sa femme et à sa fille – et tombe mort asphyxié par un spasme de la glotte. Il était 11 h 25. Ce spasme, indépendant de son indisposition, est, comme accident mortel, extrêmement rare dans les annales de la médecine – et de la mort[27]. »

C'est tout à fait mon avis.

Il ne me semble pas, en effet, comme cela a été envisagé, que cette mort étrange soit la manifestation terminale d'une maladie laryngée ancienne, responsable des caprices de la voix. Laryngite phlegmoneuse, ictus laryngé [?] sont les diagnostics qu'ont évoqués, sans conviction, mes amis O.R.L. auxquels j'ai soumis ce texte. Mais peu importe en définitive.

Ce qui est fascinant, et éloquent, c'est que celui, à propos duquel

Roland Barthes écrit « l'écriture et le silence », meurt muet, de son larynx.

La démarche passionnelle et finalement mortelle de Mallarmé, constituait peut-être le prix à payer pour la rupture, définitive et féconde, qu'il favorisa dans la poésie française.

Elle rend compte, en tout cas, de ce qui est venu « prendre à la gorge avec cette dernière violence » celui « qui vécut dans les régions du langage où l'air se raréfie », selon l'heureuse formule de Gérard Macé.

TROISIÈME PARTIE

Des tuberculeux : suite et fin d'une peur historique

Ma galerie de portraits d'écrivains malades du Souffle se poursuit et s'achève avec les tuberculeux. En voie d'extinction, leur maladie a cessé de présenter au médecin quelque difficulté thérapeutique.

Elle a pourtant beaucoup sévi, y compris encore chez des écrivains contemporains. Qui dans une attitude à son égard, variable selon les cas, ont révélé, dans la situation où les plaçait leur maladie, un aspect complémentaire de leur personnalité, affinant l'image que nous conserverons d'eux.

7

JULES LAFORGUE : LE POÈTE ANTI-CAMÉLIAS – LE SYMPTÔME DANS LA POÉSIE

> ... J'étouff', moi, je chancelle !
> J'entends mon cœur qui bat,
> C'est maman qui m'appelle[1].

Jules Laforgue, Tristan Corbière et Lautréamont occupent une place singulière dans la poésie française. Il est habituel de les qualifier de poètes décadents. L'épithète est stupide et injustifiée : ils sont surtout différents. Et exceptionnellement dotés de talent et d'originalité. Ils confèrent à la poésie un souffle nouveau, bien nécessaire après les périodes du romantisme, du symbolisme et la terrible pesanteur de Victor Hugo.

C'est surtout au symptôme respiratoire de Laforgue (1860-1887) que je m'attacherai ici. Mais Tristan Corbière, faut-il le rappeler, est mort, très jeune, de tuberculose. Ses biographes le décrivent comme « une sorte de squelette ambulant, aux membres raides, à la poitrine creuse, vite essoufflé, toujours fiévreux [...] que la phtisie consumera pour le conduire au tombeau à 30 ans[2] ! ».

Quant au très énigmatique Lautréamont, certains ont imputé sa mort prématurée et mystérieuse à la turberculose. Aucun document ne permet, à ma connaissance, de l'attester. Une continuité de symptôme respiratoire, depuis Lautréamont jusqu'à Breton en passant par Mallarmé, eût évidemment été remarquable.

*

L'œuvre de Jules Laforgue conserve du romantisme la rime et un certain rythme du vers, dans les *Complaintes* en particulier. Mais l'essentiel n'est pas là. Les thèmes, le ton, le contenu de son œuvre, sont radicalement différents. Ce titre même, de *Complaintes*, est éloquent.

Au lieu de s'attacher à des symboles, comme celui de la Nature, Laforgue y parle de lui, de son angoisse existentielle, de sa maladie, la tuberculose, dont il va mourir à vingt-sept ans.

Et voilà une écriture forte, violente, expression de la souffrance d'un être. Une écriture émouvante car, au-delà de son auteur, elle nous concerne tous. C'est notre condition d'homme qu'elle évoque en effet, avec des mots imprégnés de chair, de larmes, de sang. Ces mots vous transportent sans effort d'imagination dans le box de pansements d'un dispensaire antituberculeux, et vous proposent la vision et les odeurs de salle commune d'un Hôpital de Chroniques, tel qu'on en voyait encore il y a une dizaine d'années.

Vous y trouverez les caillots, le mucus, les crachats, l'anémie, l'ophtalmie purulente, ou des images plus précises comme celle des linges d'hôpitaux « consacrés aux cruors et aux fanges[3] », ainsi que de l'adénopathie tuberculeuse cervicale opérée : « il gît là, comme une glande arrachée dans un cou[4] ».

Mais il y a surtout l'agonie, la mort, la morgue.

Nous voilà bien loin des images lamartiniennes ou des états d'âme de Marguerite Gautier.

Dans ces évocations « réalistes », aucune trace cependant d'exhibitionnisme, de complaisance, ou de résignation à l'égard de la maladie. C'est une révolte, qui prend la forme d'une dénonciation, pour dire l'atrocité de la souffrance humaine.

Car rien ni personne n'est à même de réchauffer ce monde misérable, pas même le Soleil, qu'il voit « blanc comme un crachat d'estaminet », avec la maigre consolation de défier les dieux :

Et pour tuer le temps, en attendant la mort,
Je fume au nez des dieux de fines cigarettes[5].

La poésie de Laforgue exprime une souffrance, la sienne ; elle parle de sa *tuberculose*, omniprésente, jusqu'à imprégner le paysage :

[...] affligé de tuberculose,
Bâillonné de glaçons au rire des écluses,
Et la bise soufflant de sa pécore emphase [...][6].

Vous retrouvez même sa menace, à la lecture des journaux, à travers les statistiques sanitaires, dans lesquelles vous risquez bien d'être comptabilisé bientôt à votre tour :

Le sobre et vespéral mystère hebdomadaire
Des statistiques sanitaires
Dans les journaux [...][7]

C'est que la tuberculose, il la connaît bien. Quand il a pensé à une héroïne pour le *Miracle des roses*, il avait d'abord écrit, comme en témoigne la première version, l'histoire d'une jeune épileptique. Mais il s'est probablement aperçu qu'il serait plus à l'aise avec l'histoire d'une phtisique, lui permettant de faire état de son vécu. Cette histoire de roses devait d'ailleurs s'attacher à une phtisique, puisqu'elle correspond à un conte hallucinant, fondé sur l'obsession du sang des hémoptysies tuberculeuses.

Outre le sang, la *toux*, incessante vous rappellerait, dans le cas où vous l'oublieriez, la plainte des poumons :

C'est la toux dans les dortoirs du lycée qui rentre,
C'est la tisane sans le foyer,
La phtisie pulmonaire attristant le quartier,
Et toute la misère des grands centres[8].

Cette toux, elle vous rappelle aussi les recommandations (de Maman ?) dont il aurait fallu tenir plus grand compte :

Elle aura oublié son foulard
Elle va prendre mal, [...]
Oh ! soigne-toi, je t'en conjure !
Oh ! je ne veux plus entendre cette toux[9] *!*

C'est que la toux est bien davantage qu'un symptôme sonore. Et si on ne veut plus l'entendre, ce n'est pas seulement parce qu'elle rappelle la maladie, mais qu'elle a d'autres signifiés. L'un de ses derniers poèmes, *Légende*, offre entièrement son

> *[...]*
> *ciboire de bonheur et de génie*
> *À cette hostie si féminine,*
> *Et si petite toux sèche maligne,*
> *Qu'on voit [...]*
> ....
> *Se fuir le long des cris surhumains de la Mer*[10].

Dans ce monde de désespérance, gris et froid, où « tout le monde est méchant », la chaleur maternelle manque beaucoup et affreuse est la douleur de la Séparation :

> *... j'étouff', moi, je chancelle !*

Ce n'est pas pour rien si le poème inaugurant sa création poétique répète :

> *J'entends mon cœur qui bat*
> *C'est maman qui m'appelle*[1].

Il se considère en effet comme le « petit hypertrophique », titre de son premier poème, exprimant, me semble-t-il, l'impression de disproportion qu'il éprouve entre sa fragilité et son hypertrophie. Celle du cœur, qui s'est dilaté à force de battre pour sa mère absente :

> *Mon cœur bat, bat, bat...*
> *Dis, Maman, tu m'appelles*[11] ?

Nostalgie de l'utérus, dans lequel le bruit des battements cardiaques indiquait l'intimité maternelle. Car il voudrait bien revenir en arrière, retourner auprès d'elle, et le dit avec des consonances infantiles :

Et j'veux aller là-bas
Fair' dodo z'avec elle...[12]

Maman, elle est morte lorsqu'il avait dix-sept ans. Avant vingt ans il a perdu la foi, et sa disparition l'a plongé dans l'angoisse, une angoisse à projection cosmologique, dont les *Complaintes* donnent une certaine tonalité[13]. Il aime la Lune, féminine, chaste, stérile, astre mort et déteste le Soleil. La Terre a sa prédilection, parce qu'elle est terre-mère, *alma mater*.

Dans la *Complainte du fœtus du poète*, on trouve des « seins dorloteurs », du « lait caillé », « téter le lait d'or », etc. La mère est celle qui permet d'aller « vers le plus clair » mais il faut auparavant

Déchirer la nuit gluante des racines
À travers maman, amour tout d'albumine[14].

Et que de choses pourraient changer avec de l'amour ! On le voit dans le *Miracle des roses*[15] où il suffit que Ruth, l'héroïne, reçoive quelques pétales de roses jetés amoureusement par une fillette, pour guérir. Cette Ruth a été l'inspiratrice involontaire et l'unique témoin d'un suicide. Si bien que sa tuberculose s'est « condimentée d'hallucinations ». Le sang qu'elle crache lui rappelle celui de l'énigmatique suicidé et lui cause de douloureuses hallucinations, au point que le médecin lui a défendu les couvertures décorées de roses rouges. Suit une émouvante description de l'aspect de la jeune phtisique, à laquelle ne manquent ni les « lunules de sang » dans les mouchoirs, ni la rumeur, venue des gens sans pitié qui travaillent à l'office, que la jeune dame « n'en a pas pour longtemps ». Ces mots entre guillemets faisaient écho, sans doute, à ce que Laforgue entendait à son sujet.

Mais Ruth, à son insu, répand la mort. Car tous ceux qui ont le malheur de l'aimer en viennent à se suicider dans le sang. Et comme s'il n'y avait pas assez de sang, Laforgue nous emmène à une corrida à San Sebastian, où le sable de l'arène boit les taches de sang du taureau. On voit encore de ces taches sur le gazon de la pelouse où se déroule la procession de la Fête-Dieu.

Heureusement les pétales de roses d'une enfant délivrent la jeune Ruth de ses hallucinations. Elle pourra « désormais s'adonner sans partage au seul et pur travail de sa tuberculose, dont elle reprit le journal d'une plume trempée dans un encrier à fleurs bleues, genre Delft ». Mais elle ne sut jamais que le frère de la fillette aux fleurs miraculeuses se suicidait le soir même, à son adresse.

Des *Moralités légendaires*, ce *Miracle des roses* est la seule qui n'emprunte pas son thème à des sujets mythologiques. Parce que Laforgue devait métaboliser sa tuberculose et en exorciser le sang. Tendre, mais hyperesthésique, il se défend par l'ironie voilant sa détresse sous le rire, qui rend plus lugubres encore ses propos, comme celui qui chante lorsqu'il se sent près de pleurer.

8

ANDRÉ GIDE EST TUBERCULEUX : UNE CRISE EXISTENTIELLE

> Là-bas, j'eus la chance de tomber malade, très grièvement il est vrai, mais d'une maladie qui ne me tua pas – au contraire – ne m'affaiblit que pour un temps, et dont le plus clair résultat fut de m'apprendre le goût de la rareté de la vie[1].

Qu'un « symptôme » respiratoire ait été associé à une crise existentielle majeure dans la vie de Gide (assez grave pour qu'il ait failli en mourir) est une constatation qui n'a pas été assez soulignée, et à peine mentionnée par certains[2].

Ce symptôme survint au terme d'une adolescence ennuyeuse et à l'acmé de son dégoût de vivre. Gide en guérit spontanément, dans le même temps où, découvrant sa personnalité ainsi que son autonomie, il inaugurait sa créativité littéraire.

Examinons les faits.

Gide s'est familiarisé avec le symptôme dès son enfance. Il a douze ans lorsque sa mère, veuve, vient s'installer à Montpellier, en 1881. Inscrit dans un lycée, aux locaux extrêmement vétustes, il s'adapte assez bien à ses nouvelles conditions de vie, d'autant que ses camarades, enfants de familles protestantes, l'ont adopté. Un stupide incident de classe va pourtant lui donner l'occasion de faire rapidement « l'apprentissage » du symptôme.

On lui demande, un jour, de réciter un texte donné à apprendre et selon l'habitude de l'école alsacienne, Gide le déclame avec les intonations et l'émotion destinées à lui donner sa pleine signification.

Cela ne se faisait pas à Montpellier (« on avait beau connaître le texte, on n'en reconnaissait plus rien, on doutait si on entendait du français ! »). La récitation de Gide soulève l'hilarité générale, provoque un énorme chahut, auquel participe le professeur lui-même, bien qu'il attribue finalement 10 sur 10.

Gide devient dès lors le souffre-douleur de ses camarades qui ne cessent pas de l'agresser violemment : « Certains jours je rentrais dans un état pitoyable, les vêtements déchirés, pleins de boue, saignant du nez, claquant des dents, hagard. Ma pauvre mère se désolait[3]. »

Fort opportunément pour cette situation, Gide présente un symptôme qui lui procure un refuge précieux : la petite vérole.

Mais la maladie, suivant son cours normal, guérit spontanément. Durant la convalescence, la pensée de retrouver l'enfer, que représente pour lui le lycée, l'incite à pérenniser son statut de malade. Il s'agit de trouver un autre symptôme. Le premier jour où on l'autorise à se lever, il se sent, comme il est normal, assez faible et vertigineux. Après avoir sérieusement calculé sa situation et sa trajectoire, il se laisse tomber à la renverse. Son entourage, et sa mère en particulier, est très inquiet. « Oh ! me disais-je, imiter ce qu'on imagine ! » André invente des mouvements saccadés qu'il prolonge et tantôt rythme comme une danse : « J'y devins fort expert et possédai bientôt un répertoire assez varié : celle-ci se sautait presque sur place ; cette autre nécessitait le peu d'espace de la fenêtre à mon lit, [...][4]. »

Son parent, le docteur Leenhardt, appelé en consultation déclare qu'il ne s'agit que des « nerfs, rien que les nerfs [...] ». Il revoit cependant l'enfant avec deux confrères et Gide craint que la consultation ne se termine par : « Une bonne fessée, Madame, voilà ce qui convient à cet enfant... » Aussi, lorsque se rhabillant, il s'aperçoit que deux des médecins le regardent attentivement, il fait semblant de trembler.

Mais son oncle Charles ne prend pas du tout au sérieux sa « maladie »... Gide en est vexé et, un jour, sachant qu'il va passer à proximité de lui, se cache sous une console et gémit sur son passage. L'oncle s'arrête, soulève son lorgnon et déclare simplement de par-dessus son journal : « Tiens ! Qu'est-ce que tu fais là ? » Alors il se crispe, se tord et émet un espèce de sanglot : « Je souffre. » Mais l'oncle remet son lorgnon sur son nez et file dans la bibliothèque comme si de rien n'était.

Gide souffrait sûrement, mais d'une souffrance non reconnue, puisque son symptôme n'était pas crédible. L'affaire se termine par une cure dans la station thermale de Lamalou-les-Bains, proche de Montpellier.

Toute son adolescence sera marquée d'un constant mal de vivre, celui d'une personnalité qui se cherche. « Le fait est que je ne m'astreignais qu'à grand-peine ; à cet âge déjà, l'obstination laborieuse je la mettais dans la reprise à petits coups d'un effort que je ne pouvais pas prolonger. Il me prenait des fatigues soudaines, des fatigues de tête, des sortes d'interruption de courant, qui persistèrent après que les migraines eurent cessé, ou qui plus proprement les remplacèrent, et qui prolongeaient des jours, des semaines, des mois [...] ce que je ressentais alors c'était un dégoût sans nom pour tout ce que nous faisions en classe, pour la classe elle-même, le régime des cours, des examens, les concours, les récréations même [...][5]. »

A posteriori, Gide est bien conscient que ses malaises étaient très opportuns, mais il ne sait plus préciser s'il « en jouait ». Il fréquente assidûment en 1889 André Walckenaer, qui pose alors pour *La Nouvelle Éducation sentimentale*, dont Gide ne rédigera que quelques fragments. Trois ans durant, ils se rencontrent une fois par semaine, de deux à cinq heures ; « le texte des livres de Proust est ce qui me rappelle le mieux le tissu de nos causeries », écrira Gide au sujet de ces entretiens. Comme par hasard, l'un de ces deux lecteurs de Proust, le malheureux Walckenaer, de santé fragile, « n'échappait à l'asthme qu'en se couvrant périodiquement d'eczéma ; c'était pitié que de voir ses traits tirés, que de l'entendre haleter et geindre ; [...][6] ».

Gide vit de plus en plus les rapports avec sa mère comme une mise sous le boisseau. Cette image évangélique de la lumière maintenue sous le boisseau et qu'il faut délivrer, mythe de la connaissance et de la liberté, sera un élément fondamental de son imaginaire[7]. S'il prend du plaisir à lire dans Tacite, comment Néron s'est soustrait à l'influence maternelle, ce n'est pas sans raison !

Il adopte une attitude progressivement critique, qui va le conduire à se libérer de toute morale et de toute religion.

Sa première libération s'opère alors qu'il a vingt-quatre ans (1893).

Il s'embarque en octobre pour l'Algérie, accompagnant son ami Paul Laurens, bénéficiaire d'une bourse de voyage pour ce pays. Dès Toulon, avant même d'embarquer, Gide « prend froid » et commence à sentir sa santé décliner. Il se souvient alors que le conseil de révision l'a ajourné deux années consécutives et réformé définitivement la troisième, pour « tuberculose ». Je ne sais ce qu'il faut penser de ce diagnostic formulé alors. Mais Gide a indiqué que son père est mort (1880) de tuberculose intestinale et on sait que cette atteinte est habituellement secondaire à une tuberculose pulmonaire méconnue. Enfant, André a donc probablement été soumis à un contage paternel massif, et portait des séquelles de primo-infection sévère.

« Fièvre » revient d'ailleurs à plusieurs reprises sous sa plume, dès 1889, au sens figuré, pour évoquer, par exemple, ses rapports avec sa cousine. En était-il également un familier au sens propre ?

Quoi qu'il en soit, inquiet, il se demande s'il ne va pas différer son voyage, puis, enfin, il part. La pensée de découvrir l'Afrique l'exalte et son attente n'est pas déçue. Mais il éprouve, chaque jour plus grand, le déclin de sa santé. Des accès de fièvre, ainsi que la fatigue, le gênent considérablement dans sa découverte et ses excursions.

André n'a rien dit à sa mère de ses difficultés afin de ne pas l'inquiéter. Mais des échos lui en sont parvenus. Elle part pour l'Afrique du Nord et arrive à l'improviste. C'est pour découvrir immédiatement que Paul Laurens reçoit dans sa chambre Mériem, la jeune Ouled Naïl. Dans un mouvement de franchise (probablement aussi de provocation), André précise à sa mère que lui aussi...

À l'annonce de ses relations avec Mériem, Mme Gide se désole : « elle ne trouva rien à me dire et ne put que pleurer ; mais ses larmes attendrissaient et désolaient mon cœur, plus que n'eussent pu faire des reproches. Elle pleura, pleura, je sentais en elle une tristesse inconsolable, infinie[8] ».

Gide est très affecté de la souffrance infligée à sa mère. Mais il sent bien qu'il vient de tracer là une ligne de fracture définitive : quels que soient les sentiments qu'elle éprouve, les reproches qu'elle lui adresse, il vivra désormais à sa façon, quoi qu'il advienne.

S'il rejette d'ailleurs la tutelle maternelle, l'interdit demeure, car la peine de sa mère paraît avoir contribué à le rejeter vers l'homosexualité : « De sorte que si j'eus le front de lui annoncer le retour de

Mériem, de lui faire part de ma résolution, je n'eus pas le courage, ensuite, de me tenir parole à moi-même, [...]. À l'inverse de Pygmalion, il me semblait que dans mes bras la femme devenait statue ; [...][9] ».

Sa santé continue à se détériorer. Pris de violents accès de fièvre, il est tellement fatigué que tout l'essouffle, l'empêchant d'avoir une activité suivie, même celle par exemple de jouer du piano. L'arrivée de la saison des pluies aggrave encore ces difficultés. Peut-être même a-t-il des hémoptysies.

Peut-être, car il l'a d'abord affirmé à Jeanne Rondeaux : « j'espère m'en tirer, mais j'ai été très profondément atteint. Faut-il pour plus de détails te dire que j'ai craché du sang – mais garde cela pour toi, car je ne l'ai dit à personne [...] – vu que cela peut très bien *ne rien signifier*[10] ». Il l'a également écrit à Paul Valéry qui lui répond par cette bonne question : « que dis-tu, toi-même, de ta maladie ? »

Mais il l'a ensuite nié, répondant à une « dépêche inquiète » de Pierre Louÿs (1er février 1894) : « Je rectifie : je n'ai pas eu d'hémoptysie réelle, je ne suis pas du tout encore un poitrinaire ; j'ai la certitude presque complète de n'être pas tuberculeux. Ce que j'ai, c'est depuis trois mois une congestion pulmonaire, qui, mal soignée d'abord, était vite devenue chronique. Du reste pas de lésions... j'espère ; mais c'est à grand-peine que j'ai pu me garer du pire, et j'ai bien quelque peur encore de me réveiller phtysique [*sic*], un matin. J'ai le mauvais goût d'oser plaisanter de ces choses ; c'est absurde car j'aime passionnément la vie[11]. »

Cette dénégation était-elle destinée à rassurer ? Faut-il en déduire au contraire que la remarquable description de l'hémoptysie de Michel[12] (qui n'a rien à envier à celle de *La Dame aux camélias*) a été entièrement empruntée à des livres de médecine ? Procède-t-elle au contraire du vécu de Gide, enrichi seulement de quelques précisions séméiologiques ? Peu importe.

Quelle fut, au juste la maladie de Gide ?

Il nous rapporte lui-même les symptômes significatifs d'une tuberculose pulmonaire ulcéro-caséeuse : fatigabilité, fièvre, frissons, sueurs, douleurs, étouffements, et peut-être hémoptysies. C'était donc une tuberculose assez ancienne pour avoir déterminé progressivement une laryngite (« voix à l'état de souvenir »), sévère (cavernes pulmonaires ?), étendue (dyspnée au moindre effort) et qui a guéri spontanément (si l'on tient pour à peu près nulle l'efficacité des pointes de feu et autres plaisanteries thérapeutiques mises en œuvre. L'ardente Mériem paraît avoir été un « révulsif » bien autrement efficace, estime Jean Delay.[13]).

La guérison spontanée de la tuberculose était indéniablement possible et Laennec lui-même l'avait décrite. Elle n'en constituait pas moins, dans les années 1890, l'exception, confirmant la règle, de son évolution fatale.

Gide aurait donc « dû » mourir de cette atteinte pulmonaire. Mais il va, au contraire, en guérir.

Sa guérison est cependant très progressive et, durant tout le voyage de retour par l'Italie, sa santé demeurera précaire. Il en conserve probablement des séquelles importantes et il ne faut pas oublier qu'il mourra, en février 1951, d'une « congestion » [?] pulmonaire.

À Naples, il est encore très handicapé : « suant au soleil, grelottant dans l'ombre et ne pouvant un peu marcher qu'en terrain absolument plat[14] ». Il souffre, à Rome, de douleurs dorsales, de toux quinteuse et de « suffocations assez angoissantes ». Parce que le médecin ne l'a pas trouvé fiévreux, il pense avoir de l'asthme, et se demande s'il n'est pas finalement « plus nerveux que malade » !

De la ville, il conservera un souvenir médiocre. Florence l'enchante par contre : « Je me sens *de nouveau beaucoup mieux sous tous les rapports* et descends allègrement dans la rue, *mais* – et je pense que c'est nerveux – au bout de dix minutes, paf – à propos de rien il me prend une suée importante, une suffocation, les vêtements me pèsent – impossible d'avancer – je m'assiérais sous les omnibus [...][15]. »

Multiplier les citations serait vain. L'essentiel, c'est que les indications données par Gide permettent d'affirmer, on va le voir, que, dépressif, il avait souhaité la mort, en avait accepté la pensée, et a bien failli la trouver, par le biais de la maladie, après que l'idée du suicide l'eut effleuré : « Un tel état d'*estrangement* (dont je souffrais surtout auprès des miens) m'eût fort bien conduit au suicide, [...][16]. »

C'est durant son voyage en Algérie que vont se modifier simultanément, chez Gide, son moi profond et le cours de sa maladie. La découverte du Sud, du monde arabe, l'enchantent. Pour la première fois de sa vie, il est libre. Il va connaître sa première expérience sexuelle, découvrir son homosexualité et l'assumer librement. « Je vais mieux quand je sens près de moi quelque bel enfant qui respire. » Le souffle de l'être aimé, suppléant la défaillance du sien. Voilà qu'il s'épanouit, découvre la joie de vivre et amorce sa guérison.

Son rétablissement commence avec et par le printemps, qui se manifeste dans l'oasis : « Une indistincte joie commença de palpiter sous les palmes. J'allais mieux. Certain matin, je risquai une promenade beaucoup plus longue ; [...] il me semblait que, pour la première fois, je vivais, sorti de la vallée de l'ombre de la mort, que je naissais à la vraie vie [...]. » Et « J'entendais, je voyais, je respirais, comme je n'avais jamais fait jusqu'alors ; [...][17] ». « Je sentais, à la double faveur du climat et de la maladie, mon austérité fondre et mon sourcil se défroncer[18]. »

Au terme du voyage de retour, il consulte à Genève le docteur Andreae, spécialiste des voies respiratoires, qui aurait constaté quelques symptômes thoraciques, mais exagérés par du « nervosisme » (sous-entendu ses penchants pédophiles). De retour en France, il va parfaire sa convalescence dans le Jura.

Il a une conscience aiguë d'être passé très près de la mort. À propos de son état d'âme, il évoque, en effet, la résurrection de Lazare : « Je rapportais, à mon retour en France, un secret de ressuscité, et connus tout d'abord cette sorte d'angoisse abominable que dut goûter Lazare échappé du tombeau [...]. Comment avais-je pu respirer jusqu'alors dans cette atmosphère étouffée des salons et des cénacles, où l'agitation de chacun remuait un parfum de mort[19] ? »

Son goût pour la vie, une vie nouvelle, s'affirme désormais : « Je passai à Neufchâtel un des plus heureux temps dont il me souvienne. J'avais repris espoir en la vie ; elle m'apparaissait à présent étrangement plus riche et plus pleine que ne me l'avait d'abord figurée la pusillanimité de mon enfance[20]. »

La page est désormais tournée, les forces de vie ont triomphé : « Depuis ma résurrection, un ardent désir s'était emparé de moi, un forcené désir de vivre[21]. »

Il a parfaitement conscience *a posteriori*, que sa maladie respiratoire a constitué pour lui le symptôme d'une *crise* existentielle, et que celle-ci l'a révélé à lui-même, faisant de lui un homme différent : « Là-bas, j'eus la chance de tomber malade, très grièvement il est vrai, mais d'une maladie qui ne me tua pas – au contraire – ne m'affaiblit que pour un temps, et dont le plus clair résultat fut de m'apprendre le goût de la rareté de la vie. Il semble qu'un organisme débile soit, pour l'accueil des sensations, plus poreux, plus transparent, plus tendre, d'une réceptivité plus parfaite. Malgré la maladie, sinon à cause d'elle, je n'étais qu'accueil et que joie[1]. »

Le voilà effectivement différent. Il distend les relations avec sa mère jusqu'à la rupture. Le temps n'est plus où il lui écrivait « Ma chère petite maman ». Il ira, en 1895, jusqu'à lui réclamer sa part d'héritage (pour construire un hôtel d'accueil à Biskra !). La pauvre femme ne s'en relèvera pas et décédera deux mois plus tard. En octobre, il épousera sa cousine puritaine, ce qui l'amènera à réaliser, en 1918, « sa deuxième libération[22] ». Mais c'est une autre histoire !

L'expérience de l'atteinte respiratoire de 1893-1894, Gide l'a utilisée dans *L'Immoraliste* (publié en 1917). La plupart des indications données au sujet de cette atteinte (ici celle de Michel le jeune savant) sont celles de *Si le grain ne meurt*. Ce roman est extrêmement intéressant de notre point de vue, car le temps et le recul sont passés par là et – *a posteriori* – la présentation des faits – celle d'un roman – est à la fois plus incisive et plus sujette à caution. Notons que Michel s'exclame à propos de Bachir : « Ah ! qu'il se portait bien ! C'était là ce dont je m'éprenais en lui : la santé[23]. »

Mais le roman intéresse surtout parce que y apparaît en filigrane la « lecture » que Gide a faite de l'événement. Si Michel (André) a été tuberculeux, c'est parce qu'il avait refoulé sa vraie nature sexuelle. Dès qu'il accepte sa vraie vie, il guérit.

*

En terminant, comment ne pas remarquer que si Gide a connu ce symptôme respiratoire, le thème du Souffle est totalement absent de son œuvre. Comme Valéry, il n'a que mépris pour l'inspiration, et la musique même, si fondamentale dans la création gidienne[24], n'a pour lui rien à voir avec le Souffle.

Il n'empêche que son appétit de vivre, son « orexie » (selon le mot heureux de Michel Tournier[25]), l'a sauvé de la mort et distingué parmi ceux que nous avons trouvés ici concernés par le sujet de la Respiration et communément dénommés les « Quatre Grands » de la littérature française du XXe siècle : « Ne parlons pas de Claudel [...] qui ne cessa, sa vie durant, d'épaissir les murs et d'aveugler les ouvertures de la forteresse dogmatique où il s'était enfermé. Marcel Proust et Paul Valéry, plus proches d'André Gide, se barricadent eux aussi [...] dans une solitude de plus en plus désespérée. »

Il faut remarquer encore que ces quatre « grands » appartiennent à la génération qui a eu vingt ans vers 1890 (puisque Claudel est né en 1868, Gide en 1869, Proust et Valéry en 1871), à l'acmé des mardis de Mallarmé. Si Proust eut quelques démêlés avec ce dernier, les trois autres l'ont compté parmi leurs maîtres et ont entretenu avec lui et entre eux des relations amicales.

Les trois dont le symptôme respiratoire fut assez marquant pour compter beaucoup dans leur existence ont en commun des mères surprotectrices, contrastant avec des pères absents, physiquement ou psychologiquement.

Ils ont, enfin, participé à la démarche de l'égotisme littéraire[26], lointain surgeon du romantisme, motivé par la ruine des idéologies traditionnelles. Cet égotisme est le fait de Barrès qui écrit : « Notre morale, notre religion, notre sentiment de nationalité sont choses écroulées [...] et, en attendant que nos maîtres nous aient refait des certitudes, il convient que nous nous en tenions à la seule réalité, au Moi. »

9

ALBERT CAMUS : LE PACTE AVEC LA TUBERCULOSE – DE LA MALADIE INDIVIDUELLE AUX FLÉAUX COLLECTIFS

> Tais-toi, poumon ! Gorge-toi de cet air blême et glacé qui fait ta nourriture. Fais silence. Que je ne sois plus forcé d'écouter ton lent pourrissement[1].

Voilà, au moins, un texte éloquent de la perception particulièrement aiguë que Camus put avoir de son symptôme respiratoire.

Mais il n'en fut pas immédiatement ainsi. Examiner le retentissement de ce symptôme à travers sa vie et son œuvre conduit, en définitive, à considérer toute sa trajectoire. Car sa tuberculose évolua en majeure partie pendant l'ère pré-antibiotique et il n'observa jamais le repos minimal indispensable, qui aurait pu être salvateur. Jamais guérie, cette tuberculose fut donc l'affaire de sa vie entière, un peu comme s'il avait établi avec elle un pacte tacite.

Pacte est d'ailleurs inadéquat, si on donne à ce mot le sens de quelque convention, voire d'une complaisance. Accommodement serait plus juste, dans la mesure où Camus n'a jamais investi dans la guérison tous les atouts disponibles.

Ce ne fut pourtant, en aucune façon de sa part, passivité, ou moins encore, soumission. C'est au contraire une révolte passionnée contre le symptôme qu'il a menée, un combat permanent pour le vaincre par la négation, comme s'il n'existait pas. De ce combat épuisant, émerge le Camus familier, mais surtout une personnalité alliant au courage sans limite une sensibilité attachante parce que pleinement humaine. Voilà le visage que souligne sa maladie.

Camus a vécu son symptôme de façon différente dans le temps et il ne paraît pas artificiel de distinguer trois périodes à son évolution : 1) celle du début, où la révélation de la maladie l'horrifie dans la crainte de la mort, puis 2) celle qui le voit passer d'une angoisse mortelle à un optimisme progressivement excessif, faisant négliger la maladie qu'il ne « sent » pas. Elle l'imprègne pourtant profondément de ses servitudes et le rend « poreux » à beaucoup de perceptions nouvelles. 3) Celle enfin de la « chronicité », où le symptôme respiratoire bien présent, trop présent, imprime un handicap permanent et la conviction, de plus en plus intime, de ne jamais guérir. Ce qui signifie assumer la souffrance d'une vie quotidienne menacée par la maladie.

*

C'est à la fin de décembre 1930 ou en janvier 1931[2] que fut décelée sa tuberculose, soit trente-sept ans après celle de Gide et trois ans avant celle de Roland Barthes.

Cette tuberculose évoluait en fait depuis quelques mois déjà, comme c'était alors fréquent, manifestée par une seule toux rebelle, qui inquiéta la famille de son oncle dans laquelle il passait ses vacances à la plage (un jour, il y avait perdu connaissance).

À dix-sept ans, Camus est en classe de philosophie au lycée d'Alger. Il appartient à un milieu modeste et si, par pudeur, il parle d'abord de pauvreté au sujet de sa famille, il emploiera plus tard le terme de misère. Son père, gravement blessé à la bataille de la Marne, est mort peu de temps après et il est pupille de la nation. C'est à Belcourt, quartier pauvre d'Alger, où sévissait une très forte endémie tuberculeuse, qu'il est élevé par sa mère et sa grand-mère.

Contrairement à une idée reçue, il paraît être de constitution plutôt fragile, favorable à l'éclosion d'une tuberculose ; d'autant qu'il travaille intensément en classe et pratique passionnément le sport.

À la suite d'un « refroidissement », surviennent d'abondantes hémoptysies : Albert a « toussé du sang », annonce, affolée, la grand-mère Sintes. On découvre alors une tuberculose pulmonaire ulcéro-caséeuse droite. C'est une forme grave, puisque les médecins le considèrent *a priori*, comme « condamné ». Pour Camus, très actif, sportif et dynamique, c'est brutalement la détresse. C'est une peur atroce de la mort, dont il prend subitement une conscience aiguë : « Je ne veux pas mourir », confie-t-il suppliant à l'oncle Gustave Acault[3].

Parlant de lui à la troisième personne, il écrira sur ce sujet ces propos, ultérieurement retirés par suite de leur ton trop personnel : « Au plus grave de sa maladie, le docteur le condamnait implicitement. Il n'avait plus un seul doute. Au reste, la peur de la mort le hantait beaucoup[4]. » Au personnage du fou il fera dire, en 1932 : « J'ai peur de la mort. Elle m'aveugle[5]. » Et Meirsault, qui mourra de pleurésie, évoque sa « terreur de la mort[6] ». À son ami Michel Gallimard, découragé par sa propre tuberculose, il confiera également plus tard « que peu de gens sans doute avaient contemplé leur mal avec autant d'horreur que lui-même dans sa jeunesse, lorsqu'il en avait appris la nature[7] ».

Le voilà admis à l'hôpital Mustapha. Le pupille qu'il était y avait droit aux soins gratuits. Mais il y séjourne juste le temps de créer dans la cavité pleurale droite un pneumothorax thérapeutique, car il supplie ses parents Acault de le prendre chez eux. Des passages réguliers dans cet hôpital, nécessaires aux insufflations pleurales d'entretien, lui permettent cependant de faire des observations pour l'*Hôpital du quartier pauvre*.

Camus échappe à la mort. Mais sa menace va se pérenniser, plus ou moins aiguë, toute sa vie durant. Une partie de sa jeunesse, en particulier, a été vécue avec le sentiment d'une mort programmée. Et cette horreur de la mort rend compte de beaucoup de traits de sa personnalité.

Le choc initial passé, sa réaction face à la maladie peut être considérée grâce à une confrontation avec celle de Gide et l'influence que ce dernier put avoir sur lui[8].

À seize ans (avant sa maladie) Camus avait reçu de son oncle Acault, boucher plus intéressé de littérature que de viande, *Les Nourritures terrestres*. Mais qu'il s'agisse de la nature des sentiments évoqués, ou que l'exaltation de l'Afrique du Nord l'ait moins concerné puisqu'il y vivait, ce ne fut pas l'enthousiasme : « j'étais saturé de ces richesses ; j'en souhaitais d'autres, sans doute[9] ». Il rend le livre à son oncle... « Le rendez-vous était manqué[10]. »

Sa maladie lui donne l'occasion et le temps de reprendre la lecture de Gide. Et à l'indifférence succède la fascination : « Un matin, je tombai enfin sur les *Traités* de Gide. Deux jours après, je savais par cœur des passages entiers de *La Tentative amoureuse.* » Ses notes de lecture indiquent qu'il « n'ose plus relire les *Nourritures* pour garder intact le souvenir de l'ivresse et de l'extase qu'elles m'ont procurées ». Cet enthousiasme, apparu entre les deux lectures, il n'est pas hasardeux de l'imputer à une prise de conscience, favorisée par le symptôme respiratoire survenu entre-temps, et qui lui donne, avec Gide, cette communauté de sentiments d'abord absente. D'autant que *La Douleur*, d'A. de Richaud, que lui a fait lire Jean Grenier, indique la perspective d'exprimer ses propres sentiments.

Le symptôme tuberculose était, pour Gide, celui de la perte du désir de vivre. Spéculer sur un éventuel état d'esprit semblable chez Camus, susceptible d'avoir favorisé la maladie, serait infondé puisqu'il n'a, me semble-t-il, rien exprimé de tel, au sujet de l'éclosion de sa tuberculose.

Mais quelle que soit, chez tout individu, l'ambiguïté des pulsions de vie et de mort, la gravité du symptôme peut déclencher, lorsqu'elle conduit à proximité de la mort, une réaction de rejet et un investissement des forces de vie dans son refus. Ce fut le cas de Gide.

Celui de Camus aussi, semble-t-il : « toute mon horreur de mourir tient de ma jalousie de vivre[11] ». L'essentiel est dit : je déteste assez la mort pour que mon désir de vivre me permette de lui échapper. Jean Grenier, particulièrement proche de Camus au début de sa maladie, a d'ailleurs exprimé cet état d'esprit par la formule « *le "oui" à la vie*[12] ». À l'un de ses correspondants qui craignait que la maladie ne le décourageât, Camus précisait à vingt ans : « Ce qui importe, c'est que je me suis donné un but, une œuvre... Convenez qu'il n'apparait pas beaucoup de découragement dans ces décisions. Un être jeune ne saurait d'ailleurs renoncer totalement. Toutes les lassitudes réunies ne viennent pas à bout des forces de recommencement qu'il porte en lui. J'ai trop longtemps méconnu les forces de vitalité que je porte en moi... Je m'aperçois sans complaisance aucune que je suis capable de résistance – d'énergie – de volonté... Mon état physique laisse, il est vrai, à désirer. Mais j'ai le désir de guérir[13]. »

La supériorité des « forces de recommencement » sur « toutes les lassitudes réunies » est tout à fait éloquente. Sur ce sujet, les textes de Gide et de Camus présentent de troublantes similitudes d'expression puisque, au « forcené désir de vivre » réapparu chez le premier, fait écho, dans les *Carnets* du second, « la furieuse passion de vivre qui fait le sens de mes journées ».

Peu importe de savoir si cette communauté de pensée est liée à leur communauté de symptôme, ou si c'est le premier qui a influencé le second. La maladie a déterminé de leur part la même réaction et provoqué la même conséquence, c'est-à-dire une « sensibilité » accrue, favorable à leur créativité.

Les mots d'« hyperesthésie » et surtout de « porosité » (aux sensations, bien sûr, avec une sensibilité exacerbée, en particulier aux couleurs) sont formulés par Gide, tandis que Camus constate en 1936 : « Nous sommes fébriles, mais poreux[14]. »

Cette porosité désormais acquise va influencer la personnalité ainsi que l'œuvre de Camus.

Apparemment insensible à l'évocation gidienne de l'Afrique du Nord avant sa maladie, il ne l'est plus avec *Noces* (1938), lorsqu'il y évoque les merveilleuses sensations retirées de la vie algérienne de ces années-là. C'est un hymne au bonheur et à la vie, une exaltation.

Mais sa perception de ce bonheur le distingue de Gide. Au contraire de ce dernier, qui fait passer la satisfaction du désir par la conscience, le bonheur de Camus est instinctif, et « naturelle » sa satisfaction : « Bien pauvres sont ceux qui ont besoin de tels mythes... » Et « qu'ai-je besoin de parler de Dionysos pour dire que j'aime écraser les boules de lentisques sous mon nez[15] », note-t-il devant le site merveilleux de Tipasa.

Voici, clairement formulée, sa divergence d'avec Gide. « Puis-je me donner le ridicule de dire que je n'aime pas la façon dont Gide exalte le corps ? Il lui demande de retenir son désir pour le rendre plus aigu. Ainsi se rapproche-t-il de ceux que, dans l'argot des maisons publiques, on appelle les compliqués ou les cérébraux[16]. » Le temps n'était pas encore, où les préférences de Gide, parmi les jeunes écrivains de leur génération, se porteraient sur lui, où ils cohabiteraient quelque temps rue Vaneau, et sa mort, en 1951, le peinerait profondément[17].

*

À moyen terme, le symptôme respiratoire représente, pour Camus, la toile de fond, matérielle et psychologique, sur laquelle s'oriente et se développe sa pensée philosophique.

Comment perçoit-il ce symptôme ?

Après quelques mois d'évolution, il a tendance à « oublier » sa tuberculose qu'il ne « sent » pas, puisque sa respiration est peu limitée malgré un poumon collabé par le pneumothorax. Il n'observe donc pas le repos indispensable à la guérison, exerce, pour subsister, divers emplois passagers, et mène de front une vie associative très active ainsi que des études de philosophie.

La tuberculose, précisa-t-il avec le recul du temps, est une maladie métaphysique : « On peut guérir : il suffit de le vouloir[18]. » De cet aphorisme que j'ai évoqué à propos de la tuberculose en général, faut-il déduire, au sujet de Camus en particulier, qu'il ne le voulut jamais ? À son ami Jean Bloch-Michel il répétera plus tard : « la tuberculose est une maladie métaphysique, parce qu'on ne sait pas qu'on est malade ». Mais le symptôme est également, à ses yeux, la source d'illusion, le trompe-l'œil, puisqu'il ne fait qu'atténuer la certitude de la mort, alors qu'il en est l'apprentissage[19].

Dans le cas où Camus aurait cherché une signification à son symptôme, Jean Grenier, son « maître » à cette époque, la lui suggère dans un passage des « Îles Kerguelen » (extrait du livre *Les Îles* que Camus aima beaucoup), un peu comme s'il avait pensé à lui en l'écrivant : « On s'étonne du grand nombre de maladies et d'accidents qui nous accablent. C'est que l'humanité lasse de son travail quotidien ne trouve plus que ce misérable refuge de la maladie pour sauver ce qui lui reste d'âme. La maladie, pour un pauvre, c'est l'équivalent d'un voyage, et la vie d'hôpital, c'est sa vie de château[20]. »

« Sauver ce qui lui reste d'âme » ne correspondait peut-être pas à sa réalité d'alors. « Voyage », la tuberculose en fut un pour Camus, bien singulier, celui de l'itinéraire de toute sa vie.

Elle représente pour lui le vecteur symbolique des *limites*. Celles-ci sont d'abord physiques évidemment, car sa santé est préoccupante. Il n'a pas réduit son activité, trop importante par ses entreprises personnelles, théâtrales et politiques au sein du parti communiste (dont il semble avoir finalement démissionné après d'épuisants démêlés). Il fume beaucoup trop de cigarettes, perd du poids, crache du sang par intermittence (dont une fois au cinéma en compagnie de Max-Pol Fouchet, lui-même tuberculeux). Le docteur Legendre, vers lequel Charles Poncet l'a dirigé, estime sa santé très préoccupante : « Il brûle la chandelle par les deux bouts, et ça risque de lui jouer un mauvais tour. » Profitant de l'occasion favorable d'une promenade en mer (car il était difficile d'aborder avec lui le sujet de sa santé), Poncet conseille à Camus de partir se soigner en sanatorium. S'il accepte le principe du repos, celui-ci répond qu'il ne pourrait vivre sans la chaleur de ses amis « dans une atmosphère de maladie ». Il part donc se reposer dans les Alpes mais pas en sanatorium.

Si, jusqu'alors, il ne « sentait » pas sa maladie, les limites qu'elle comporte lui en donnent une conscience de plus en plus aiguë. Son Journal consigne sa souffrance morale : « Cette fièvre qui bat aux tempes, l'abandon singulier et soudain du monde et des hommes [...]. Ce qui m'attend dans les Alpes, c'est, avec la solitude et l'idée que je serai là pour me soigner, la *conscience* de ma maladie[21]. »

Il se sent très fatigué durant le voyage. Pensant trouver en Haute-Savoie un chalet, il découvre en arrivant une masure à peine habitable. Le premier soir, de violentes quintes de toux ramènent des crachats sanglants. Il déménage chez des amis, mais n'y trouve pas l'isolement nécessaire à l'écriture. Un essai de promenade en montagne lui montre que, méditerranéen, il n'est pas à l'aise dans les Alpes. Sans compter que sa respiration limite tout effort physique : « Il était soudain forcé de s'arrêter pour se reposer sur un banc. » « Ce n'est rien. Cela va passer. Excuse-moi », disait-il à Fréminville[22].

Le déclin de sa fonction respiratoire rend désormais à Camus sa maladie beaucoup plus présente et pesante. Il sait définitivement perdus certains plaisirs naturels, comme les bains de mer ou la pratique du football, qui comptait beaucoup pour lui[23].

Perdues, pour les mêmes raisons, les perspectives d'enseignement. Alors qu'il s'apprêtait à présenter le concours d'agrégation, une commission spéciale du Gouvernement général lui refusera à deux reprises, à cause de sa tuberculose, l'autorisation de concourir. Déception de courte durée sans doute, car ce défaut de « carrière » lui donna, au contraire, l'inestimable liberté de se consacrer à son œuvre.

De sa maladie, il dira plus tard : elle « ajoutait d'autres entraves, et les plus dures, à celles qui étaient déjà les miennes. Elle favorisait finalement cette liberté du cœur, cette légère distance à l'égard des intérêts humains qui m'a toujours préservé du ressentiment... J'en ai joui sans limite ni remords[24] ».

Mais à partir de ces limites physiques, la tuberculose a sans doute favorisé la prise de conscience de la limitation humaine absolue, à l'origine de la notion d'Absurde. Ce mot désigne ce qui est discordant, comme un appel qui demeurerait sans réponse. C'est précisément dans cet état d'esprit que se trouve Camus, lorsqu'il écrit la première ébauche de *Caligula* au début de 1937.

Pour travailler, après une année 1936 qui a été « brûlante et désordonnée », « effrénée et surmenée[25] », il s'installe, sur les hauteurs d'Alger, à la « maison Fichu », qu'il baptise « la maison – devant – le monde ». De sa table, placée devant la fenêtre aux grandes baies vitrées et la terrasse, la vue est superbe sur la baie d'Alger et les environs. Des amies sympathiques partagent la villa, qui compte aussi un chien perdu recueilli (« kirk » de Kierkegaard, le chien de l'Angoisse) et deux chats, Cali et Gula[26].

Dans cette ambiance délicieuse, comment ne pas ressentir l'élan et l'appétit sans limite d'une jeunesse enthousiaste, la fureur de vivre en quelque sorte ! Mais la maladie est là, qui oppose ses interdits. Et tout est différent. Un large domaine du possible est désormais inaccessible. C'est de cette époque que date l'autocaricature au regard tragique et à la moue de dégoût, envoyée à Marguerite Dobrenn avec cette légende : « Celui-ci, c'est Albéric, le Jeune – homme – qui – croyait – que – c'était – arrivé – et – qui – s'est – aperçu – que – ce – n'était – pas – arrivé[27]. »

Caligula, c'est la tragédie de l'homme heureux, « la chute d'un ange qui s'est brûlé les ailes au soleil de la vie[28] ». Martha reprend ce sentiment dans *Le Malentendu*. Elle évoque, dans son long monologue, la mer, près de laquelle elle rêvait de vivre et qu'elle n'atteindra jamais : « Je suis trop loin de ce que j'aime et ma distance est sans remède. »

Par cet amour de la vie, vécue sous l'obsession de la mort, Camus est proche des Grecs (« Je suis grec »), de Ronsard, de Montaigne et des auteurs de la Renaissance.

En janvier 1942, sa tuberculose rechute. Le mot de rechute est en fait inexact, dans la mesure où n'ayant jamais guéri, il ne pouvait s'agir que d'une poussée évolutive. Un soir, à Alger, dans son appartement de la rue d'Arzew, une hémoptysie brutale et abondante révèle l'extension lésionnelle au poumon gauche. Francine Camus part précipitamment chercher le docteur Cohen, qui était au cinéma. L'épisode est grave et l'angoisse majeure puisque Camus dira le lendemain matin d'une voix affaiblie : « J'ai bien cru que j'étais fini[29]. »

L'hémoptysie cesse dans les jours suivants. Mais un pneumothorax thérapeutique doit être créé du côté gauche, et régulièrement entretenu ensuite par des insufflations. Camus part avec son épouse se reposer en métropole, dans une pension de famille du Vivarais, tenue par la tante de Francine, au Panelier, près du Chambon-sur-Lignon, haut lieu de protestantisme et de résistance pendant la Seconde Guerre mondiale.

Il s'y trouve toujours lorsque arrive l'automne, alors que Francine a dû rentrer en Algérie pour y reprendre son enseignement.

On imagine son état d'esprit, venant d'Alger où il menait une vie gaie et brillante, seul dans ce hameau isolé de montagne. Le 7 novembre 1942, jour de ses vingt-neuf ans, il note dans son Journal : « Ce n'est pas moi qui renonce aux êtres et aux choses (je ne le pourrais pas), ce sont les choses et les êtres qui renoncent à moi. Ma jeunesse me fuit ; c'est cela être malade[30]. »

La nuit suivante, les troupes alliées débarquent en Afrique du Nord, empêchant son retour en Algérie, fixé au 21. On sut *a posteriori* que le bateau sur lequel il serait rentré fut arraisonné par les forces de Vichy et ramené à Marseille.

Le voilà claustré pour l'hiver, dans cette austère région de Haute-Loire pour une période d'insularité totale, du triple point de vue de la géographie, de l'éloignement des siens et de la maladie.

C'est un texte, issu de cette période, qui me paraît le plus éloquent, parmi ceux où il évoque son symptôme respiratoire. Le plus significatif aussi, de l'acuité de la perception qu'il en a alors, avec son cri de révolte (« Tais-toi, poumon »), proféré dans ce « pays de l'indifférence » : « Je poursuis cette navigation immobile au pays de l'indifférence. Pas moins que toute la nature et cette paix blanche que l'hiver apporte aux cœurs trop chaleureux – pour apaiser ce cœur dévoré d'un amour amer... Tais-toi, poumon ! Gorge-toi de cet air blême et glacé qui fait ta nourriture. Fais silence. Que je ne sois plus forcé d'écouter ton lent pourrissement – et que je me tourne enfin vers [...] » [*fin de texte*][1].

La force des propos dispense de toute paraphrase.

Cette année 1942 passée en Haute-Loire est une rude mais fructueuse épreuve. Elle voit en effet la publication d'un essai philosophique, *Le Mythe de Sisyphe*. Ce dernier pose la question essentielle : puisque tout est absurde, que je n'attends rien de la vie et suis incroyant, pourquoi je ne me suicide pas ? La réponse ne saurait se résumer en une phrase. Mais celle-ci peut être avancée : « Parce qu'il n'est pas de destin qui ne se surmonte par le mépris[31]. » À chacun des instants où Sisyphe redescend vers ce monde inférieur, afin d'y reprendre le rocher qu'il doit remonter au sommet, « il est supérieur à son destin ». Camus ne promet pas le bonheur, mais seulement « l'appropriation par l'homme de son destin[32] ».

À travers toute la vie de Camus, il y a ce mépris pour la maladie et le poids de sa menace, une tentative de négation par une sorte de défi sportif, afin de vivre comme si elle n'existait pas. C'est un tel état d'esprit sans doute qui l'incitait à ce comportement insensé, consistant à remonter à bicyclette (soixante kilomètres de côtes sur des routes de montagne) de Saint-Étienne au Panelier, immédiatement après ses séances d'insufflation d'air dans la plèvre. Et c'est cette image d'un homme de courage, vrai de force et de fragilité, qui demeure de lui, me semble-t-il, la plus attachante.

Au Panelier, Camus prépare *Le Malentendu* qui reflète, dira-t-il plus tard, « la sorte de claustrophobie dont je souffrais alors ». « On y respire mal, c'est un fait. Mais nous avions tous la respiration courte, en ce temps-là[33]. » N'empêche que l'expression « le souffle court » revient souvent dans l'ensemble de son œuvre.

Il travaille également à *La Peste*, publié seulement en 1947, mais commencé de longue date, comme en témoigne l'intégration à ce roman de noms locaux[34].

Ce roman témoigne surtout de l'évolution dans la résonance du symptôme respiratoire sur la pensée de Camus. Son personnage principal en est un médecin, et ce choix n'est sans doute pas innocent, puisqu'on peut observer, chez ce docteur Rieux, certaines projections. Il explique en effet à Tarrou que, lorsqu'il « est entré dans ce métier », il l'a « fait abstraitement », c'était une situation comme une autre. Devenir médecin était difficile pour un fils d'ouvrier comme lui. Mais il a achoppé face à la mort : « Il a fallu voir mourir [...] et je ne suis toujours pas habitué à voir mourir[35]. »

De nombreuses évocations indiquent encore que Camus y est parfaitement à l'aise avec le vocabulaire médical, celui des maladies respiratoires en particulier :

« – Seul, le vieux malade de Rieux triomphait de son asthme pour se réjouir de ce temps.

« – Ça cuit, disait-il, c'est bon pour les bronches. Ça cuisait en effet, mais ni plus ni moins qu'une fièvre[36]. »

Le vieux concierge Michel, qui arrive au bras du père jésuite Paneloux, a les yeux brillants, la respiration sifflante et le souffle court, ne peut avancer dans la rue. Camps, enfin, est mort parce qu'il avait de la fièvre, des adénopathies axillaires, et surtout la « poitrine faible ».

Mais l'important n'est pas là. Il réside dans la confrontation que fait Camus de la maladie individuelle aux fléaux. Car il existe, estime-t-il, une antinomie entre ces fléaux et les autres types de maladie : « Avez-vous remarqué, m'a-t-il dit, qu'on ne peut pas cumuler les maladies ? – Supposez que vous ayez une maladie grave ou incurable, un cancer sérieux ou une bonne tuberculose, vous n'attraperez jamais la peste ou le typhus, c'est impossible[37]. »

L'affirmation est médicalement fausse. Si une certaine activation immunitaire est possible dans ces maladies, l'immuno-dépression y prédomine habituellement et fragilise au contraire le terrain, rendu vulnérable aux infections intercurrentes.

Laissons cela. L'essentiel pour Camus, me semble-t-il, était d'opposer une maladie individuelle (la tuberculose dont il souffre, un mal qui isole de la communauté) au mal collectif d'une société (symbolisé par l'épidémie de peste). Opposer, par conséquent, la flèche mortelle, qui choisit une à une ses victimes, à celle qui atteint l'individu membre d'une communauté soumise au même sort.

Il transcende donc sa propre maladie, puisqu'il n'a pas choisi pour thème de roman, comme cela lui eût été facile, l'histoire d'un phtisique, mais celle du fléau qui ravage une ville.

Et ce fléau a fait naître une solidarité entre tous les habitants de la ville. Au docteur Rieux, qui déclare qu'il n'y a pas de honte à choisir le bonheur, le journaliste Rambert répond qu'il peut y avoir « de la honte à être heureux tout seul ». Et s'il se sentait par le passé, ajoute-t-il, « étranger à cette ville, s'il n'avait rien à y faire, après ce qu'il a vu, il sait qu'il est d'ici ». Qu'il le veuille ou non, « cette histoire nous concerne tous[38] ».

La prise de conscience de cette solidarité, Camus l'a confirmée lui-même à Roland Barthes en réponse à l'interprétation que ce dernier avait donnée de *La Peste.* Ce roman, avait estimé Barthes, fonde « une morale antihistorique et une politique de solitude ». Il évoque au contraire, souligne Camus, le stigmate de la « résistance européenne contre le nazisme ». Un long passage qui en a été cité dans une anthologie de la Résistance française argumente cette interprétation, confirmant à Barthes que, de *L'Étranger* à *La Peste*, se dessine la transition « entre la révolte solitaire et la reconnaissance d'une communauté[39] ».

Le thème de la Séparation (dont Roland Barthes avait souligné l'importance dans *La Peste*) est illustré d'ailleurs par Rambert, le journaliste qui l'incarne, puisqu'il « renonce à sa douleur personnelle pour se joindre à la lutte collective[40] ».

Même délivré de sa propre maladie, on ne saurait par conséquent l'être complètement, tant que persistent les fléaux collectifs : « Nos concitoyens étaient comme tout le monde, ils ne croyaient pas aux fléaux » [...]. « Ils se croyaient libres et personne ne sera jamais libre tant qu'il y aura des fléaux. » On sait tout le caractère prophétique qu'a donné à ces propos la survenue ultérieure de la guerre d'indépendance de l'Algérie.

Mais, pour Camus, il est définitivement franchi le passage d'une maladie endémique – dont il a pourtant failli mourir – à une dimension communautaire. C'est celui de l'individualisme à la solidarité.

*

Après *La Peste*, voici le *retentissement à long terme* de la tuberculose de Camus.

Elle n'est pas guérie, ne le sera jamais, et pèse désormais sur sa vie de tout le poids de sa chronicité.

C'était un mot très lourd de signification que celui de tuberculose « *chronique* ». Il désignait une situation dans laquelle, même si le malade jouait son rôle (se reposer, ce que Camus ne faisait pas), et le médecin le sien (réaliser au mieux le seul traitement disponible), rien ni personne ne garantissait la guérison. Aussi fallait-il se contenter d'enregistrer l'évolution. Celle-ci n'accordait que des sursis à répétition. Il s'agissait d'attendre, toujours attendre, d'un contrôle radiographique au suivant.

Pendant tout ce temps, Camus ne saurait évidemment être considéré comme un infirme. Il vit « normalement ». Mais quoi de plus désespérant à la longue qu'une vie placée sous la pesanteur permanente de la maladie, c'est-à-dire la menace oppressive de la mort ?

Près de la fin de son séjour au Panelier, d'ailleurs, après avoir noté, en mars 1943, l'apparition des premières pervenches et constaté une nouvelle fois que la tuberculose ne fait pas mal, il consigne dans son Journal : « pressentir la mort à la simple vue d'un mouchoir rempli de sang, sans effort, c'est être replongé dans le temps de façon vertigineuse : c'est l'effroi du devenir[41] ».

Sur cette toile de fond, des attaques personnelles, des polémiques et le conflit, « viscéralement » vécu, de la guerre d'Algérie, vont altérer sa capacité créatrice et son appétit de vivre. Bien qu'accidentelle enfin, sa mort apparaît chronologiquement au terme de cette évolution.

Mais il faut commencer par se reporter à l'été 1949, au moment de son long voyage en Amérique du Sud. Il s'apprête alors à partir, seul, pour donner une longue série de conférences au Brésil, en Argentine et au Chili. Au moment du départ, Camus, dépressif, confie qu'il se sent sous l'emprise d'un maléfice, et qu'il a eu tort d'accepter le voyage[42].

Sa santé est en cause – au moins pour partie – dans cet état d'esprit, car la rechute, découverte seulement au retour, l'altérait déjà gravement.

Pendant la traversée de l'Atlantique, il note dans son Journal : « À deux reprises, idée de suicide. » Et plus tard : « une affreuse brûlure me vient aux tempes. Je crois que je comprends maintenant comment on se tue ». Le philosophe de l'Absurde avait évidemment d'autres raisons que celle de sa maladie pour évoquer le suicide. Mais « dissocier » ces raisons intimement liées serait bien artificiel. Le seul fait de ne jamais accepter durablement le repos, pourtant indispensable à sa guérison, était bien, d'ailleurs, *suicidaire.* À Montevideo, il note : « obligé de m'avouer que pour la première fois de ma vie, je suis en pleine débâcle psychologique[43] ».

De ce long voyage, il rentre harassé de fatigue, d'insomnie, des sollicitations auxquelles il a dû faire face, de l'agacement de s'être fait « voler » deux mois de sa vie. Et force est alors de constater que les troubles éprouvés déjà avant son départ ne sont pas le fait d'un état grippal, mais d'une *rechute de tuberculose*, favorisant l'état dépressif. L'examen de son expectoration met en évidence des bacilles de Koch, attestant l'évolutivité lésionnelle.

Il dort très mal et se couvre d'eczéma. On l'oblige à se reposer deux mois au lit, et il bénéficie des premières prescriptions de Streptomycine et de P.A.S. Au mois d'octobre 1949, son Journal comporte des réflexions éloquentes sur son équilibre mental : « Après une si longue certitude de guérison, ce retour devrait m'accabler. Il m'accable en effet. Mais succédant à une suite ininterrompue d'accablements, il me porte à rire. [...]. La folie aussi est libération[44]. »

À ses graves préoccupations de santé, s'ajoute l'épreuve des blessures de l'écrivain.

Des critiques, assez dures – rançon de la célébrité – ne manquent pas, en effet, de se manifester à son égard, émanant des pays de l'Est (Union soviétique surtout), mais aussi de France. Dans le premier numéro d'une nouvelle revue, *Liberté de l'esprit*, un jeune journaliste, Roger Nimier, s'attaque vivement aux écrivains de gauche et tout particulièrement aux grands sentiments de Camus. Et ce polémiste conclut ainsi son article : « si une nouvelle guerre survient, nous ne la ferons pas avec les épaules de M. Sartre ni avec les poumons de M. Camus[45] ».

Ce trait contre l'insuffisance des poumons de Camus paraît trop précis pour n'avoir été que le seul fruit du hasard et formulé, sans caractère allusif, dans l'ignorance totale de la réalité ; car enfin une maladie pulmonaire ne se voit pas sur le visage.

Quelle que soit la bonne foi de l'auteur, affirmée par la publication d'un rectificatif, Camus, profondément blessé par le propos, « ne lui pardonna jamais[46] ».

Alité au moment de la répétition des *Justes*, il ne sort que pour assister à la générale, puis part se reposer près de Grasse. Là-bas, les forces reviennent, l'état général se restaure. Mais l'état de fond anxio-dépressif demeure, et il suffit qu'on lui demande de prolonger son séjour de trois mois, alors qu'il avait prévu de rentrer à Paris, pour qu'il écrive à propos du suicide d'un ami : « Bouleversé parce que je l'aimais beaucoup, bien sûr, mais aussi parce que j'ai soudainement compris que j'avais envie de faire comme lui. » Et à Maria Casarès il explique que s'il ne pouvait envisager de « revenir à une vie normale [...] il lui faudrait prendre une décision[47] ».

Cette expression signifiait qu'une vie retirée, à l'activité réduite, ne l'intéressait absolument pas. Elle témoignait du désespoir dans lequel le plongeait l'incertitude relative à l'évolution de sa maladie et ses chances de guérison.

Il aurait, un an plus tard, confié à René Char après la parution de *L'Homme révolté* : « d'avoir expulsé le livre me laisse tout vide et dans un certain état de dépression “aérienne” ».

Une tempête, bien malencontreuse pour cet état, et dont Camus aurait volontiers fait l'économie, va se lever avec la critique du livre. « Breton et les surréalistes ouvrent le feu[48] », pour plusieurs raisons, l'une tenant au sens du mot « révolte ». Comme il a eu, en outre, l'imprudence d'être sévère pour Lautréamont (l'un des précurseurs du surréalisme) et Rimbaud, il s'attire cette réplique de Breton dans *Arts* : « On ne saurait trop s'indigner que des écrivains jouissant de la faveur publique s'emploient à ravaler ce qui est mille fois plus grand qu'eux. » S'ensuit une polémique[49], et, comme Camus désirant en finir avec cette affaire, refuse de laisser publier ses lettres à *Arts*, ses adversaires lui trouvent « de l'arrogance et de l'immodestie[50] ».

Lorsque Francis Jeanson (lui-même tuberculeux) conclut la critique de *L'Homme révolté* dont Sartre l'avait chargé pour les *Temps modernes* par : « c'est d'abord un grand livre manqué », Camus est douloureusement peiné. Quand Sartre, enfin, descend à son tour dans l'arène pour s'adresser à lui, il évoque à son propos, sa « vulnérabilité » et sa « morne démesure qui masque vos difficultés intérieures ». S'ensuit une polémique extrêmement douloureuse à Camus. C'est la fin d'une précieuse amitié qu'il avait crue durable, quelque chose de brisé définitivement. Il confie à une amie « qu'il avait perdu le goût de vivre[51] ».

Beaucoup auraient souffert de telles blessures. Si c'est particulièrement le cas pour lui, c'est qu'il ne sut jamais, souligne Roger Grenier, « se faire une carapace pour protéger sa sensibilité. Il était facile de le blesser[52] ». Souvent attaqué, dès le début de sa carrière, la survenue de ces contrariétés dans une période difficile de sa vie ajoutait à leur caractère désagréable.

La guerre d'Algérie, ses retombées politiques et humaines, les prises de position multiples et contradictoires pour lesquelles il est sollicité, traumatisent Camus encore davantage. On lui reproche son « silence et son inaction » bien qu'il ait administré la preuve du contraire (par une publication passée presque inaperçue)[53].

Sans compter que le symptôme respiratoire est de plus en plus présent à son corps, puisqu'il écrit à un militant algérien : « Vous me croirez sans peine si je vous dis que j'ai mal à l'Algérie en ce moment, comme d'autres ont mal aux poumons[54]. »

C'est dire dans quel état d'esprit est rédigé *La Chute* (1956). Le long monologue de Clamence, avocat émigré en quête de confidents « auquel on s'obstine à vouloir m'identifier[55] », ne comporte, précise Camus, qu'une vérité : « la douleur et ce qu'elle promet[56] ».

Camus ne saurait effectivement être identifié à Clamence pas plus qu'à Tarrou. Mais, en douleur, il est devenu expert. Et de quoi peuvent bien procéder certains propos de Clamence sinon du vécu de Camus ? Comment parler de la fatigue, de la toux, et surtout de la fièvre (très présente dans *La Chute*), sans évoquer celles qu'on a éprouvées ? Le livre témoigne donc à la fois de la montée d'une tension douloureuse insupportable et de son essai de conjuration par l'écriture[57].

Au début, « rien ne se produisait, je respirais ». Mais par la suite, « la vie me devenait moins facile [...]. Il me semblait que je désapprenais [...] ce que je savais pourtant si bien, je veux dire vivre ».

Surgissent également les ennemis : « Je reçus toutes les blessures en même temps et je perdis mes forces d'un seul coup [...]. Voilà ce qu'aucun homme [...] ne peut supporter. » Et le déclin de la santé accentue la déroute : « On joue à être immortel et, au bout de quelques semaines, on ne sait plus si l'on pourra se traîner jusqu'au lendemain. » La respiration est très souvent évoquée : « Je veux respirer », « pour mieux respirer », « on respire mal ». Et l'être évolue vers une sorte d'indifférence qui étend « sa sclérose ». « Les poumons tuberculeux guérissent en se desséchant et asphyxient peu à peu leur heureux propriétaire. Ainsi de moi qui mourais paisiblement de ma guérison. »

Il ne reste plus qu'à « se soumettre » et à « vivre dans le malconfort », « cette cellule de basse-fosse » où l'on vous « oubliait pour la vie » et où il fallait « vivre en diagonale ».

Toute identification exclue, le livre ne saurait donc être considéré comme neutre. Il paraît s'agir d'une catharsis[58] : le deuil est conduit afin de le métaboliser.

Le prix Nobel de littérature (1957), dont il est (presque) à quarante-quatre ans, le plus jeune lauréat, aurait dû représenter, *a priori*, un événement gratifiant. Il va contribuer à transformer le « mal-être » en état dépressif. Après avoir beaucoup hésité, Camus accepte en effet le prix et se rend à Stockholm. La réaction critique ne tarde pas : le prix couronne une œuvre terminée, Camus est un auteur académique, embaumé : il est mort.

Une réponse mal interprétée, à un journaliste entreprenant qui le « piège » après la cérémonie sur le sujet du drame algérien, achève de déchaîner les critiques.

À son retour de Stockholm, se situe un incident révélateur de la médiocrité de sa santé. Invité à déjeuner chez Emmanuel Roblès, il arrive en retard, dysphonique et suffocant. On a dû le mettre dans un taxi et le transporter chez un médecin pour lui faire inhaler de l'oxygène. « Il confia à Roblès qu'il se sentait ridicule d'être aussi vulnérable et ajouta que ce n'était pas la première fois qu'un tel incident se produisait[59]. » Avec un kinésithérapeute il réalise alors des séances de rééducation respiratoire. Son angoisse se majore, au point que diverses phobies lui font solliciter l'aide d'un psychiatre. Lorsque sa respiration l'handicape trop, il s'enferme dans son appartement, sentant la nécessité de s'isoler, comme une « bête malade ». Si la pensée du suicide l'effleure à nouveau, il la repousse comme « indigne[60] ».

Pouvait-on améliorer son état respiratoire ?

Après la rechute de 1949, et alors qu'il désespérait de guérir, Camus fonda beaucoup d'espoir sur un médecin qui lui parla de restauration des défenses naturelles, de thérapeutique biologique et, peut-être, de guérison. Ce médecin, rencontré lors d'un bref passage à Paris, « se trouva en présence d'un homme épuisé, à l'air désespéré ». Camus lui confia « qu'il se trouvait dans l'impasse dans tous les domaines – matériel, familial, professionnel ; qu'il ne parvenait pas à finir le livre auquel il travaillait depuis tant d'années[61] ».

Si j'en juge d'après ses prescripitons, le traitement de ce médecin, fondé sur les « oligo-éléments », thérapeutique présentant et associant en quantité infinitésimale des éléments minéraux (cuivre, cobalt, manganèse, etc.), était précieux pour ce qui concerne l'état psychologique, mais bien incapable de guérir la tuberculose.

Effet placebo ? Camus se sent mieux, à la fois physiquement et psychologiquement[62].

En juillet 1955, le docteur René Lehmann (médecin de Michel Gallimard) le rencontre à Chamonix et, impressionné par son médiocre état général et son intolérance dyspnéique à l'altitude, pratique de nouvelles radiographies qui montrent des séquelles pleurales bilatérales importantes, constituées par un épaississement rétractile des plèvres (pachypleurite), rançon de la collapsothérapie. Leur effet est d'engainer progressivement les poumons, entravant leur expansion et par conséquent la ventilation.

L'éventuelle opportunité d'une pleurectomie[63] est évoquée immédiatement par le docteur Lehmann. Mais, dans son désir d'être utile à Camus, sa proposition était imprudente car encore fallait-il qu'une capacité respiratoire suffisante autorisât cette opération. Ce n'était pas le cas. Aussi lui écrit-il peu après pour regretter sa suggestion, irréalisable en pratique.

Mon ami Brouet, médecin de Camus à Paris, confirma qu'il n'y avait effectivement aucune alternative à la situation. Les seules possibilités consistaient à éviter de détériorer ce qui restait de sa capacité respiratoire en réduisant son activité, son tabagisme trop important et agressif, et en traitant ses épisodes aigus de bronchite. Désireux de poursuivre son œuvre, Camus prit désormais davantage soin de sa santé.

C'est malheureusement trop tard puisque les années 1957 et 1958 lui sont très défavorables à cet égard. Au mois de mars 1958, il confie à Roger Quilliot : « Je viens de passer une longue et mauvaise période de dépression, compliquée de troubles respiratoires, et où je n'ai rien pu faire. Depuis peu, je reprends souffle, c'est le cas de le dire[64]. »

De 1957 à sa mort, il n'écrira presque plus, si ce n'est, très laborieusement, deux cents pages du *Premier Homme.*

À cette douloureuse phase dépressive, marquée de l'incapacité à écrire et dont il commence à émerger en 1959, il oppose courage et gaieté. Il demeure ouvert, fidèle à ses amis, cordial et chaleureux[65], surtout avec les jeunes écrivains et artistes, ceux en particulier qui avaient eu des difficultés de santé, spécialement les tuberculeux[66].

L'imaginer prostré dans cette période serait inexact. Particulièrement proche de Camus (et précieux pour lui) pendant cette ultime phase de sa vie, René Char me précise que « Camus était un homme joyeux. Je l'ai vu deux fois, dont l'une trois jours avant le mortel accident, *rire aux larmes.* C'était à Lourmarin, à midi, lisant à haute voix la lettre d'une dame japonaise qui la mêlait de termes arabes familiers (couper cabêche, par exemple[67] [! !] ». Rire pour ne pas pleurer ?

Car sa vie est terminée. Il se tue le 4 janvier 1960 en rentrant à Paris.

Certes, il ne tenait pas lui-même le volant de cette Facel-Vega qui se disloque violemment contre un arbre du bord de route à Villeblevin. Mais je ne peux chasser de mon esprit l'image finale, à l'avant de cette voiture conduite par son ami Michel Gallimard, de deux tuberculeux chroniques, êtres exceptionnels et attachants, longuement et douloureusement éprouvés malgré leur courage à vivre.

10

ROLAND BARTHES : DE « LA MONTAGNE MAGIQUE » À « LA CHAMBRE CLAIRE » – LE CORPS : UN LIEU FANTASMATIQUE

> L'Histoire, c'est en fin de compte l'histoire du lieu fantasmatique par excellence, à savoir le corps humain ; [...][1].

Au contraire de Camus qui n'est jamais allé en sanatorium, Barthes y a fait plusieurs séjours.

L'épreuve du symptôme respiratoire a-t-elle représenté pour lui, comme ce fut le cas de Gide et Camus, une période critique ?

Cela ne transparaît pas dans ses écrits. Mais il nous a bien prévenus que le « texte ne peut rien raconter ». Les quelques évocations qu'il nous livre sur le sujet de sa tuberculose – j'en ai relevé trois – ont le ton du fait divers. La tuberculose pourtant, cela n'est pas rien dans la vie de Barthes !

Assez grave pour être mortelle, elle l'handicape sept ans durant, lui laisse des séquelles invalidantes, pour le restant de ses jours et sera responsable de sa mort prématurée.

L'horreur, la mort, n'apparaissent pas davantage dans ses écrits initiaux. Barthes n'a pourtant pas pu les ignorer.

Le sanatorium où il fut soigné fut une institution remarquable, tant par la qualité des soins que par son ambiance intellectuelle. Mais, comme dans tous les sanatoriums d'alors, on y mourait beaucoup ; une partie de l'établissement, abritant les malades qu'on savait condamnés par leur maladie, avait la réputation d'être le « mouroir ».

La même observation peut être faite, d'ailleurs, à propos de son œuvre, sur le sujet de la guerre[2]. Alors que ses séjours sanatoriaux se déroulent au cœur du second conflit mondial, le mot guerre n'apparaît pas dans ses écrits.

Pourquoi ce silence, en particulier sur le sujet de la mort ? Procéderait-il d'une peur occultée ou d'une sorte d'indifférence ? Je ne le crois pas. Son silence ne semble pas devoir être imputé non plus à un défaut de sensibilité ou de présence à son corps. Car le corps tient chez lui une place importante.

Le texte inédit d'un entretien, ouvrant le numéro spécial d'une revue qui lui est consacrée, s'intitule *Encore le corps*[3]. Mais il répète dans ce texte, ainsi qu'il l'a écrit plusieurs fois, que notre corps est « pluriel » et qu'il faudrait préciser, lorsqu'on parle de lui, de quel corps il s'agit. Et puis, « Écrire le corps » ne signifie pas, pour lui, le corps anatomique c'est-à-dire « la peau, les muscles, les os, les nerfs ». Il ne s'intéresse pas aux viscères, aux poumons par exemple, mais au « reste : un ça balourd, fibreux, pelucheux, effiloché, la houppelande d'un clown[4] ».

Son corps de malade tuberculeux en tout cas, Barthes ne le « raconte » pas volontiers, au contraire de Gide qui le faisait avec plaisir.

Lorsqu'il fait, rarement, allusion à sa maladie, c'est sur le mode anecdotique, comme s'il s'agissait d'un corps étranger à lui-même, avec une distanciation certaine et beaucoup d'humour. Il en faut, pour désigner par « la côtelette » l'opération chirurgicale de son pneumothorax extrapleural alors que, sur le moment, l'angoisse ne pouvait pas en être absente[5]. Il précise d'ailleurs que n'ayant pas été opéré sous anesthésie générale, il a été privé à cette occasion de l'« *absence*[6] » à laquelle il aurait pu prétendre « au moins une fois dans sa vie ».

Mais il a répété : « Mon corps ne m'existe à moi-même que sous deux formes courantes : la migraine et la sensualité[7]. »

Ce qui signifie qu'il n'a retenu de son corps (ou choisi de retenir) que des « états [...] très mesurés, accessibles ou remédiables, comme si dans l'un et l'autre cas on décidait d'en rabattre sur des images glorieuses ou maudites du corps[8] ». Car enfin la tuberculose, elle lui a fait cracher du sang, lui a donné de la fièvre et de la toux, et tout cela « se sent ». Mais peut-être avait-elle été rangée parmi les « images maudites du corps » ?

On peut encore invoquer ici un autre thème cher à Barthes, celui du *Neutre*[9]. C'est un qualificatif qu'il applique aussi à son corps et qui paraît bien caractériser sa façon d'évoquer son symptôme respiratoire. « L'autobiographie au neutre », a-t-il écrit de son *Roland Barthes par Roland Barthes*[10].

Il faut enfin faire état de l'attachement de Barthes poussé à l'extrême, pour la discrétion et le secret (y compris à l'égard des siens, de sa mère par exemple : « je ne lui ai jamais "parlé" »), ainsi que son horreur de toute révélation, du sensationnel, de l'excès. Cette sorte de « distance » est aussi une forme de courage et nous rend Barthes très attachant parce que très humain.

En résumé, ce n'est pas par ses écrits que nous connaîtrons la température affective du vécu de sa tuberculose, qui n'a pourtant pas pu être anecdotique.

*

Au contraire de Camus qui ne se reposait pas, et refusa toujours d'être traité en sanatorium, Roland Barthes le fut assez longtemps. Lui, il « joue le jeu » de la maladie et fait partie, selon la formule mannienne, de « ceux d'en haut ». Il respecte strictement les consignes de repos et se soumet donc à l'épreuve de l'inaction et du silence qui favorisent, en contrepartie, sa démarche « d'auscultation » de la structure et de la fonction de l'écriture. Et sa démarche est contemporaine de la fin de cette peur historique qu'est la tuberculose.

Roland Barthes a dix-huit ans et vient de passer son baccalauréat lorsque, le 10 mai 1934 (un peu plus de quatre ans après Camus), une hémoptysie révèle une tuberculose du sommet pulmonaire gauche. Traité par la « cure libre » (qui signifie le seul repos), il reprend rapidement son activité sous surveillance médicale. Au mois d'octobre 1935, les anomalies radiographiques initiales ont disparu. Mais la qualité de la guérison valait celle du traitement. Sept ans plus tard, au mois de mai 1941, alors que son état général paraissait satisfaisant, survient un nouvel épisode évolutif, suivi d'un autre, fébrile, en septembre. Des radiographies montrent que tout le lobe supérieur du poumon gauche est atteint et ulcéré. Les microbes dans l'expectoration confirment la gravité de l'atteinte.

Le 8 octobre, il faut, comme pour Camus, créer un pneumothorax, complété le 30 par une petite intervention.

Quelques mois plus tard, le 19 mars 1942, il part pour le sanatorium de la « Fondation Santé des Étudiants de France », à Saint-Hilaire-du-Touvet, dans l'Isère, afin d'y poursuivre son traitement.

Un texte, intitulé *La Tuberculose rétro*[11], indique la perception, assez étrange, que Barthes put avoir de son symptôme respiratoire et de son séjour sanatorial. Le phtisiologue ne peut qu'en apprécier la pertinence et la justesse de ton. Mais ce ton, précisément, est davantage celui d'un phtisiologue, c'est-à-dire d'un observateur de la maladie, que celui d'un patient : « chaque mois, on collait une nouvelle feuille[12] au bout de l'ancienne ; à la fin, il y en avait des mètres : façon farce d'écrire son corps dans le temps. Maladie indolore, inconsistante, maladie propre, sans odeurs, sans "ça" ; elle n'avait d'autres marques que son temps, interminable, et le tabou social de la contagion ; pour le reste, on était malade ou guéri, abstraitement, par un pur décret du médecin ; et, tandis que les autres maladies désocialisent, la tuberculose, elle, vous projetait dans une petite société ethnographique qui tenait de la peuplade, du couvent et du phalanstère : rites, contraintes, protections ».

On retrouve chez Barthes cette sensation étrange, ou plutôt cette absence de sensation, d'une maladie sans consistance, métaphysique, comme étrangère au corps, qui avait déjà intrigué Camus. Elle est due pour partie, c'est évident, au caractère même de la tuberculose lorsque sa phase aiguë est passée. Les radiographies pulmonaires qui surveillent les images pathologiques constituent alors, pour le médecin, le seul repère de surveillance. Aussi l'annonce de la guérison, prononcée sur des critères « photographiques », paraît-elle résulter d'un décret médical.

Est-ce du ressentiment pour le responsable de ses maux ? Il ne tient pas le poumon pour un organe très noble. Au moins pour ce qui concerne « le grain de la voix ». À propos de son rôle dans le chant, il le qualifiera plus tard « d'organe stupide (le mou des chats !) » qui « se gonfle » mais « ne bande pas ». La qualité du chant tient à d'autres facteurs. « Chez F.D.[13] je crois n'entendre que les poumons [...]. »

Au sanatorium, Roland Barthes lit et travaille beaucoup. L'ambiance culturelle y est d'une exceptionnelle qualité. Il fallait un symptôme chronique, comme la tuberculose pulmonaire pour réunir durablement, dans une unité de temps et de lieu, une telle élite de philosophes, juristes, scientifiques, littéraires, sans autre obligation que celle du repos, favorable aux échanges fructueux. Sans compter la venue de personnalités extérieures (comme par exemple, sur la période de mars à juin 1943, André François-Poncet, Béatrice Dussane, le révérend père de Lubac) la présentation d'un récital de Maurice Chevalier et de films. De 1942 à 1944, Barthes publie dans la revue trimestrielle de ce sanatorium, *Existences* (titre significatif !) quatre études et analyses de qualité. Deux d'entre elles ont curieusement trait à ceux qui l'ont précédé dans la tuberculose : Gide[14] et Camus[15], mais elles ne comportent aucune allusion à leur maladie commune.

Gide a tenu une grande place dans ses lectures de jeunesse : « Gide est ma langue originelle [...], ma soupe littéraire. » Ce n'est pas un hasard, si l'un de ses premiers articles portait sur le « *Journal* de Gide »[16], et « L'écriture d'un autre » (« En Grèce », 1944) était visiblement imitée des *Nourritures terrestres*, indique-t-il lui-même. La période importante dans la vie de cet auteur, estime-t-il à propos du Journal, est celle où la question sociale a pris chez lui « plus d'importance que la question morale ».

Après cette prédilection gidienne, aucun auteur n'aura plus d'influence majeure sur Barthes. « On comprend que Barthes tienne sa vocation de Gide, pour qui la sensualité du mot précède et emporte décidément toute autre considération[17]. » « Les mots de plaisir, jouissance, bonheur » sont très présents dans son œuvre, avec un poids qui évoque Gide « par la façon dont s'y mêlent volupté et subversion[18] ».

Et s'il est de ceux qui « ont le plus fertilisé la critique littéraire depuis trente ans, ce n'est pas comme théoricien d'une séméiologie restée floue, mais comme champion d'un nouveau plaisir de lire, associant librement tous les sens. [...] Plus qu'un autre Saussure, il a été un nouveau Gide[19] ».

Dans la revue du sanatorium, Barthes consacre également une étude à Camus. Sur son roman, qui vient de paraître, il porte des appréciations enthousiastes et prophétiques : « Peut-être bien qu'avec *L'Étranger* – sans trop exagérer l'importance de cette œuvre – se lève un nouveau style, style du silence et silence du style, où la voix de l'artiste – également éloignée des soupirs, des blasphèmes et des cantiques – est une voix blanche, la seule en accord avec notre détresse irrémédiable[20]. »

Barthes reviendra plus tard sur le sujet de l'écriture de Camus, afin de montrer comment, dans un « effort de dégagement du langage littéraire », il crée une « écriture blanche, libérée de toute servitude à un ordre marqué du langage ». Il a donc atteint au « degré zéro de l'écriture ». Avec *L'Étranger*, Camus a inauguré une parole transparente, dans laquelle, si la pensée garde « toute sa responsabilité », la forme est « neutre et inerte[21] ». Et sans donner au terme aucune connotation péjorative, il évoque une « écriture de journaliste » dans laquelle la forme, ayant perdu toute opacité, l'écriture redevient ce qu'elle est dans son essence première, c'est-à-dire un instrument.

Considéré comme guéri, Barthes effectue sa convalescence à Paris et présente avec succès son dernier certificat de licence de grammaire et philologie. C'est alors que se produit, le 31 juillet 1943, une nouvelle hémoptysie. La fièvre est élevée, l'expectoration contient à nouveau des bacilles. Voilà les stigmates d'une rechute de la tuberculose, qui atteint, cette fois, le poumon droit.

Il retourne donc en septembre au sanatorium des étudiants. Les hémoptysies réapparaissent à plusieurs reprises, en particulier en mars et mai 1944. Il assure les fonctions de bibliothécaire de l'établissement, qui lui conviennent parfaitement puisqu'elles impliquent accession à la documentation et indépendance relative. Pendant quelques mois, il prépare le P.C.B. avec la pensée de s'orienter vers la psychiatrie, mais ne donnera pas suite.

Au mois de février 1945, il part poursuivre son traitement à Leysin, dans une annexe du sanatorium universitaire Suisse. Là, afin de parachever la guérison, est pratiquée au mois d'octobre 1945 une intervention chirurgicale, destinée à créer un pneumothorax extrapleural droit[22]. Un fragment de côte est réséqué et présenté ensuite solennellement à l'intéressé sur une compresse de gaze. C'est une pratique familière aux chirurgiens que de montrer après coup la « pièce à conviction », à la fois probablement pour donner à l'opéré le témoignage d'un geste chirurgical qu'il n'a pas « vécu », et aussi, peut-être, afin de l'impressionner un peu en exhibant un fragment de son corps. Dans un texte délicieux[23], Barthes estime qu'on a voulu lui montrer, par là, que son corps lui appartient, puisqu'on lui restitue le fragment d'os enlevé ! « ce morceau de moi-même, [...] analogue au manche d'une côtelette d'agneau », je l'ai gardé « longtemps dans un tiroir, [...] ne sachant pas qu'en faire, n'osant pas m'en débarrasser par peur d'attenter à ma personne, bien qu'il me fût assez inutile d'être enfermé ainsi dans un secrétaire [...] » (!). Mais voici, dit-il, « ce que j'ai fait un jour de mon corps » : « comprenant que la fonction de tout tiroir est d'adoucir, d'acclimater la mort des objets en les faisant passer par une sorte d'endroit pieux, de chapelle poussiéreuse où [...] on leur ménage un temps décent de morne agonie, [...] je balançais la côtelette et sa gaze, du haut du balcon, comme si je dispersais romantiquement mes propres cendres [...] ».

Ce n'est qu'en octobre 1946, c'est-à-dire après un handicap de six ans, que Barthes pourra assumer sa convalescence à domicile, à Paris. Il se repose, restaure son état général et reprend du poids (un peu trop). De décembre 1947 à 1949, il exerce un emploi de bibliothécaire à l'Institut français de Bucarest et passe ensuite un an en Égypte, comme lecteur à l'Université d'Alexandrie. Ces années, passées à l'étranger, lui laisseront un souvenir plutôt médiocre.

À son retour en France, dans l'été 1950, il travaille au département des relations culturelles du ministère des Affaires étrangères qu'il quittera en 1952. Non pas pour la délégation de l'Unesco à Beyrouth, comme cela avait été envisagé, ni pour la direction des études de la Fondation des Étudiants à Paris. Une bourse lui permet en effet de se consacrer entièrement à la rédaction de sa thèse de philologie.

Même après s'être débarrassé de sa côtelette « pour solde de tout compte » avec la tuberculose, Barthes n'évincera jamais les stigmates de la maladie et de son traitement puisqu'il en mourra.

Stigmates physiques tout d'abord. Sa tuberculose est enfin considérée comme guérie. Mais au prix de graves séquelles. Son poumon gauche, engainé par le fibrothorax, ne respire pratiquement plus. Les bronches en sont, de plus, déformées et enflammées, occasionnant toux chronique, expectoration et fragilisant les voies respiratoires supérieures avec des angines à répétition. Il est donc exposé aux accidents de bronchite hivernale et limité dans l'effort. D'autant qu'il fume, beaucoup trop, et ne cessera jamais vraiment.

Outre ces ennuis respiratoires et ses migraines, qui constituent la toile de fond, de nombreux autres symptômes entraveront, par épisodes, la fin de sa vie. « Il se plaignait toujours d'un mal de tête, d'une nausée, d'un rhume, d'une angine », raconte l'un de ses amis[24]. Après une interruption due à la remarque de cet ami, il « recommença le petit numéro qu'il appelait "sa plainte" et qui ouvrait tous les rendez-vous ».

Du sanatorium, il a gardé « un manque de sociabilité » exacerbé, et « l'attention à soi hérités de l'enfance [...] ». « Une certaine économie "orientale" du désir[25] » aussi. L'habitude d'une vie réglée par un emploi du temps assez précis, dans lequel la sieste, également héritée du sanatorium, est régulièrement observée.

Régularité du fonctionnaire, règle du moine, discipline et observance sont ses compagnons d'écriture. Car la tuberculose lui a coûté, comme à Camus, l'agrégation, mais elle lui ouvre la voie de l'écriture. « La discipline [...] est sans fin le vouloir-écrire, le vouloir-guérir, c'est-à-dire un corps[26]. »

Alors qu'il est, le matin, très assidu au travail, il « flotte » dans l'après-midi, après la sieste. Il lui arrive souvent d'aller « chercher de l'aspirine chez la pharmacienne ». Les antimigraineux et les antalgiques en général constituent sa drogue. Avant de rentrer chez lui, il s'arrête fréquemment, le soir, à la pharmacie du coin de sa rue. Pour satisfaire, probablement, à un rite sécurisant.

Son abondante consommation d'antalgiques est motivée par ses maux de tête. Il a pris l'habitude de les dénommer « *migraines*... (peut-être parce que le mot est beau)[27] ». Sans doute aussi parce que cette désignation lui permet une certaine identification à Michelet. Ses migraines à lui (céphalées pulsatiles) sont « mates », moins brillantes, observe-t-il, que celles de Michelet (migraines ophtalmiques) « ce mixte d'éblouissement et de nausée ».

Elles ont beaucoup intéressé Barthes les migraines de Michelet ! Au point d'intituler « Migraines » le premier chapitre de l'ouvrage qu'il a consacré à cet auteur. Et de chercher à discerner tout ce qu'avaient pu représenter ces migraines pour Michelet. D'une analyse très pertinente, il retient que l'Histoire a constitué pour lui un « habitat nourricier », où les migraines sont « transportées, c'est-à-dire sauvées, douées de signification[28] ».

Il s'est établi, estime Barthes, une telle symbiose entre l'historien et l'Histoire, que chacun des épisodes horribles de celle-ci provoque ses migraines, qui deviennent ainsi « historiques ». Michelet vit l'Histoire, souffre l'Histoire, meurt d'Histoire lorsqu'il observe : « J'ai trop bu le sang noir des morts. »

Si Barthes s'est attaché ainsi aux migraines de Michelet, ce n'est pas par hasard. Bien que les siennes n'aient pas le même caractère, elles revêtent pour lui la même signification. Elles contribuent, précise-t-il, à rendre son « corps opaque, têtu, tassé, *chu*, c'est-à-dire en fin de compte (grand thème retrouvé) *neutre*[29] ».

Mais elles contribuent aussi à lui faire percevoir son corps. Car le caractère léger et diffus de ce mal ou du plaisir (et le mal peut être plaisir car il note que la migraine « caresse » certaines de ses journées) évite à son corps de se constituer en un « lieu étranger, halluciné... ».

Migraine et plaisir sensuel sont donc des cénesthésies, ces sensations diffuses issues de notre corps, dont dépend en grande partie la conscience de notre moi et qui permettent de dire : je *me* sens (lourd, tendu, etc.) Elles sont chargées, aux yeux de Barthes, « d'individuer[30] » son corps sans danger. Par l'importance qu'il attache à ces cénesthésies, la démarche de Barthes a quelque chose de proustien, même si son souvenir n'est pas conduit par les mêmes sens que Proust, puisqu'il « ne marche pas dans l'histoire de la madeleine » : seule, de « ce qui ne reviendra plus, c'est l'odeur qui me revient[31] ». Et comme Proust, il s'interroge sur le sens de ses migraines par rapport à son écriture : ne sont-elles pas « une manière de me diviser, de désirer mon travail et d'en avoir peur tout à la fois ? » Ce serait en définitive « un mal psychosomatique [...], par lequel j'accepterais d'entrer, mais *juste un peu* [...], dans la maladie mortelle de l'homme : la carence de symbolisation ».

Mais, de même que l'asthme fut adjuvant de l'œuvre de Proust, il remarque que Michelet, qui « se déclare à tout venant "ébloui, souffrant, faible, vide" a laissé une œuvre encyclopédique » de soixante volumes. La migraine serait donc une condition de travail ? Alors que le truand d'un film policier[32] décrète : « J'aime pas le travail : ça me donne la migraine », Barthes dirait plutôt, c'est « la migraine qui donne le travail[33] ». Migraine et travail, voilà « un couple inséparable : Barthes et Michelet ».

Auxiliaire de l'écriture, sa « migraine » est également médicatrice, cathartique puisqu'il note : « j'expulse mes démons par les mots », ou encore « le vocabulaire français est une pharmacopée[34] ». « L'entêtement d'écrire est un entêtement de guérir, une ascèse et une hygiène. [...] souci répété de Barthes : [...] car il y a des maladies dont on ne guérit pas : son corps[35]. »

*

Voici enfin une troisième référence de Roland Barthes à son symptôme respiratoire. Elle date du 7 janvier 1977, et termine sa leçon inaugurale dans la chaire de Séméiologie littéraire du Collège de France[36].

Qu'il ait eu la pensée de l'évoquer en un tel moment, l'un des plus solennels d'une vie, n'est pas surprenant, ne serait-ce que par la place qu'a tenue la maladie dans sa vie. Le motif invoqué pour cette allusion est le thème de l'Histoire et la pensée de Michelet. Barthes indique qu'il a relu quelques jours auparavant *La Montagne magique* de Thomas Mann. Et cette lecture a rassemblé, pour lui, trois moments de l'histoire de la tuberculose : celui où se situe le roman (1907), celui de sa propre maladie (1942) et celui enfin de cette leçon (1977).

Le contexte de la tuberculose de Barthes ne différait pas beaucoup évidemment de celui du roman de Mann, par comparaison à la période de sa leçon inaugurale, où la tuberculose est définitivement vaincue par la chimiothérapie.

L'opportunité de cette leçon lui a donné nettement conscience que son « *propre corps était historique*[37] ». Et que son corps, qui n'était pas né, soit contemporain de celui de Hans Castorp, le héros de *La Montagne magique*, lui inspire la pensée que notre corps est bien plus vieux que nous, « comme si nous gardions toujours l'âge des peurs sociales auxquelles, par le hasard de la vie, nous avons touché ».

C'est dire la dimension historique de ces peurs sociales elles-mêmes – ici la tuberculose.

Mais, pour vivre, il faut bien oublier cette historicité du corps, se jeter dans l'illusion qu'on est contemporain des jeunes corps présents et non de son propre corps passé. « Bref, périodiquement, je dois renaître, me faire plus jeune que je ne suis. »

Et voici réunies, au moment de conclure ce thème tuberculose, l'évocation de *La Montagne magique*, celle de Michelet, poète de la Montagne et de Michelet historien, celle enfin de Roland Barthes, traité en sanatorium. Qui demande, concluant sa leçon inaugurale, comment ne pas reconnaître que la plus sûre des sciences humaines, à savoir l'Histoire, « a un rapport continu avec le fantasme ? C'est ce que Michelet avait compris : l'Histoire, c'est en fin de compte l'histoire du lieu fantasmatique par excellence, à savoir le corps humain ».

Ce corps de Barthes porte malheureusement la marque indélébile de sa tuberculose, cette « image maudite » sur laquelle il croyait avoir définitivement tourné la page, comme on le fait d'un mauvais souvenir. Et elle lui sera fatale. Car en ce début de 1977, Barthes a atteint les sommets du succès (dont il se souciait sûrement assez peu), de son œuvre, de son bonheur personnel surtout. Mais cet heureux épanouissement va être rapidement et tragiquement brisé.

Au mois d'octobre tout d'abord, la disparition de sa mère, après une maladie débilitante, est source d'une peine immense. Malgré sa discrétion et sa pudeur habituelles, très cruelle est son épreuve[38] qui provient non seulement de ce qu'elle avait été la compagne de sa vie mais surtout « de *ce qu'elle était* ».

Dans *La Chambre Claire*[39], il raconte comment, rangeant des photographies un soir de l'automne 1977, seul dans l'appartement où elle venait de mourir, il découvre la « photographie du Jardin d'Hiver », représentant sa mère âgée de cinq ans.

Cette photo, la seule qui existe assurément pour lui et qu'il ne peut montrer dans le livre car, « elle n'existe, dit-il, que pour moi », constitue son « Ariane » pour une longue réflexion au terme de laquelle il indique ce que représente la mort de sa mère : « Je pouvais dire, comme le Narrateur proustien à la mort de sa grand-mère : "Je ne tenais pas seulement à souffrir, mais à respecter l'originalité de ma souffrance" ; [...] ». Le deuil n'efface pas la douleur, précise-t-il, puisque le temps élimine l'émotion de la mort, mais pas la perte. « Car ce que j'ai perdu, ce n'est pas [...] un être mais une *qualité* (une âme) : [...] Je pouvais vivre sans la Mère [...] mais la vie qui me restait serait à coup sûr et jusqu'à la fin *inqualifiable* (sans qualité)[40]. »

De tels propos incitent évidemment à poser ici, au sujet de la dernière des mères d'écrivains évoquées dans ce livre, la question de Bertrand Poirot-Delpech : « Et si les écrivains se recrutaient de préférence chez les orphelins de père ? » Après Proust, Valéry, Gide, Camus, comment, en effet, ne pas remarquer la situation de Barthes, très tôt orphelin de père, attaché à sa mère « avec la pelote de laine par laquelle il mesurait, enfant, la solidité du monde, et mourant peu après elle, le vieux fil une fois rompu[41] ! »

C'est à propos de la mort de sa mère et de la photographie du Jardin d'Hiver, d'ailleurs, que Barthes évoque – pour la première fois, me semble-t-il – le thème de la Mort, de sa mort : « Elle morte, [...] je ne pouvais plus qu'attendre ma mort totale, indialectique. » Et, poursuivant son analyse de la photographie, de ses liaisons avec le temps et la mort il développe sa réflexion sur le sujet de la mort. Il le fait, à propos des photographes qui, voués « à la capture de l'actualité, ne savent pas qu'ils sont des agents de la Mort. C'est la façon dont notre temps assume la Mort : sous l'alibi dénégateur de l'éperdument vivant [...] ». La critique d'un auditeur de son cours, qui lui a fait remarquer en sortant qu'il parlait de la mort bien platement, lui permet d'observer que c'est sa platitude qui en fait l'horreur[42].

Car l'horreur procède de ce qu'il n'y a rien à dire de la mort de celui qu'on aime le plus, rien à dire de sa photo. « La seule *pensée* que je puisse avoir, c'est qu'au bout de cette première mort, ma propre mort est inscrite ; entre les deux, plus rien, qu'attendre. »

L'attente sera dramatiquement brève. Deux mois à peine après la parution de *La Chambre Claire*, le 25 février 1980, il est renversé par une camionnette en traversant la rue et hospitalisé dans le service des urgences de l'hôpital de la Salpêtrière, dans un état de coma léger, qui régressera rapidement après les premiers soins et l'assistance respiratoire par intubation.

Le bilan lésionnel montre des fractures et plaies légères. Chez un sujet sans antécédent, cet accident n'aurait donc eu d'autre suite qu'un petit séjour hospitalier et une guérison sans histoire. Barthes lui-même indique à ses proches sa sortie probable au bout de quatre à cinq jours.

Mais, chez lui, ce traumatisme a décompensé son équilibre respiratoire précaire. Au point qu'il est impossible de le sevrer de sa ventilation artificielle. Transféré en service de réanimation, il n'a toujours pas, sept jours plus tard, retrouvé son autonomie respiratoire.

Le maintien de l'assistance respiratoire rend, dès lors, indispensable la trachéotomie, intervention dont la malheureuse rançon est la perte de la parole. Le voilà réduit, pour communiquer, à écrire sur des bouts de papier.

Alors que sa situation aurait dû évoluer favorablement sur des poumons intacts, une cascade de complications vont être fatales à Barthes. Ses derniers jours, malgré la qualité des soins prodigués et la vigilante sollicitude dont il fait l'objet, sont particulièrement douloureux. Découragé, lassé des efforts de réanimation, il décède le 26 mars 1980, épuisé par sa lutte contre la mort.

*

Parmi de nombreux aspects, la démarche de Roland Barthes comporte celui de *séméiologie* de l'écriture, l'étude des signes et du sens. La continuation du « qu'est-ce que cela veut dire ? » de Mallarmé[43].

Beaucoup d'autres, avant, après et autour de Barthes, ont contribué à cette approche séméiologique ; mon propos n'est pas, ici, d'en dresser la liste. Mais je voudrais indiquer la coïncidence par laquelle le pneumologue ne peut manquer d'être saisi. Cette démarche de séméiologie de l'écriture, c'est-à-dire de connaissance structurale, *anatomique*, du texte, s'est opérée alors que lui-même accédait enfin à la connaissance du *poumon profond*, c'est-à-dire devenait à même d'approcher, *in vivo*, la structure intime, *cellulaire*, de la respiration.

Alors que longtemps, en effet, le poumon ne fut appréhendé et connu que « de l'extérieur », l'avènement de l'endoscopie fibroscopique a ouvert au pneumologue la possibilité de pénétrer dans son intimité, d'analyser ses constituants élémentaires, demeurés jusqu'alors inaccessibles sur le vivant.

Cette coïncidence, je ne fais que la relever ; mais elle est pour moi, évocatrice.

D'autant qu'elle est étayée par un texte que Barthes consacre à la place du corps dans l'œuvre d'un peintre. Celui-ci, écrit-il, peint « son propre corps » mais « du [...] DEDANS, assené comme une gifle à l'INTIME ». Les reliquaires de ce peintre « étant des boîtes au fond desquelles IL Y A QUELQUE CHOSE À VOIR, [...] ressemblent à des machines endoscopiques[44] ». Et Barthes se demande si ce n'est pas le « magma interne du corps qui est placé là, au bout de notre regard [...] ? »

Cette question, ainsi que toutes celles de ses essais critiques, montre en tout cas que Barthes est bien davantage que le structuraliste ou le séméiologiste de l'écriture, tel qu'on l'a, malheureusement, souvent défini[45]. Les années à venir donneront à son œuvre sa véritable dimension.

QUATRIÈME PARTIE

Le symptôme respiratoire a un sens

11

CRI ET CRISE

À ce point de notre propos, se pose la question de la *signification du symptôme*. Est-il absurde ou doté de sens ? L'étymologie est ambiguë à cet égard, puisque (*sun piptein*) « tomber avec » peut impliquer ou non une relation de causalité entre le symptôme et son origine.

Mais avant de répondre vraiment à cette question, on peut remarquer l'UNICITÉ du symptôme respiratoire.

Les maladies respiratoires ne se manifestent que par un petit nombre de symptômes : (éternuements, toux, dyspnée, quelques variétés de râles et souffles). On pourrait dire en fait qu'il n'y a qu'un symptôme respiratoire puisque chacun procède de deux facteurs, souvent consécutifs : l'*inflammation* des voies respiratoires ou leur *obstruction*. Seul diffère le siège de l'atteinte (nez, gorge, larynx, trachée ou bronches) imprimant au symptôme une singularité, qui réside dans ses caractères critiques ou sonores[1].

Le symptôme respiratoire est répétitif et monotone, autant que peut l'être le « chant triste et doux de l'asthme dans les bronches[2] », entendu par Anatole France. Tout simplement parce que sa sonorité procède de l'énergie du même moteur respiratoire qui le produit.

Voilà pour le symptôme, à la fois pluriel et singulier. Maladies, la tuberculose, le cancer du poumon correspondent également à un symptôme respiratoire, dans la mesure où le Souffle, qu'ils altèrent, exprime son atteinte par les signes élémentaires cités plus haut. Ces affections, d'ailleurs, s'intriquent souvent (la tuberculose guérie peut se compliquer d'asthme, l'asthme de bronchite, le cancer étant lui-même consécutif à une bronchite tabagique).

Le symptôme respiratoire peut donc être considéré schématiquement comme univoque, quelles que soient sa manifestation et sa sonorité. Univoque, mais sûrement *équivoque* dans sa signification, comme l'est toute communication interhumaine. S'il en allait autrement, il ne serait pas signe, mais signal, tenant alors du monde animal ou mécanique.

À la question de la signification du symptôme respiratoire, Georges Groddeck donne des éléments de réponse. Pneumologue à Baden-Baden, plus précisément médecin-chef de sanatorium, il exerce à une époque où la thérapeutique en général, et celle de la tuberculose en particulier, ne brille guère par son efficacité. Ce qui ne l'empêche pas de proposer une conception originale de la maladie. Le médecin, estime-t-il, doit prendre en charge l'être dans sa globalité ; traiter exclusivement le corps, par des médicaments ou la chirurgie, est insuffisant puisque c'est s'adresser uniquement à l'effet, sans se préoccuper de la cause. Or, le symptôme est à ses yeux une parole, qui n'a pas pu, ou su, s'exprimer d'une autre manière, et qu'il faut décrypter.

Le médecin doit donc s'efforcer de comprendre le sens de ce symptôme, et aider le malade à le découvrir. Celui-ci pourra ainsi s'en séparer, changer « de langage », c'est-à-dire guérir.

Voici l'impérieuse nécessité : aider le patient à comprendre, pour lui éviter de « pétrifier » progressivement son symptôme, qui altérerait sa personnalité.

À cet effet, Groddeck organise dans son sanatorium des conférences hebdomadaires, destinées à proposer à ses malades « l'expérience de la parole[3] ». Pendant trois ans (1916-1919), il animera ainsi, pour ses patients, le mercredi de cinq à six heures, 115 conférences. Il édite aussi à l'usage interne du sanatorium une revue hebdomadaire, publiée de 1917 à 1918, le *Satanarium*. Les malades et lui-même s'y expriment librement sur tous sujets de leur choix, y compris celui des conférences, qui correspondent à une « discipline, non de savoir, [...] mais de connaissance [...] », sans négliger pour autant les moyens thérapeutiques d'alors (massages, bains, régime, etc.).

Cette façon d'appréhender le malade et sa maladie, a souvent fait considérer Groddeck comme le père de la « médecine psychosomatique ». Cette pensée constitue un *contresens*[4]. Notre propos n'est pas de discuter ici du Dualisme. Mais Groddeck s'est constamment opposé à cette dichotomie absurde, qui présume que l'être humain serait la somme d'un esprit et d'un corps, et qu'il pourrait exister des affections purement somatiques, d'autres psychiques, et d'autres enfin psychosomatiques.

Le caractère le plus insatisfaisant d'une telle conception est qu'elle impliquerait, dans la trajectoire d'un être humain, des maladies qui seraient symptôme, et d'autres qui seraient absurdes, dépourvues de sens.

Or le plus significatif de la conception de Groddeck, à nos yeux, son postulat de base, est que « *Tout ce qui arrive à l'homme a un sens*[5] ».

La maladie n'est pas un accident nuisible. Elle est « un langage[6] qui, comme tout langage, demande à être compris, c'est-à-dire interprété[7] ». C'est pourquoi, poursuit et précise Groddeck, « le médecin doit chercher à ressentir ce qui peut s'être passé en quelqu'un, pour qu'il se soit décidé à produire des températures fébriles, à l'aide d'un bacille quelconque, à faire croître des tumeurs, à laisser pénétrer en lui certains microbes [...][8] ».

Ces conceptions exhalent évidemment un relent de psychologisme. Leur formulation est trop rustique, trop peu nuancée, parfois assez délirante, pour être adoptée sans réserve. Elles ont cependant le mérite de voir dans la maladie, non pas comme il est habituel une étrangeté ou une viciation, mais d'abord un processus normal de la vie : « Chaque maladie a un sens, un but ; elle est une mesure de protection et a pour sens d'assurer l'être humain contre quelque chose qui est plus terrible encore que sa pneumonie, son cancer, son doute maniaque ou sa névrose d'angoisse[9] ».

Franz Kafka argumente cette conception lorsqu'il note en 1917 dans son Journal, au moment où sa tuberculose pulmonaire est décelée : « la blessure de tes poumons n'est qu'un symbole – symbole dont la blessure s'appelle F [elice] ». Il écrit simultanément à Max Brod : « la maladie parle pour moi parce que je lui ai demandé de le faire » ; et à Felice : « Au fin fond de moi-même, je ne crois pas qu'il s'agisse de tuberculose, du moins pas essentiellement de tuberculose, mais plutôt du signe de ma débandade générale[10]. » Un mois plus tard, il précisera au même Max Brod qu'il en est venu à penser que sa tuberculose « n'est pas une maladie particulière, ni une maladie qui mérite un nom spécial, mais seulement le germe le plus vigoureux de la mort même [...] ».

Contrairement à l'habitude de pensée habituelle, selon laquelle telle affection serait en « grande partie psychique » ou au contraire « plutôt organique », mieux vaut donc considérer que toute maladie est à la fois 100 % organique et 100 % psychique, et que l'exclusion de l'un ou l'autre point de vue constitue une erreur préjudiciable au malade[11].

Si le terme de « psychosomatique » est discutable, c'est qu'il n'a pas fait la preuve de son efficacité et, surtout, pérennise la dichotomie âme-corps qu'il se propose d'effacer.

Il est pourtant une expérimentation – parmi d'autres – de nature à le contester. C'est celle qu'on pourrait dénommer du « clairon de Besredka ». Ce chercheur fameux examinait à l'Institut Pasteur de Paris, chez des chiens vaccinés, l'évolution des taux d'anticorps sériques, qui s'élèvent comme il se doit, après chaque injection de vaccin. Mais, à chacune des injections, il fait, en outre, jouer du clairon. Après quelques séances de vaccination, on joue seulement du clairon en injectant un placebo. Le taux d'anticorps s'élève tout de même dans le sérum ! Cette constatation montre bien l'absence totale d'antinomie, entre phénomènes psychiques (signal du clairon) et somatiques (sécrétion d'anticorps par les structures immuno-compétentes). Car enfin, les immunologistes ne me démentiront pas, s'il est un processus qui a tous les caractères de l'organicité, c'est bien celui de la production des anticorps !

Une objection doit donc être récusée immédiatement, et définitivement, car elle ne mérite vraiment pas qu'on en reparle. Il s'agit du reproche qui pourrait nous être fait, de *psychologiser* le symptôme, ou de méconnaître sa composante « organique », pour ne le considérer que sous son seul aspect psychologique. Il y a là un piège, un malentendu très ancien, qui procède de la dichotomie manichéenne et réductrice entre le corps et l'esprit, le soma et la psyché. Chez un patient atteint de bronchite ou d'asthme, sont toujours décelables, c'est évident, des stigmates « organiques », qui permettent de dire le comment de la bronchite ou de l'asthme. Mais cela ne contredit pas la recherche du pourquoi, c'est-à-dire d'une finalité.

« C'est grave que l'expression "corps" et "âme" se soit répandue dans l'humanité », observait Groddeck[12], dont la pensée s'inscrit formellement dans la tradition de la médecine hippocratique. Alors que Galien et l'école de CNIDE sont volontiers organicistes pour distinguer la maladie et le malade, Hippocrate et l'école de COS envisagent la personne malade dans sa globalité : « Il n'y a qu'un but, tout le corps y participe, c'est une sympathie universelle[13]. »

Avant d'en finir avec le sens du symptôme, il faut souligner que sens implique intentionnalité. Or, il serait évidemment stupide de prétendre que tel patient a VOULU être asthmatique, ou tuberculeux. Il n'empêche que le symptôme, en lui-même « insensé », est susceptible de revêtir un sens par rapport à celui qui en est porteur.

Si tout symptôme a un sens, quel peut être celui du symptôme respiratoire et de l'asthme en particulier ? On ne saurait faire une réponse univoque dans la mesure où existent peut-être autant de sens que de symptômes. Mais on peut commencer par scruter les phénomènes initiaux de la Respiration.

AU COMMENCEMENT, ÉTAIENT LA RESPIRATION ET LE CRI

Je parodie Jean l'Évangéliste, afin de souligner les relations humaines originelles entre respiration, cri et langage.

La respiration autonome de l'être humain débute de façon effective à la naissance. Des mouvements respiratoires commencent cependant dans l'utérus de certains animaux (chevreau et mouton), ainsi que dans celui de la femme, chez laquelle des ébauches de ces mouvements ont pu être mises en évidence dès la seizième semaine de gestation. Elles reproduisent l'attitude d'une inspiration thoracique, durant laquelle la bouche s'ouvre, la tête se redresse et les bras s'élèvent. La fréquence de ces ébauches respiratoires augmente durant la grossesse jusqu'à avoisiner, près de la naissance, celle du nouveau-né[14].

Une commande respiratoire neuromusculaire active est donc présente chez le fœtus avant la maturité de l'appareil respiratoire. Mais enfin, il lui manque l'essentiel, c'est-à-dire la prise directe d'oxygène. C'est la mère qui, à travers ses propres poumons, le placenta, et le cordon ombilical, fait respirer les tissus de son enfant.

De brutales modifications affectent celui-ci à sa naissance. D'un milieu liquide, il va passer en effet à un milieu aérien. On ne soulignera jamais assez combien, du triple point de vue, physiologique, biologique et affectif, cette séparation maternelle se fait dans la *violence.* Elle correspond très exactement à un *cataclysme*, puisque se rompent les digues qui protégeaient l'enfant dans le ventre liquidien de sa mère. Il est projeté, ouvert, brutalement pénétré de l'air du monde extérieur.

« Je n'ai pas gardé, écrit Claude Roy, un souvenir absolument net de ma première sortie, du chaud et froid de naître, *ni de l'entrée inaugurale de l'air dans mon sac à souffler.* La seule chose dont je suis sûr, c'est qu'avant j'étais bien, et après, étonné[15]. »

Il y a probablement là, prise de conscience biologique que l'être est mortel, donc inscription d'une mémoire. Et, bien que l'étude en soit difficile, la connaissance médicale du phénomène est encore nettement insuffisante, disproportionnée en tout cas avec son importance majeure. Affirmant la scission, la section du cordon ombilical, alors qu'il bat encore, ajoute à ce traumatisme.

LA PREMIÈRE PAROLE HUMAINE EST UN CRI RESPIRANT

Expulsé du ventre maternel (et en subissant toujours quelque traumatisme et quelque anoxie), ce nouveau-né va respirer et sa respiration autonome commence par un *cri.* Qui a une signification humaine considérable et une double économie, à la fois respiration et langage.

La compression du thorax par le franchissement du détroit supérieur déclenche la première inspiration car, reprenant son volume, ce thorax aspire pour la première fois de l'air dans ses poumons. S'ensuit la première expiration, générant elle-même le premier cri.

Physiologiquement parlant, ce cri est *nécessaire* à l'induction de la respiration. Pour vaincre les terribles résistances des voies aériennes, procédant de leur faible diamètre, du collapsus des alvéoles par le liquide amniotique, ou de la résistance élastique du poumon, le premier mouvement respiratoire nécessite en effet une vigueur extraordinaire[16]. Ce cri demeurera longtemps le seul critère de mesure de la respiration. Tant que l'enfant n'est pas capable de la moduler consciemment, le cri est le seul paramètre d'évaluation de sa capacité respiratoire. Ainsi, chez le nourrisson, le volume maximum d'air mobilisable est apprécié par sa capacité au cri[17].

En *séméiologie* médicale ensuite, ce premier cri constitue un *signe* de la vigueur du nouveau-né et de sa respiration. « A-t-il crié tout de suite ? » sera la première question posée à la mère par le pédiatre, afin de savoir si l'enfant était normal à la naissance. Si l'enfant n'a pas crié immédiatement, il est, dit-on en langage médical, « né étonné ». Et le médecin ou la sage-femme lui donnent de grandes claques pour « le réveiller » et déclencher son cri et sa respiration, bien brutale manière de le faire passer d'un monde à un autre.

Du point de vue du *langage*, ce cri représente la première parole humaine. Au début et toujours, la respiration, par conséquent, est le moteur du langage. Son utilisation langagière sera un élément essentiel de la communication mère-enfant. Répondant aux appels de l'enfant, la mère satisfait des besoins initialement végétatifs, biologiques, mais évidemment aussi affectifs[18]. La respiration module les « sonnances » de l'enfant, avec leur gamme de cris, constituant progressivement son vocabulaire pour dire sa faim, son sommeil, son désir d'être pris dans les bras, ou ses refus. L'intentionnalité permettra le mensonge, c'est-à-dire l'utilisation du cri pour faire croire à un besoin, lorsqu'il s'agit d'obtenir l'amour (ou la présence).

Les premières onomatopées apparaissent ensuite. La maîtrise de plus en plus grande de l'air respiré permettra, plus tard, l'articulation des mots, c'est-à-dire un langage de plus en plus élaboré. Celui-ci contribue à l'affirmation d'une singularité, ce qui fait qu'un être humain est différent des autres, et par conséquent qu'il existe.

Ce cri respirant est également la première manifestation d'*autonomie* du nouveau-né, premier processus qui, avant même la ligature du cordon, ne dépend plus de la mère. Il retentit donc comme la première expression personnelle d'une affirmation biologique, préfigurant le moi libre, et implique deux conséquences.

Le premier *contact avec le monde* extérieur, et plus largement, le Cosmos, en est une. L'enfant *in utero* reçoit en effet son oxygène de sa mère, ou plus exactement du Cosmos à travers sa mère. Il le prend désormais au Cosmos et « les poumons deviennent le placenta qui relie l'homme à la mère cosmique[19] ». Mais s'il y a autonomie, c'est qu'il y a eu *séparation* d'avec la mère, et finalement, dualité. Bien qu'inconsciente, cette rupture constitue une MARQUE, susceptible de répercussion ultérieure. La respiration est donc originellement liée au traumatisme de la séparation maternelle, source possible de souffrance. Qui est susceptible de faire naître l'angoisse de séparation, celle de la crainte de perte d'objet.

Le premier cri, première respiration mais aussi et surtout divorce charnel d'avec la mère est la base de l'autonomie, du contact avec le monde extérieur et du langage. À la respiration, on peut donc reconnaître, en résumé, une fonction végétative vitale, l'hématose, une fonction relationnelle en tant que support du langage et de son substitut, le symptôme et, enfin, par l'angoisse mnestique de séparation maternelle qu'elle véhicule, un rôle fondamental dans le déterminisme psycho-affectif de l'individu.

Dès lors apparaît clairement l'extrême ambiguïté, la signification multiple du cri primal. Apparaît aussi, par conséquent, le poids de signifié de ce cri (ou de ses équivalents : toux, asthme) poussé (ou refoulé) tout au long d'une vie, que ce soit directement, ou à travers le symptôme bruyant de la respiration.

Ce *cri primal* est donc, humainement parlant, à la fois *superbe* (contemporain de l'enfantement) et *tragique* (symptomatique de la fragilité de la condition humaine).

Il préfigure bien d'autres cris, de souffrance plus que de joie, si j'envisage la maladie. Durant l'histoire d'une vie, la respiration et ses manifestations sonores pourront ainsi constituer un champ d'expression, celui d'un appel plus pressant qu'une parole pour exprimer un message essentiel, de danger, de souffrance, d'angoisse de séparation.

Après le cri de la naissance, les maladies infectieuses du nourrisson, telles les *bronchiolites*, en appellent rapidement à la tonalité respiratoire. La *laryngite striduleuse*, de causes multiples, entrave de façon sévère et bruyante la respiration du nourrisson, tandis que son caractère suraigu, d'apparition et de tonalité, effraie dramatiquement la mère, comme si son enfant allait mourir étouffé. Et le *spasme du sanglot* ! Ces nourrissons qui pleurent et dont le chagrin est si violent qu'ils s'arrêtent de respirer.

Les accès aigus de l'asthme ou de la toux quinteuse pourront être ensuite la manifestation du symptôme respiratoire. Faut-il rappeler enfin que le *râle*, qui évoque pour le médecin un bruit anormal perçu à l'auscultation du thorax, a pour signification première le « bruit qui, chez les moribonds, est produit par le passage de l'air à travers les mucosités accumulées [...][20] ». Voilà donc, à travers le symptôme respiratoire, une référence permanente à l'ultime phase de la vie.

Et la respiration donne bien le mot de la fin, avec le « dernier soupir », poussé au moment de « rendre le Souffle » !

LE SYMPTÔME D'UN APPEL

Dans la manifestation, sonore et répétitive de ce symptôme respiratoire, ne puis-je déceler une sorte de *langage rudimentaire*, issu du plus profond de l'être au lieu et place de la *parole* articulée du larynx ?

Et ce langage inarticulé, produit dans une période critique, ne tente-t-il pas d'exprimer ce qui est trop douloureux pour être dit par la parole, de manifester l'indicible ? Il constitue alors une espèce de cri.

Mais ce cri, apparemment régressif, n'est-il pas mimologie, réminiscence et *reproduction du cri primal* ? Françoise Dolto argumente cette possibilité lorsqu'elle répond à un interlocuteur qui lui demande si la foi (chrétienne) procure une sécurité : « oui, à la condition de ne pas avoir d'asthme. Si vraiment quelqu'un a la foi [...] c'est la même chose qu'un bébé qui est né et qui respire bien ; qui n'a pas envie de retourner en arrière, ce qui est la psychosomatique de l'asthme[21] ».

Émis dans un contexte de grande difficulté respiratoire et de détresse, physique et psychologique, comment ce cri n'évoquerait-il pas aussi une plainte ?

Souvent nocturne, référé à l'angoisse et à l'asphyxie, peut-on ne pas percevoir enfin ce cri, comme un appel à l'aide ? Un appel à l'autre, par le langage bruyant du corps, qui, pour bien montrer l'intensité de sa détresse, mime la mort par étouffement ? Cri, nous rappelle d'ailleurs l'étymologie, est tiré du latin *quiritare* : appeler (les citoyens : *quirites*) à son aide.

Mais celui qui appelle ainsi au secours, il souffre. Loin d'être rudimentaire, son langage respiratoire est dramatiquement éloquent.

SYMPTÔME ET SOUFFRANCE

Le symptôme respiratoire est donc l'équivalent d'un cri, d'un appel, l'expression d'une *souffrance*, trop violente pour passer par la parole.

Symptôme de quelle souffrance ?

Cette question ne saurait recevoir de réponse univoque. Parce que la respiration correspond à un processus très *archaïque* dans le développement de l'individu et liée à ses débuts, on l'a vu, avec beaucoup d'autres. Une réponse trop simpliste, ou trop affirmative, méconnaîtrait par conséquent la complexité des faits. Des pistes peuvent seulement être proposées, présentées par la discipline psychanalytique, ainsi que la pratique clinique.

C'est dire que la contribution de l'œuvre de Freud à cette réflexion peut être scrutée d'abord.

Le problème de la respiration tenait, dans ses préoccupations, une place importante puisqu'il propose, dès 1895, de séparer de la neurasthénie « la névrose d'angoisse », dont il donne comme exemples les formes « avec troubles de la respiration, diverses formes de dyspnée nerveuse, accès asthmatiformes[22] ».

Il aborde plus précisément le symptôme respiratoire avec la première de ses fameuses *Cinq psychanalyses*[23] », celle de Dora. Celle-ci, qui se présente comme une hystérique, associe, certes, beaucoup de symptômes, mais c'est par de l'asthme qu'ont débuté ses maux à l'âge de huit ans alors qu'elle n'a consulté Freud qu'à dix-huit ans. À son père, apparemment très attachant, elle porte une très vive tendresse. Qui se double, à partir de six ans, de compassion pour la maladie grave de ce père, une tuberculose pulmonaire. Même guérie, cette tuberculose lui laissera « l'haleine courte », interdisant surmenage et ascension en montagne. Et la première crise de Dora apparaît précisément à l'occasion d'une ascension en montagne.

L'inquiétude éprouvée pour la santé du papa chéri, que la tuberculose fait tousser, ainsi que la symbolisation autour du « Souffle » de ce père, influencent la respiration de Dora. Au point, souligne Freud, que sa « toux, dont l'origine avait certainement été un insignifiant catarrhe réel, était en outre une imitation de son père atteint d'une affection pulmonaire [...] ». Dora copie par conséquent le symptôme de son père comme elle le fera, plus tard, du symptôme (douleurs d'estomac) de l'aînée de ses cousines, après lui avoir rendu visite la veille.

Lorsque à dix-huit ans Dora consulte Freud, elle souffre d'attaques de toux quinteuse, qui durent trois à cinq semaines, avec, par intermittence, perte totale de la voix. L'inconscient de Dora paraît assez fixé sur ses symptômes respiratoires, puisqu'elle « s'habitua à se rire des efforts des médecins et, finalement, à renoncer aux soins médicaux ». Sans être hostile à la médecine, elle refuse absolument de consulter tout nouveau médecin et il faudra que son père use d'autorité pour qu'elle se rende chez Freud.

Celui-ci apprend, en cours d'analyse, que Dora est amoureuse d'un ami de ses parents, M. K... Or, ses périodes d'aphonie coïncident avec les absences de M. K... C'est-à-dire lorsqu'elle n'a pas besoin de sa voix pour lui parler, mais lui écrit de nombreuses et longues lettres. La toux, estime Tristani[24], constitue donc le « trait unique » par lequel Dora s'identifie à son père et ses deux symptômes, toux et aphonie, constituent une sorte « d'oscillation par excès (toux) et défaut (aphonie), autour de ce point d'équilibre respiratoire, qui ouvre l'espace corporel de la parole articulée ».

Freud note plus tard que l'asthme de Dora est apparu après la fin de sa période de masturbation. Et qu'elle a été témoin d'une scène d'amour de ses parents, dont la chambre communiquait avec la sienne. Il postule donc que la dyspnée de la névrose d'angoisse ne correspond qu'à l'un des fragments isolés de l'acte du coït. Dans des cas comme celui de Dora, estime Freud, il faut « ramener le symptôme de la dyspnée, de l'asthme nerveux, à la même cause déterminante, c'est-à-dire au fait d'avoir surpris les rapports sexuels des adultes. Il se peut très bien que la coexcitation subie ait alors provoqué chez la petite Dora un revirement de la sexualité et que la tendance à la masturbation ait été dès lors remplacée par une tendance à l'angoisse ».

Cette interprétation a été souvent proposée, et étayée par quelques exemples, comme celui de l'observation d'une jeune fille, dont l'asthme débuta alors qu'elle haletait en faisant l'amour avec un homme de l'âge de son père.

Mais, si la lecture psychanalytique que nous propose Freud de l'asthme de Dora est instructive, ce n'est pas offenser le Maître que de ne pas généraliser à tous les asthmes... ce que Freud ne fait pas, d'ailleurs !

Quoi qu'il en soit, ce thème de l'*angoisse* est au centre de l'une de ses œuvres[25]. Le mot, issu d'une racine indo-européenne, signifie serrer, tandis qu'*Angustium* exprime un resserrement, et que « la grande difficulté de respirer » qui accompagne l'angoisse est un élément de sa définition[26]. L'angoisse, c'est donc véritablement ce qui nous coupe le souffle. Les malades utilisent des expressions évocatrices : « ça me serre », « je suis pris dans un étau », et les mains participent volontiers à leur formulation, montrant la striction de la gorge ou de la poitrine. La sinistre « poire d'angoisse » empêchait, on s'en souvient, de respirer assez pour être à même de crier.

Si Rank[27] avait souligné les liens entre l'événement de la naissance et les phobies précoces de l'enfant, le mérite de Freud fut de préciser ce thème et de le nuancer. L'angoisse « originaire », natale, est à ses yeux en relation avec une situation de danger : « Ainsi il est vraisemblable que lors de la naissance l'orientation de l'innervation vers les organes respiratoires préparait l'activité des poumons [...]. » Mais, ultérieurement, « le nouveau-né répétera l'affect d'angoisse dans toutes les situations qui réveillent le souvenir de l'événement de la naissance ».

Quelles situations vont reproduire ce sentiment d'angoisse ?

Nombreuses et difficiles à analyser, elles ont, estime Freud, un dénominateur commun : « L'angoisse apparaît donc ici comme réaction à l'absence ressentie de l'objet, [...] survenue lors de la séparation de la mère[28] ». Ce sont par conséquent les situations d'*insatisfaction*, reproduisant celles de danger, qui font apparaître l'angoisse. Celle-ci demeure appropriée quand la « décharge orientée vers les muscles de la respiration et de la phonation sert maintenant à appeler la mère, [...] ».

Freud récuse cependant une interprétation purement psychologique de l'angoisse de séparation maternelle qui est également biologique : dans l'utérus, la mère satisfait aux besoins biologiques du nourrisson. Mais, « L'objet maternel psychique remplace pour l'enfant la situation fœtale biologique ».

Si la perte de l'objet est le premier déterminant de l'angoisse, une angoisse existentielle va progressivement se superposer à elle car, depuis l'utérus, la vie est une démarche continue vers la mort. Aussi la respiration est-elle susceptible d'exprimer, dans toute situation reproduisant l'état de détresse du nourrisson que nous fûmes tous, un appel de souffrance.

Mais il faut associer, aux deux temps de la respiration, bien d'autres signifiants, possiblement signifiés dans le symptôme respiratoire.

L'INSPIRATION enrichit l'être de l'oxygène puisé au Cosmos. Elle le renouvelle. À chaque mouvement respiratoire, il re-naît de toute la nouveauté de l'air inspiré, et de son pouvoir spirituel. Et ce n'est pas par hasard si le même mot désigne ce temps de ressourcement au Cosmos et l'initiation de l'activité créatrice. L'inspiration accroît également la dimension spirituelle de l'être, puisque le diaphragme, en s'abaissant, dilate le « thorax » et réduit d'autant l'espace « ventre - matières ».

L'inspiration revêt, enfin, une *dimension érotique*.

Sans aller jusqu'à la formuler nettement, Freud avait pressenti cette érogénéité de la respiration (« une zone érogène est une région de l'épiderme ou de la muqueuse qui, excitée d'une certaine façon, procure une sensation de plaisir d'une qualité particulière[29] »).

La satisfaction trouvée dans l'absorption de l'air, estime Tristani, est le but de la pulsion respiratoire. L'érogénéité respiratoire est donc antérieure à l'oralité puisque nous respirons avant de téter. Le « respir » (action de respirer) représente « la première organisation libidinale », qui fait partie, comme la nutrition, des pulsions du moi et étaie les pulsions sexuelles.

EXPIRER, c'est avant tout une nécessité physiologique, celle d'expulser l'air usé. Il n'y a pas loin d'usé à souillé. Comment le souffle humain, d'ailleurs, ne serait-il pas impur ! Le culte d'un dieu slave, Svantekit, comporte un rite significatif à cet égard : pour préparer la fête, le prêtre, seul autorisé à entrer dans le temple la veille de la fête, ne doit pas y respirer afin de ne pas le souiller de son souffle. Le malheureux doit ainsi courir à la porte autant de fois qu'il a besoin d'expirer !

Expirer représente également une source d'énergie, à usages multiples. Progressivement délivrée et modulée, par exemple, cette énergie peut être mise au service du *langage* qui, aussi important soit-il, n'est que secondaire au Souffle[30].

Mais expirer, c'est surtout *se séparer* de l'air inhalé dans les poumons. Et cette séparation peut être perçue comme une perte. C'est donc un « signifiant particulièrement lourd », de la mort, mais aussi des « innombrables petites morts nécessaires au maintien de la vie ». Avec ses deux temps, la respiration, dont Lacan estimait qu'« elle ne se coupe pas[31] », apparaît donc « sécable ». Expirer signifie d'ailleurs encore, la perte définitive du Souffle puisque ce verbe est synonyme de mourir. Et peut-être faut-il invoquer ce signifiant chez l'asthmatique, son trouble respiratoire « signifiant une difficulté à se séparer de l'air de l'inspir[32] ».

REFUS DE L'AIR ?

Peut-on, dès lors, considérer que l'asthmatique « refuserait » d'expirer, fermerait ses bronches pour conserver son air ? De la même façon que les matières sont retenues dans la constipation névrotique ? L'analogie peut être intéressante. Mais il en est une autre plus instructive. C'est celle de l'*anorexie mentale*[33]. Cette situation est celle de personnes, souvent des jeunes filles, qui prennent la nourriture en aversion, refusent de s'alimenter et dépérissent. Eh bien, de même que l'anorexique refuse de s'alimenter, l'asthmatique « refuse l'air » pendant qu'il crie bruyamment « sa soif d'air ».

Raymond Queneau le dit d'ailleurs clairement, à propos de la crise d'asthme de son cher Louis-Philippe des Cigales : « il y a un petit espace[34] où elle[35] ne pénètre point, un petit espace tout ramifié, pareil à un arbre double et qui ne veut pas de la grande atmosphère[36] ».

La fermeture des bronches de l'asthmatique paraît témoigner de ce refus. Si elle procède de trois désordres (œdème (enflure) de la muqueuse, sécrétion accrue de mucosités, et spasme des fibres musculaires lisses bronchiques) réduisant ensemble la filière respiratoire, leur résultat final est de *fermer* des conduits destinés à être *ouverts*.

Mais que « refuse » l'asthmatique ?

De se séparer de l'air, de perdre le Souffle, signifiant la vie (et par conséquent la mort). Sans oublier que la rétention de l'air interrompue peut être source de jouissance. « La formule : ON N'OSAIT RESPIRER est pleine de sens », écrit Valéry[37]. Parce qu'il existe une sorte de « philosophie de la rétention » selon laquelle l'homme se divise contre soi-même, les devoirs naturels de l'organisme n'étant pas d'observance étroite et à satisfaire par le plus court.

Dans son refus d'expirer, l'asthmatique refuse simultanément une réalité essentielle de biologie humaine – et de la vie tout court – celle du *rythme*, c'est-à-dire de l'*alternance*, qui caractérise tout fonctionnement organique : systole-diastole, sécrétion-excrétion, rétention-évacuation, inspiration-expiration, etc.

Et cette dysrythmie, ce refus d'expirer, entrave la communication de l'individu avec son environnement, fondée on l'a vu, sur des échanges respiratoires harmonieux. L'asthme pourrait donc être le stigmate d'un refus de cette communication. C'est particulièrement le cas de l'allergique, qui ne tolère pas, qui rejette, qui refuse. L'attitude de l'enfant asthmatique, dont le thorax est souvent rétracté sur lui-même, tellement son dos est voûté, son cou et ses épaules fléchis en avant, évoque, me semble-t-il, ce refus de communiquer avec son environnement.

Le « curieux cérémonial » rapporté par Freud dans son observation de *l'homme aux loups* paraît également étayer ce refus de communication : « quand il voyait des gens qui lui inspiraient de la pitié : mendiants, infirmes, vieillards, il devait bruyamment expirer de l'air afin de ne pas devenir comme eux et, dans d'autres conditions particulières aussi, aspirer l'air avec force[38] ».

POURQUOI UN REFUS ?

Refuser l'air, c'est aussi, semble-t-il, afin de *dire*. Par le langage rudimentaire des bronches, une parole. Reprenant l'analogie avec l'anorexique il faut en effet accepter l'évidence que celui-ci proclame concrètement : cette fonction de nutrition, nécessaire à la vie, et qu'un réflexe instinctif m'incite donc à satisfaire, je la mets au service de quelque chose qui est plus important encore, puisque je lui donne la priorité. Et certains grévistes de la faim, comme les Irlandais du Nord, ont bien montré qu'ils étaient capables de se laisser mourir pour la cause qu'ils défendent. Faut-il donc qu'elle soit violente leur parole, pour en arriver à cette extrémité !

De la même façon, l'asthmatique nous signifie : certes, respirer est vital. Mais je suis prêt à mettre en jeu, en *balance*, cette fonction vitale, pour autre chose qui m'importe davantage. Ou, plus précisément, montrer que ce que j'ai à dire est tout aussi important que ma propre vie (« biologique »). Et j'ai tellement besoin de le dire, il faut tellement que je le dise, que je le crie par mes bronches. Quoi qu'il m'en coûte et même si vous m'en empêchez.

On ne peut pas, ici, ne pas évoquer la parole du Christ : « Si eux se taisent, les pierres crieront[39]. » L'asthme nous signifie donc ceci : « pas plus qu'avec la nourriture, le débat de l'être humain avec l'air ne se résume au besoin biologique de respirer, dans le va-et-vient rythmé de l'expiration et de l'inspiration. Comme l'anorexique avec la nourriture, l'asthmatique entretient, avec cette substance vitale qu'est l'air, une relation dialectique. Quelque part, au-delà des mots, l'anorexique, "dit mental", discute le bout de gras, là où l'asthmatique discute le bol d'air. Mieux même, ils nous mettent sous le nez, caricaturalement, ce que tous, quelque part, comme eux, nous faisons[40] ».

LA CRISE D'ASTHME : QUELLE FINALITÉ ?

Il faut, à présent, examiner plus précisément la signification de la *crise* d'asthme et surtout sa *finalité*.

La *crise* (du grec : *krisis*) est étymologiquement « l'action ou la faculté de distinguer[41] ». Le même mot exprime, en termes juridiques, le fait de décider (jugement). La crise, par extension, c'est donc l'issue, le dénouement, soit enfin, en médecine, la phase décisive d'une maladie, sa période critique.

Hippocrate a été très perspicace sur le sens médical de la crise lorsqu'il a observé que le processus d'évolution de la plupart des maladies obéit à la « solennité bien ordonnée d'une tragédie[42] ». À ses yeux, le drame morbide évolue par les phases successives de l'augment, de l'état et de la déclinaison. Mais le temps essentiel, le moment décisif du conflit, qu'il soit passionnel ou pathologique, est le phénomène de la « coction », par lequel les « humeurs » transforment le « principe nocif » pour l'expulser hors de l'organisme. Et là où Hippocrate est génial, c'est lorsqu'il a l'intuition que la crise, qui dénoue le conflit, *constitue une démarche vers la guérison.*

Qu'en est-il de la crise d'asthme ?

La crise « clinique », comme le pressent Hippocrate lorsqu'il évoque les « humeurs », est sous-tendue par une *crise biologique.* Qui résulte, dans l'asthme allergique, du conflit entre un agresseur extérieur, l'allergène, et un élément de défense de l'organisme, l'anticorps.

Ce conflit comporte une double économie, dont le premier versant est apparemment *toxique*, pathogène, puisque responsable de la crise. Mais il exerce simultanément un effet *salutaire* puisqu'il circonscrit, par le biais d'un phénomène inflammatoire, la diffusion de l'agresseur.

Il s'agit là d'une règle essentielle de biologie, indispensable au maintien de la vie, qui ne saurait persister sans un système de défense, fondé sur des réactions immunitaires et/ou allergiques. « Tout être tend à persévérer dans son être[43]. » Ce qui signifie que la matière vivante rejette tout ce qui ne s'identifie pas à sa substance propre (rejet des greffes par exemple).

Hippocrate était donc prophétiquement dans le vrai lorsqu'il considérait que, dans la crise, s'inscrit une *finalité*[44]. Par analogie avec la finalité biologique, la crise d'asthme comporte donc une finalité pour l'individu. Celle de défendre l'intégrité de son moi. Son déroulement comporte, d'ailleurs, comme la crise hippocratique des maladies infectieuses : (1) une phase initiale, où des prodromes indiquent à l'asthmatique (qui reconnaît les siens comme l'épileptique à son aura) que sa crise approche, (2) une phase d'accroissement, (3) une apogée, où dyspnée et angoisse atteignant au paroxysme reproduisent peut-être un phénomène archaïque, la crise d'angoisse de séparation de l'objet.

Aussitôt après le sommet, s'amorce (4) la phase de dénouement, apportant le mieux-être et sa jouissance. Jusqu'à ce que survienne (5) la crise suivante... Oui, il y aura probablement récidive. Mais dans l'immédiat, comme le microbe dans la crise hippocratique, « quelque chose » qui menaçait l'intégrité de l'être a été expulsé. La crise a donc une finalité cathartique. Elle défend l'essentiel d'un individu, son Moi, qui sans cette possibilité d'évacuation, risquerait de mourir.

Et peut-être l'asthmatique – comme tout malade à crises – réalise-t-il, pour lui-même, l'exercice qu'Eschyle proposait à ses spectateurs par le biais de ses drames. Car la symétrie structurelle entre la crise de l'asthmatique et la crise dramatique de son théâtre est assez fascinante. *Agamemnon*, premier drame de la triade de *L'Orestie*, en constitue un exemple significatif[45], qui évolue, comme une crise d'asthme, en cinq phases.

(1) Le spectateur est informé dès le début, d'une situation d'équilibre précaire, de malaise. Il va se passer quelque chose. Troie est prise (ce qui implique le retour possible d'Agamemnon). Et le veilleur, installé de nuit sur le toit de son palais, tient des propos qui pourraient être ceux de l'asthmatique réveillé par les prodromes de sa crise nocturne : « Au lieu du sommeil, c'est la crainte qui siège à mes côtés et me défend de joindre mes paupières pour un sommeil paisible. » Et un peu plus loin : « le bel ordre d'antan ne règne plus ». Arrive Agamemnon, l'agent de la crise. Et (2) la tension monte. Car Clytemnestre en l'accueillant feint la joie de le revoir, mais le spectateur sait qu'elle a arrêté le projet de le tuer.

La crise atteint son sommet (3) avec l'assassinat d'Agamemnon.

Le dénouement (4) s'élabore aussitôt avec la satisfaction de Clytemnestre libérée par cette mort : « Elle est donc venue la revanche [...] » ; cette fois c'est fini ! Sa fille Iphigénie est vengée mais elle se réjouit surtout de garder son amant. Egisthe est tout aussi ravi de voir supprimé son rival et vengé son père Thyeste : « Ah ! la bonne lumière d'un soleil justicier. »

Mais cette libération sera éphémère. Car, en même temps qu'elle se dénoue, la crise porte en germe la suivante (5), provoquée dans *Les Choéphores* par le désir de vengeance d'Electre et d'Oreste. Tout irait bien, « À moins qu'un Dieu ne guide Oreste jusqu'à nous », prédit déjà le Coryphée. Le drame a donc évolué d'un état instable à un état différent, mais tout aussi fragile que le précédent, puisque inducteur lui-même de crise à venir.

L'auditoire d'Eschyle, s'identifiant aux acteurs, exorcisait ainsi à répétition ses tensions à travers eux, comme l'asthmatique exprime à travers ses crises un mal-être indicible, qu'il n'a jamais fini d'exprimer.

Car l'asthmatique ne sait évidemment pas ce qu'il « veut dire » par sa crise. Et peu importe d'ailleurs ce qu'il veut dire, pourvu qu'il le dise. Sa situation évoque, par analogie, celle du poète. Il est à peine exagéré de proposer que « ce que veut dire le poète, il ne le sait pas[46] ». Pas plus que la Sibylle ne savait ce qu'elle voulait dire. Eh bien, la comparaison me paraît tout aussi applicable à l'asthmatique – d'autant qu'elle m'est suggérée par une faute d'orthographe (lapsus ?) des copies d'examen des étudiants en médecine, qui écrivent à son propos râle « sibyllant ».

De même que « ses cris oraculaires » délivraient la Sibylle de son inspiration ; de même qu'à Delphes les « convulsions de la pythie » rendaient les oracles d'Apollon, l'asthmatique n'a pas la moindre idée de ce qu'il exprime par ses sifflements critiques. Mais leur finalité est peut-être d'exorciser une situation d'angoisse tellement insupportable qu'il en mourrait.

Incompréhensibles, les oracles exerçaient pourtant leur effet libérateur de l'angoisse, puisqu'ils laissaient croire à une relation aux dieux et la connaissance de leurs présages. Mais cette libération ne passait pas par un langage commun. Qui aurait été trop banal pour être crédible. Le caractère incompréhensible de ce langage lui permettait au contraire d'être paradoxalement entendu.

De la même façon, l'asthmatique, qui ne peut pas dire l'indicible ou qui, audible, n'est pas entendu, recourt à une expression non langagière mais éloquente. Son symptôme peut donc être considéré comme un langage de substitution, celui « qui veut dire que, c'est-à-dire... » Un indicible, qui, ne pouvant « passer » dans le champ de la parole, s'exprime par le champ des bronches.

Mais qu'est-ce qui est si important, pour qu'il le dise avec une telle violence et insistance ?

La nécessité humaine la plus fondamentale est sans aucun doute de parler. L'heureuse formule de Lacan, le « parlêtre », nous rappelle que l'être n'existe que par sa parole. Toutes les autres nécessités se relient à celle-là et celle de respirer plus directement qu'aucune autre.

Mais, en même temps, cette parole ne lui permet pas de tout dire de lui. Il y aura toujours quelque chose qui ne peut être dit, ne serait-ce qu'à défaut des mots pour le dire. Cela est vrai de tout individu, mais plus encore, peut-être, du porteur de symptôme psychosomatique en général, et de l'asthmatique en particulier, puisqu'il ne peut parler autrement qu'avec son corps. L'asthme, afin de ne pas mourir.

Le témoignage nous en est donné par les écrivains que nous venons de considérer. Capables d'une expression littéraire féconde, parfois géniale, ils n'ont pourtant pas échappé à la nécessité du symptôme. Comme si quelque chose d'eux-mêmes n'avait disposé d'autre moyen d'expression que ce langage rudimentaire qu'est l'asthme bronchique (apparu parfois d'ailleurs comme un catalyseur de leur écriture ainsi que cela a été dit de Proust ou de Queneau).

C'est donc tout être souffrant qui est en exil, hors de sa langue.

Et je constate que la fréquence actuelle de l'asthme survient en une époque telle, souligne un poète, « que l'homme est dessaisi, plus que jamais il ne le fut, de la parole dans sa langue[47] ».

Ouvrir à l'homme les portes de son langage ne signifie donc pas mettre à sa disposition un vocabulaire (au sens quantitatif ou qualitatif) qui lui ferait défaut et grâce auquel il pourrait dire ensuite clairement ce qu'il a à dire. La langue n'est pas un vocabulaire, puisqu'un texte de centaines de mots rares peut laisser indifférent, quand deux vers d'un poème demeurent inoubliables. La langue est donc au contraire ce qui permet de formuler cela même précisément que voilent les mots. C'est la « nappe phréatique » cachée sous les mots[48].

12

UNE PAROLE ENFOUIE « DANS LE CREUX DE L'ÊTRE[1] »

C'est donc une parole enfouie que le médecin doit chercher à entendre, derrière le discours, souvent bien muet, du patient.

Car, « nous sentons bien, souligne J.-B. Pontalis[1], que nous vivons après Freud : quelque chose a parlé, qu'il ne sera plus possible de faire taire, mais qui, en même temps, paraît chercher à s'enfouir davantage dans le creux de l'être ».

Et ce n'est pas, précise Pontalis, une simple image. David, Marty et de M'uzan ont évoqué ces malades, incapables d'élaboration fantasmatique, « comme voués à un langage opaque, quasi indifférencié, des organes[2] ».

Il est effectivement habituel de prêter une certaine pauvreté fantasmatique aux individus familiers du symptôme psychosomatique.

Mais peut-être serait-il excessif d'affirmer que ceux-ci sont dépourvus de fantasmes. Ils auraient plutôt une difficulté à exprimer ces fantasmes, un peu comme s'il leur était impossible de s'impliquer dans leur imaginaire, ou si un interdit frappait leurs désirs. Le fantasme est là, mais la dimension du désir n'est pas reconnue. Aussi, le discours du patient porteur de symptôme psychosomatique apparaît-il souvent comme pauvre, stéréotypé et répétitif, dépourvu de dimension affective. L'imaginaire en est quasiment absent, alors que la symbolique y est majeure.

Chez beaucoup d'asthmatiques, par conséquent, la verbalisation fait défaut au fantasme, comme s'ils n'avaient pas les mots pour l'exprimer. Et ce fantasme participe dès lors à l'élaboration du symptôme.

Ainsi, cette femme de 38 ans a perdu ses deux fils, l'un quelques heures après l'accouchement, l'autre à quatre mois. Son discours, à quelques variantes près, se résume essentiellement à deux phrases répétées au cours de nos rencontres successives : « Je me sens définitivement prisonnière de mes crises » et « malgré mes deux filles, je sais bien que je ne connaîtrai jamais le bonheur : je suis du signe du Scorpion, le signe de l'autodestruction ».

L'imaginaire du patient dit « psychosomatique » s'exprime, par contre, plus facilement dans l'écriture que dans la parole. Parce que le sujet peut toujours, dans une certaine mesure, y rester « extérieur » à son écrit, ou bien se reprendre, revenir en arrière. « Les écrits volent, les paroles restent », disait Lacan !

Aussi, incapables de dire, certains asthmatiques écrivent ; et arrivent à la consultation apportant leur parole écrite, volontiers sous la forme de « poèmes ». Et en invitant son interlocuteur à le lire, c'est évidemment le message de son impossible discours que lui adresse l'asthmatique (même s'il ne l'écrit pas, d'ailleurs, l'asthmatique « dépose » son discours plus qu'il ne le « dit »).

Cette asthmatique de 35 ans, par exemple, a préparé une carte de correspondance dont la couverture est porteuse, déjà, par elle-même, de sa parole. Reproduction d'une figure intitulée « Les mots du Bleu », cette carte tend, sur un fond de couleur bleu-mauve, le fil de fer barbelé dont un picot pointe vers le haut, tandis que l'autre, tourné en bas, figure une plume qui goutte de l'encre dans l'encrier placé en dessous.

Dans sa modeste qualité poétique, le texte qu'elle a rédigé est significatif :

Je suis un porte-plume
Tortueux...
Malheureux...
Il ne sait pas écrire
Il ne peut pas traduire
Les mots du bleu.

. . . .

Mais il n'y a pas de mots
Ma tête est vide
L'encrier sera bientôt plein
De mots translucides

. . . .

Chaque goutte est une pensée,
Qui tombe dans l'encrier,
et ne peut s'exprimer [...]
[...] elle se noie.

Cette autre asthmatique de 28 ans a pris l'habitude, qui constitue sa « méthode thérapeutique », d'écrire « les difficultés qu'elle éprouve à conserver son équilibre ». Mais cela ne « réussit pas toujours », à cause de son « romantisme maladif », de sa « mélancolie pathologique qui ne lui permettent plus de se contrôler ».

Incapable de lire ou de commenter les feuillets qu'elle a écrits au cours d'une nuit particulièrement douloureuse, elle s'assoit et les dépose sur la table, devant moi, sans dire un mot.

« Encore des problèmes, des sécrétions, des polypes, des kystes partout. J'ai mal sans arrêt au muscle cardiaque et ça m'angoisse nuit et jour. Quelle souffrance ! Pourquoi ? Mon organisme est devenu esclave, je dois le droguer indéfiniment à la CORTISONE. J'aurais tout ce qu'il faut pour vivre heureuse : un mari adorable, des enfants magnifiques. Pourtant, je suis solitaire et découragée, je vois tout en noir. Il y a aussi des questions insolubles : la maladie incurable, la mort. Il faudra accepter ce qui me dépasse. Je suis piégée. »

Voici encore une observation qui illustre cette difficulté à « dire ».

Née dans un camp de concentration, à la fin de la Seconde Guerre mondiale, d'une mère russe et d'un père français, Véronique L... a d'abord vécu en Russie, pour arriver en France à l'âge de 5 ans, où elle a vu son père pour la première fois. Premier contact peu favorable : « Mon premier souvenir de lui, c'est une claque. »

Sa première crise d'asthme apparaît à 14 ans, dans une période très conflictuelle avec son père. Elle avait, en effet, depuis sa naissance, porté le nom de sa mère, jusqu'au jour où son père accepte officiellement la reconnaissance de paternité. Mais, peu de temps après, lors d'une dispute, le père déchire, en sa présence, la page du livret de famille qui portait sa reconnaissance officielle. La voilà renvoyée vers sa mère, et son nom. Auxquels elle s'attachera de plus en plus désormais, renforçant ainsi une sorte de fusion. Mais sa mère est décédée, deux ans après le père.

Au cours des entretiens ultérieurs, elle racontera que quelque temps après l'épisode du livret de famille, s'est développée avec son père une relation ambiguë et traumatisante, avec des scènes de séduction, qui ont déterminé chez elle une répulsion pour les hommes. Dans les années suivantes, elle présentera plusieurs épisodes dépressifs, associés à divers symptômes (asthme, eczéma, problèmes gynécologiques).

L'image de sa mère imprègne ses jours et ses nuits, avec des sentiments de fusion et de culpabilité. Elle rêve beaucoup également d'un « homme bossu » qu'elle relie à son père. Tout cela dans un système très répétitif, dont témoignent ses dessins et ses poèmes, où les mots tournent toujours autour du père, de sa mère, de la tendresse, de l'angoisse. Ainsi, ses poèmes qu'elle apporte lors des entretiens successifs ont pour titre : « Triste vie », « Bataille », « Cauchemar », « Tempête », « La nuit », « L'île et le toit », « Les mots » :

Les mots sont importants
Sans les mots vous n'êtes rien.

Ses textes évoquent le désir qu'elle avait de parler à sa mère, sa difficulté à le faire et son regret de ne l'avoir pas fait davantage lorsque c'était encore possible :

« Je me suis repliée sur moi-même, incapable de parler avec des mots pour me confier à ma mère. Je ne savais plus parler. Pourtant, mes mots étaient tellement importants : c'était mon amour, il fallait que ma mère le sache. Alors je lui disais : "Maman, tu me manques, les séparations me font mal... Garde-moi... Maman, je t'aime..." J'aurais tant voulu parler davantage, soulager mon cœur, parler d'autres problèmes, mais plus rien ne sortait, je ne savais plus parler, et ma mère m'en faisait le reproche, mais je ne pouvais rien dire. Maman, qui suis-je ? Que dois-je faire ? Je te parle sans cesse et tu ne me réponds pas. Je sais, c'est avant que j'aurais dû te parler, me confier. Ton silence m'entraîne irrémédiablement vers la folie. »

Elle évoque également le palliatif que constitue pour elle l'écriture de ce qu'elle ne parvient pas à dire :

« Une autre gifle morale a complété ma chute, le retour au bas de mon échelle, et je suis restée inerte, j'ai encaissé, je n'ai rien dit, la gorge s'est nouée un peu plus, mes doigts se sont crispés, une révolte intérieure a monté et c'est tout. J'étais anéantie. Ça m'est tombé dessus à me couper le souffle. Tout est devenu noir, une grande tristesse m'a envahie, et j'ai revu ma mère, et là j'ai dit STOP ! J'aurais voulu que vous soyez près de moi pour vous dire tout ce qui se passait dans ma tête à ce moment-là, ma tête pleine et prête à exploser. Mais je me contente de cette feuille, et c'est déjà pas mal d'avoir cette possibilité d'écrire. Ça me libère. Je suis dans une impasse, le néant. Que faire ? La suite est là, obsédante... »

Grâce à des entretiens réguliers, cette jeune femme, bien isolée, a pu trouver un mieux-être, s'insérer davantage dans la vie active après son succès au Concours d'admission à une École professionnelle.

Quand cette possibilité de langage, écrit ou parlé, n'existe plus, il n'y a plus de parole du tout, et on en arrive à la situation extrême où tout est réduit au symptôme.

> C'est le cas de cette femme de 50 ans, célibataire, qui se trouve en clinique, depuis de nombreuses semaines, et qui va très bien lorsqu'elle s'y trouve. Elle répète inlassablement à son médecin : « Ne m'empêchez pas de retourner chez moi », ou bien : « J'espère que vous allez me laisser sortir ce week-end ? » Mais cette clinique, elle est incapable de la quitter. À chaque sortie, en effet, une ambulance a dû la ramener d'urgence en état de mal asthmatique. Elle ne peut retourner ni chez elle ni en maison de repos, car sa sœur y est décédée. Sa vie a été, il est vrai, parsemée d'épreuves. Depuis le décès de sa mère, dont elle n'a pu assumer le deuil, elle vit avec son père. L'homme qu'elle devait épouser, et qui s'est finalement marié avec sa sœur, est lui-même décédé. Elle n'a plus que sa chambre de clinique pour « respirer ».

Certaines observations incitent à penser que cette pauvreté fantasmatique a pu être empruntée à un mode de fonctionnement à l'intérieur de la structure familiale.

> Ainsi, Daphnée, 3 ans, est asthmatique depuis qu'elle aurait inhalé dans les bronches (semble-t-il, car on n'a jamais vu le corps du délit malgré deux endoscopies) un fragment de cacahuète.
>
> Depuis la date – présumée – de l'incident, sa mère vit les crises d'asthme de sa fille dans une culpabilité qui rigidifie totalement son discours. Elle répète à la moindre occasion :
>
> « Lorsqu'elle a avalé de travers et s'est mise à tousser, je l'ai bousculée et j'ai augmenté sa toux alors que c'était de ma faute. J'aurais dû faire attention quand elle mangeait. Maintenant, il faut absolument trouver ce qu'elle a. Je préférerais que vous me disiez carrément qu'elle a une fragilité respiratoire. »
>
> Daphnée risque fort d'intégrer, évidemment à son propre compte, l'angoisse et la culpabilisation de sa mère, qui a élaboré un véritable « holding » (selon l'expression de Winnicott) autour de l'accident initial. En outre, comment cette enfant, dans une situation apparemment verrouillée, va-t-elle élaborer sa propre fantasmatique ?
>
> Mais le désir de sa mère d'entendre affirmer la « fragilité » des bronches de sa fille tient-il simplement de son désir de se déculpabiliser : (dites-moi que je n'y suis pour rien), ou d'une problématique plus structurelle (de sa part ou de celle de son conjoint), ou encore d'une impossibilité d'élaboration fantasmatique, sorte de censure, génératrice d'angoisse ?

Le père de Roger, 5 ans, nous présente une situation assez semblable. Il prévient la psychologue à laquelle j'ai demandé de rencontrer l'enfant :

« Vous savez, il ne va pas vouloir rester avec vous parce qu'il ne peut pas se passer de son père. » En fait, Roger accompagne notre collaboratrice sans se faire prier.

« D'ailleurs, continue le père, il ne vous parlera pas ; il ne parle qu'avec moi. » Roger parle sans problème.

« Il n'aime pas dessiner et puis, je ne veux pas qu'il dessine à la maison, ça suffit bien avec l'école. Je n'achète jamais de crayons de couleur, sinon il ferait des gribouillis. Roger, je veux que plus tard tu apprennes à dessiner, mais vraiment très bien. » Roger prend les crayons de couleur et dessine manifestement avec plaisir. À la fin de l'entretien, le père évoque le drame survenu entre son beau-père et lui-même :

« Ça a marqué le petit. C'est à partir de là qu'il s'est mis à faire de l'asthme [...]. »

Que cet événement traumatique ait influencé l'émergence de l'asthme, c'est possible. Mais on peut se demander si l'alliance que le père semble rechercher avec son fils lorsqu'il demande à celui-ci, qui acquiesce : « Tu te souviens de ce qui est arrivé entre grand-père et moi ? », deviendra l'histoire personnelle du fils, ou si Roger pourra s'en dégager.

BÉNÉFICE SECONDAIRE DU SYMPTÔME RESPIRATOIRE

L'écoute et la compréhension de la parole enfouie, c'est-à-dire du symptôme, seront malheureusement rendues de plus en plus difficiles au médecin avec le temps, à cause de sa surcharge par les caractères du « bénéfice secondaire » de ce symptôme, que Freud, on l'a vu, a parfaitement analysé.

Voilà, en effet, que ce symptôme est « utilisé », selon le mécanisme de la « fuite dans la maladie[3] ». Et il va servir à la fois, ou tour à tour, « d'enjeu, de rempart, de barrière, d'insigne, de plainte, d'appât, de récompense, de punition, d'arme, d'armure, de vengeance, de tout et de n'importe quoi, au gré des circonstances, des besoins de la cause, du moment et de la personnalité des protagonistes[4] ».

Après un certain temps d'évolution, l'asthme tient dans une vie une place si importante, il est tellement assimilé au « moi », que l'asthmatique s'est identifié à lui, au point de dire « *mon* » asthme ou même, comme dans l'est de la France, où le substantif est devenu qualificatif, « *je suis asthme* ». Alors que je n'ai entendu aucun malade dire : je suis hypertension artérielle ou je suis diabète.

Cela peut, d'ailleurs, être favorable pour apprivoiser, familiariser le symptôme : c'est mon asthme, je le connais, je vis avec lui, observent certains asthmatiques.

En déduire que le symptôme a été créé pour ça serait bien trop simpliste. « C'est aussi vrai, et aussi faux, que de déclarer que le blessé de guerre s'est fait arracher la jambe uniquement pour vivre ensuite sans travailler de sa pension d'invalide », dit Freud[5].

On a beaucoup pensé, dit et écrit que l'asthmatique présentait un profil psychologique singulier, sinon anormal. Et chacun, de le dessiner, avec force argumentations à l'appui.

Actuellement encore, lorsque vous entretenez un auditoire, médical ou non, du sujet de l'asthme, surgit très souvent la question-affirmation : « Ah ! oui, c'est psychosomatique cette maladie-là, non ? »

Psychosomatique, voilà la désignation à la mode. On disait aussi par le passé « c'est nerveux » ou « c'est un dérèglement du Sympathique » ou encore : « c'est psychique ». Ces formules constituent autant de pseudo-explications pour rendre familière une affection bien mystérieuse. On a tout dit lorsqu'on a dit cela.

Et après ? Eh bien, voilà au moins le médecin ainsi que l'entourage du malade satisfaits.

Il est curieux de constater à quel point une « étiquette » est capable de satisfaire et de rassurer le médecin, alors qu'elle fait, en réalité, obstacle à toute progression. Ce médecin, d'ailleurs, risque fort d'être voué à l'échec. Le patient le supplie, le harcèle de le guérir, mais son inconscient ne veut pas guérir. Il risque de s'ensuivre un grave malentendu, le médecin refusant l'échec, multipliant les traitements et augmentant les doses, jusqu'à l'acharnement thérapeutique.

L'entourage du patient y trouve également son compte, parfois pour faire l'économie d'écouter le symptôme et d'entendre ce qu'il représente pour le patient. « Tu sais bien pourquoi tu as des crises d'asthme : c'est nerveux ; alors, calme-toi. L'affaire est classée et surtout n'en parlons plus. »

Je pense à ce très brillant officier supérieur, qui accompagne son épouse asthmatique. Dès le début de l'entretien, il répond aux questions que je pose à sa femme. Comme je voudrais connaître l'avis qu'*elle* porte sur sa maladie, j'indique fermement que c'est à elle que je m'adresse. Il se contient un instant. Puis, ne pouvant plus tenir, se lève pour déposer sur mon bureau un splendide dossier cartonné. Sur la couverture de ce dossier, il a écrit magnifiquement, à la plume ronde, les nom et prénoms de sa femme, son nom de jeune fille, sa date de naissance, etc.

– Le dossier est complet, vous trouverez tout à l'intérieur.

Il n'y avait plus de question à poser. Son épouse était résumée en son dossier : puisqu'il est complet, passons au traitement. Le dossier évitait surtout de se mettre en question et de se demander si l'asthme n'était pas, pour son épouse réduite au silence, une façon de se faire entendre.

Qu'ils sont nombreux ces patients, rejetés ou marginalisés au sein de leur famille ! Ils ont été progressivement effacés, soustraits parmi les leurs : ils ne *comptent* pas, donc, ils n'existent plus. L'asthme (ou tout autre symptôme) leur permet au contraire d'exister, même si c'est « en négatif » : Je dérange, donc je suis.

Mais le symptôme peut également être récupéré, et utilisé par un tiers, au point de devenir nécessaire aussi à ce tiers. C'est, par exemple, le cas d'une mère, qui après s'être beaucoup consacrée à l'asthme de son fils, est incapable d'envisager qu'il puisse ensuite mener une vie autonome. « Sans moi, que deviendrait-il ? » C'est elle en fait qui a, désormais, besoin de son fils et par conséquent de son asthme. Voilà bien des conflits en perspective entre mère et épouse de ce fils partagé. L'asthme est un moyen très efficace de maintenir le *statu quo* d'un partage affectif dévastateur.

Et le mari (ou l'épouse) qui, de longue date, utilise l'asthme du conjoint pour vivre une autre liaison, est ravi de répondre à la place de celle-ci lorsqu'on lui pose la question du plaisir de vivre : « Vous comprenez, avec son asthme, que voulez-vous qu'elle fasse ? »

Le seul frustré, dans l'affaire, est le principal intéressé, c'est-à-dire le malade. Le qualificatif de psychosomatique ne lui apporte rien si ce n'est de le mettre mal à l'aise. Il éprouve, en effet, l'impression douloureuse qu'il y a, chez lui, quelque chose d'« anormal » du côté mental.

De là à « psychologiser » ou à « psychiatriser » le symptôme respiratoire, il n'y a qu'un pas, souvent franchi.

À tort. Car, dans la très grande majorité des cas, l'asthmatique ne présente aucune maladie mentale. Par son asthme il a « quelque chose à dire », et le prétexte facile, d'une difficulté, ne doit pas dispenser de l'écouter et de l'entendre.

Un asthmatique, comme tout un chacun, « privilégie » toujours un mode de relation, névrotique, pervers ou psychotique. Ce qui ne veut pas dire qu'il est malade mental. La maladie mentale ne survient que lorsque la névrose, la psychose ou la perversion réussissent, c'est-à-dire que le sujet en est réduit à un mode de fonctionnement unique et répétitif[6].

« L'asthmatique, au contraire, n'est que très rarement un malade mental parce que, justement, il utilise son symptôme pour éviter d'être un malade mental. Ses fantasmes destructeurs qui feraient de lui un névrosé, un fou ou un pervers, il les met en scène dans son corps et garde la possibilité de communiquer par son symptôme. Par son symptôme il peut séduire, agresser, culpabiliser, castrer, idéaliser, punir, pervertir ; il peut se punir, se valoriser, se projeter, s'idéaliser ; il peut prendre le pouvoir ; il peut se soumettre ; il peut obéir ou désobéir ; il existe[7]. »

L'érotisation secondaire du symptôme respiratoire représente un autre « bénéfice » possible. La crise se caractérise, on l'a vu, par la proximité entre le paroxysme d'obstruction (et de souffrance) et le plaisir éprouvé à sa fin. Il ne faut donc pas méconnaître ce que les fins de crise peuvent représenter de « moments intenses de plaisir de tout l'être[8] ».

Parce que l'asthme touche le Souffle et évolue par crises, il n'est peut-être aucune autre affection dans laquelle « jouissance et souffrance ne se rejoignent plus manifestement », estime un psychanalyste (lui-même asthmatique), ajoutant : « plus d'un asthmatique reconnaîtrait aisément que lorsque la crise prend fin en quelques instants, il vit quelque chose comme un équivalent orgasmique [...] ». Cela rend compte de la relation très particulière qui peut s'établir entre l'asthmatique, le médecin, et le puissant médicament qu'il prescrit (bêtamimétique en spray), assez efficace pour faire cesser la crise en quelques instants.

> Cette relation est illustrée par l'observation[9] d'une adolescente très handicapée par son asthme. La seule jouissance qui « éclaire sa vie, survient lors de la cessation la plus soudaine possible de son blocage respiratoire. Elle en parle avec une expression de délice anticipé, mais désignant le médecin qui ne voudra pas prescrire le traitement comme le porteur de frustration. Cette même adolescente a élaboré un rituel conjuratoire de ses crises nocturnes très précis. Lorsqu'elle sent venir une crise en milieu de nuit, elle se lève, se savonne bras et avant-bras jusqu'à être recouverte d'une mousse qu'elle va ensuite enlever sous un robinet qui coule goutte à goutte. Les premières heures de l'aube apparaissent lorsque la dernière goutte d'eau entraîne la dernière parcelle de savon et cette adolescente peut s'abandonner en toute sécurité à quelques heures de sommeil, certaine que sa crise est dissipée ».

La consonance de *crise* est d'ailleurs proche de celle de *cri.* Sans reprendre ici le thème du cri chez Valéry, on peut noter qu'il a partie liée, dans son imaginaire, à l'idée de spasme de l'amour : « L'acte d'Éros est une danse – sacrée, certes – qui tend à exhausser quelque chose vers un certain point – analogue à un cri [...]. Imminence vertigineuse du type besoin pressant, jusqu'à rupture du seuil. Aveu final total, effusion[10] » ! !

Nous voilà donc ici au carrefour entre crise et cri, souffrance et réjouissance, spasme des bronches et spasme de l'amour, que celui-ci se manifeste par l'asthme ou les quintes de toux, bien familières à Valéry.

POURQUOI UN SYMPTÔME RESPIRATOIRE ?

Pourquoi la souffrance d'un individu se manifeste-t-elle par l'appareil respiratoire ? Voilà la dernière interrogation à formuler.

La réponse est à la fois extrêmement incertaine et accessible.

Quel est, en effet, le dénominateur commun des auteurs considérés dans cet ouvrage, depuis Queneau jusqu'à Camus, en passant par Valéry, Proust, Mérimée et Laforgue ? Qu'évoquent-ils à travers leur vie, leur œuvre, sinon la dureté de la condition humaine, la souffrance, l'angoisse, le désespoir, la mort surtout ?

La menace de la mort était véhiculée et symbolisée au siècle dernier par la tuberculose qui désormais ne fait plus mourir.

Mais c'est le cancer bronchique qui tue de plus en plus. L'asthme, dont la fréquence ne cesse de s'accroître, ne fait pas mourir, mais peut-être est-ce pour exorciser l'angoisse de mort que l'asthmatique la mime à répétition ? Et où peut-elle s'inscrire dans le corps, cette angoisse, mieux que dans l'appareil respiratoire, qui symbolise la vie ? Car vivre, c'est respirer.

S'exprime donc dans le champ de la respiration, « passe » par elle, ce qui est vital, c'est-à-dire ce qui s'inscrit dans la dialectique vie et mort.

La mort, elle est devenue bien peu familière à notre monde, depuis qu'il s'efforce de l'occulter. Elle tenait pourtant, il y a seulement une trentaine d'années, une place importante, avec son rituel attaché aux cérémonies, démarches, attitudes, vêtements.

Ce rituel, abandonné et méprisé, aussi dérisoire et pesant qu'il fût, avait sûrement son importance pour « métaboliser la mort ». En biologie, métaboliser signifie transformer un matériau complexe en éléments secondaires, assimilables par l'organisme. Peut-être notre époque n'est-elle plus capable de métaboliser la mort, parce qu'elle refuse sa réalité ? Et est-ce ainsi que naît une angoisse, dont la dimension fantasmatique s'attache au Souffle et tend à le bloquer ?

NÉCESSITÉ DU SYMPTÔME

Moyen d'expression de l'individu, le symptôme lui est souvent nécessaire lorsqu'il représente l'ultime moyen d'être reconnu comme souffrant, c'est-à-dire de se faire entendre. Car la souffrance peut être dite, criée, mais non mesurée.

Et si cela s'avère de la souffrance physique, combien est-ce vrai de la souffrance morale ! Même intolérable au point de conduire au suicide, elle peut ne susciter aucune compassion. Mais voilà qu'assortie d'un symptôme médical, elle donne accès à l'attention pour celui qui ne faisait l'objet d'aucune sympathie. Elle va légitimer une intervention médicale, qui permet au malade d'être « officialisé » dans son état et de s'en voir décerner le statut ; avec, en prime, un certificat à exhiber au nez des sceptiques.

Le symptôme, en effet, s'inscrit dans des canons médicaux, des critères de diagnostic et de traitement. Il devient donc le seul recours possible de l'individu qui craint de ne plus exister parce que personne ne peut, ne sait, ou ne veut répondre à l'appel au secours[11].

Voilà, par conséquent, le médecin investi du pouvoir de rendre justice. Mais il se leurre s'il ne voit *que* le symptôme et sera toxique s'il ne contribue pas à aider l'intéressé à renoncer à son « statut » de malade.

AMBIGUÏTÉ DU SYMPTÔME

Une dernière dimension du symptôme, qui en fait à la fois un maître et un serviteur, inhibant et favorisant simultanément la création, est son *ambiguïté.* Qui n'est d'ailleurs, elle-même, que stigmate de l'ambiguïté essentielle de tout être humain et du caractère paradoxal de son désir : je veux, mais je ne veux pas, ce que je désire le plus c'est ce que je refuse.

Elle est illustrée sans limite par un grand nombre d'artistes porteurs de symptômes. À une expression personnelle (picturale, musicale, littéraire) parfois géniale, ils associent un symptôme qui menace d'en inhiber la manifestation, au point de la réduire au silence, qu'il s'agisse de l'asthme de Proust, de la polyarthrite de Renoir, de la cécité de Degas et de Monet, de « l'épilepsie » de Flaubert ou de la « surdité » de Beethoven[12].

Et comme par hasard, c'est l'*organe,* ou la *fonction,* par lesquels s'exprime l'artiste, qui sont entravés.

Ainsi, une polyarthrite rhumatoïde handicape Renoir par deux sortes d'atteintes, bien faites pour contrarier l'activité d'un peintre : celle des mains qui tiennent les pinceaux, celle des jambes, qui portent vers les paysages. Il doit donc coincer ses pinceaux dans les paumes des mains contre ses doigts recroquevillés, et se déplacer dans un fauteuil roulant. Son état général s'altère au point qu'il a des escarres fessières. La déformation de ses mains s'aggrave au point qu'on l'opère pour tenter de la réduire ; tandis qu'il est tout à sa passion de peindre.

Monet vieillissant n'a plus qu'un désir : observer et peindre les couleurs. Mais la baisse progressive de son acuité visuelle lui devient évidente. Un ophtalmologiste consulté décèle une cataracte. Méconnue, elle existait probablement depuis plusieurs années déjà, responsable de l'évolution de sa peinture : son approche des formes est de plus en plus floue, jusqu'à l'abstraction, et celle des couleurs de plus en plus monochromatique. « Sa peinture raconte ses yeux », dira Paul Valéry venant de visiter Monet à Giverny[13].

La même cataracte affecte Daumier, observateur de génie. Et une cécité progressive handicape Degas de la même façon, à partir de trente-six ans, modifiant profondément son œuvre picturale.

Flaubert souffre « de crises d'épilepsie » dont les caractères sont assez bizarres, atypiques en tout cas : il ne tombe pas, ne perd pas connaissance. On parle « d'épilepsie temporale », voire « d'hystérie ». Bref, des singularités de nature à alimenter l'éternelle discussion au sujet d'une épilepsie organique (« vraie »), ou fonctionnelle. Se gardant bien d'argumenter cette fausse alternative, Sartre a vu clair, qui estime que l'épilepsie pour Flaubert était « "un choix", celui de s'affranchir de la tutelle paternelle ». Enfant, Gustave était, en effet, un esprit assez terne, un peu lent. Il a été rapidement enfermé, comme l'indique Sartre, dans un statut « d'idiot de la famille », dévalorisé par rapport au frère qui deviendra médecin. Bien qu'il soit grand et beau, il est timide, effarouché par les femmes, replié sur lui-même, avec des goûts morbides, comme celui de regarder les cadavres sur les tables de dissection. Son « épilepsie », tare d'autant plus occultée qu'elle est médicalement sans ressource, constitue, pour sa famille et son père médecin en particulier, un drame permanent. Ce père lui impose un régime infondé et inutile, l'oblige à un mode de vie insupportable. On traite ses crises par des saignées répétées (dérision !) aussi inopportunes qu'inefficaces, sans compter le traumatisme psychologique qu'elles constituent. Lors de l'une d'elles, pour faciliter le saignement insuffisant, le père prend l'initiative (curieuse) de faire verser sur le bras de l'eau bouillante, dont la brûlure laisse une cicatrice définitive.

À la mort de son père, Flaubert se cloître afin de se consacrer à la seule écriture. Sa « maladie » l'oblige à se calfeutrer ou, plus exactement, lui permet de se calfeutrer. « L'épilepsie », son symptôme, le dispense de vie relationnelle : puisqu'il est épileptique il ne saurait vivre en société.

Les analogies entre sa situation et celle de Proust sont d'ailleurs intéressantes. Leur père respectif, professeur de Faculté de médecine, est incapable d'entretenir avec eux une relation de qualité alors que leur frère, médecin, s'épanouit brillamment, devenant ainsi le favori de ce père auquel ils donnent satisfaction. Leur mère est protectrice, attentive et inquiète pour l'enfant qui, dans ce type de famille traditionnelle, ne vit pas selon les « normes » et présente un symptôme inquiétant.

Beethoven nous présente un dernier exemple significatif. Sa vie accumule une belle collection de symptômes et en particulier *respiratoires* : « Tout le temps j'ai eu des étouffements et je dois craindre qu'il en résulte de la phtisie. » Il souffre de décembre 1816 à septembre 1817 « d'une grave maladie pulmonaire » dont il se remet très lentement. Trois mois avant sa mort, enfin, il contracte une « double pneumonie[14] ».

Sa « surdité » est cependant le plus célèbre de ses maux, assez unanimement admise pour apparaître indiscutable.

Mais Beethoven était-il *vraiment* sourd ?

La lecture de l'abondante littérature consacrée à ce sujet procure un sentiment de grande perplexité, relatif tout d'abord aux « preuves » de cette surdité. Certains en ont douté comme le baron von Breuning, qui l'admit tout de même secondairement. Beethoven lui-même semble avoir parfois cherché à la mesurer : « Un de ses amis le surprendra même un jour frappant le mur avec une planche qu'il utilisait pour chausser ses bottes, comme pour mieux vérifier sa surdité[15]. » (!)

Alors qu'il pense au suicide, en octobre 1802, il écrit à ses frères la lettre d'adieu trouvée après sa mort, le fameux « testament de Heiligenstadt[16] » qui comporte une supplique précise : « Vous, mes frères [...], dès que je serai mort, et si le professeur Schmidt vit encore, priez-le en mon nom de décrire ma maladie. » Une sorte d'attestation médicale *post-mortem* ?

Cela devient franchement suspect quand cette surdité est assez atypique pour obscurcir la compréhension de sa nature et de sa cause.

Bien embarrassées, en effet, apparaissent les explications des nombreux et éminents otologues qui s'y sont attachés.

La nécropsie pratiquée par le docteur Wagner, immédiatement après le décès, n'a pas permis de déceler d'explication anatomique. Mais le compte rendu d'autopsie est signé, non pas de lui mais du « plus grand tripatouilleur de l'histoire de la musique[17] ».

Les médecins ont la curiosité (et la sottise !) tenace. À deux reprises, trente-six et soixante et un ans après la mort du compositeur, ils feront rouvrir le cercueil pour pratiquer une nouvelle autopsie. Les osselets (qui ne sont pas sans intérêt pour expliquer une surdité ! !) avaient disparu dès la première autopsie.

À défaut d'éléments objectifs sur cette surdité, les hypothèses fleurissent pour expliquer sa cause. Mais leur nombre indique bien l'incertitude : diathèse familiale, typhoïde, typhus, chute sur le dos (!), traumatisme sonore, surmenage d'une oreille surdouée qui s'épuise trop vite, sans oublier l'obligatoire syphilis, voilà quelques diagnostics invoqués.

Le sommet du délire interprétatif est atteint avec le docteur Marage, qui invoque (devant l'Académie des Sciences s'il vous plaît !) une « labyrinthite d'origine intestinale » *[sic !]*. Le ventre impur qui perturbe la noble oreille du grand compositeur : il fallait y penser.

Cette curiosité effrénée et définitivement insatisfaite est bien dérisoire. Car enfin, à adopter une attitude absolument médicale, mieux aurait-il valu poser la question de savoir si Beethoven était *vraiment* sourd, dans la mesure où *personne* n'a consulté son audiogramme.

Mais cette question n'a finalement pas grand intérêt. Peu importe, en effet, que Beethoven ait été ou non « organiquement » sourd, pour reprendre une formulation de psychosomatique. L'essentiel c'est qu'il se sentait sourd, *était* considéré comme sourd, et on est tenté d'ajouter, il n'est pire sourd que celui qui ne veut entendre.

Sa « surdité » justifie aux yeux des autres sa démarche d'insularité et de silence. Elle favorise pour lui-même la libre expression de sa créativité musicale, sans la contrariété des bruits et nuisances exogènes.

Plus que cela encore, Beethoven va désormais percevoir directement sa musique intérieure, non médiatisée, en faisant l'économie de l'audition : « tout ce que je sentais germer en moi [...][18] ». Et vers la fin de sa vie, sa musique sera d'autant plus géniale qu'elle est comme libérée de la « pesanteur » des sons.

La lecture de ces situations a pu évidemment inciter à placer côte à côte souffrance et génie[19], impliquant entre eux une relation de cause à effet. Voilà que la souffrance serait créatrice, et aurait permis à une sensibilité, *a priori* commune, d'atteindre au génie. Aussi intéressante que paraisse cette analyse, il est probablement plus conforme à la réalité de l'inverser, et de considérer que les deux composantes, « souffrance et génie », sont l'expression d'un même phénomène, c'est-à-dire une singularité à manifester, une parole à formuler.

CINQUIÈME PARTIE

Le symptôme respiratoire a une histoire culturelle

En scrutant le symptôme respiratoire de quelques écrivains, nous avons pu constater l'évolution parallèle de ce symptôme et celle de l'écriture littéraire durant une période d'un siècle environ. Qui a vu l'extinction de la tuberculose et la progression des maladies respiratoires non tuberculeuses.

Voici donc que s'ouvre un champ de plus vaste réflexion, qui incite à considérer le symptôme respiratoire au sein de son temps et par rapport à lui.

Les maladies, c'est évident, ont une histoire culturelle. Que leur destin soit autonome, ou dépendant des conditions générales de la civilisation, elles « concourent à la définition d'une culture. Chaque siècle se réclame d'un style pathologique, comme il se réclame d'un style littéraire, ou décoratif ou monumental[1] ».

Est-il possible, dès lors, de tracer une histoire culturelle de la Respiration et du symptôme respiratoire ? Cette interrogation implique une première question : à une époque donnée, correspond-il un type de maladie respiratoire ?

Les faits permettent de répondre par l'affirmative. Ainsi la fin du XIXe siècle et le début du XXe siècle, par exemple, ont été marqués et dominés par la tuberculose. Connue dans l'Antiquité, celle-ci a évidemment sévi au-delà du romantisme, mais en Europe, c'est cette période du romantisme qui a vu son acmé.

L'époque contemporaine se caractérise, au contraire, du point de vue des maladies respiratoires, par l'asthme allergique, la bronchite chronique et le cancer du poumon. Non pas, là encore, que ces maladies n'aient pas existé de longue date. Mais leur recrudescence, leur gravité, leur liaison avec la modification profonde de notre environnement et la consommation de tabac en font les maladies actuelles, dites « de civilisation ». Il est intéressant de remarquer, d'ailleurs, comment l'utilisation métaphorique des images de la tuberculose ou du cancer a évolué dans le temps. La propagande antisémite nazie en donne un lamentable et éloquent exemple[2]. Hitler reprochait aux Juifs dans ses premiers écrits (1919) de provoquer « une tuberculose raciale parmi les nations », parce que le mot tuberculose était encore très signifiant. Avec la modernisation de leur propagande, les nazis passèrent aux images désormais plus éloquentes du « cancer à extirper ».

Le passage, d'un type à un autre de maladie respiratoire, s'est produit – évidemment – dans le même temps que se réalisait une évolution dans les caractères de la création artistique en général et littéraire en particulier.

La question, *a priori* incongrue, d'une relation (de cause à effet) entre les deux évolutions peut donc être posée. Mon propos n'est pas de démontrer cette relation, mais d'examiner, côte à côte, l'histoire des maladies d'une part et celle de la création littéraire d'autre part, qui ont – c'est évident – des déterminants communs. Qui ont également un contexte commun et une évolution commune.

La tuberculose est la maladie du XIXe siècle et du début du XXe siècle, l'ère du moi romantique, du moi psychologique, du moi des savants positivistes et objectivants, l'ère de la biologie des êtres vivants et de leurs maladies, les uns et les autres considérés comme des *entités*. L'ère de l'objet biologique enfin *trouvé* – et avec quelle jubilation ! « Si j'avais l'honneur d'être chirurgien », s'écrie Pasteur, impatient d'argumenter sa découverte de l'asepsie ! C'est l'ère, enfin, du scientisme et de l'objet adéquat, de l'objet *en plein*.

L'asthme, maladie du décours du XXe siècle, l'ère du déclin des certitudes triomphantes, l'ère non plus du moi mais du sujet, avec ses liens et ses objets manquants, perdus ou, en tout cas, incertains et inadéquats, c'est-à-dire finalement, de l'objet non plus en plein, mais *en creux.*

Déclin du XXe siècle, ère du relatif, de l'alternatif, mais aussi des relations et des communications. Et tandis que s'épuise la fascination première de la biologie de l'être comme entité biologique, voici que se développe le temps des interrelations écologiques. L'être d'un côté, l'écosystème de l'autre.

Tuberculose et asthme, deux maladies expirantes. Mais en expirant, la Dame aux camélias délivre un message assez inattendu : quand j'aurai expiré, Armand, épouse une brave fille et fais-lui des enfants, comme les hommes ont toujours fait avec les femmes, mais arrange-toi afin qu'aussi longtemps que possible, elle jouisse de la seule « petite mort » (la sexologie c'est pour demain) et pas de la grande, la vraie, celle qui va m'arracher mes dernières plaintes et m'emporter.

Son message, l'asthmatique le délivre aussi en expirant, mais sans mourir. En sorte que la question qu'il véhicule n'est plus celle de l'idée romantique de la mort, mais celle de la souffrance éprouvée, toute une vie durant, à expirer douloureusement.

13

TUBERCULOSE : DU ROMANTISME AU STRUCTURALISME

La tuberculose sévit depuis très longtemps, comme en témoigne la découverte de lésions tuberculeuses humaines sur des squelettes de 4 000 ans avant Jésus-Christ. Dans la Bible, le livre du Deutéronome et du Lévitique mentionnent la phtisie fébrile.

C'est en Grèce qu'est née la phtisiologie avec Hippocrate, c'est-à-dire à l'époque de Périclès, vers le ve siècle avant Jésus-Christ, et Aretê de Cappadoce dressa, le premier, un tableau clinique tout à fait remarquable de la phtisie. Après ces descriptions initiales relativement précises, l'affection restera quasiment figée jusqu'au XIXe siècle, c'est-à-dire pendant plus de deux mille ans.

Les événements relatifs à la connaissance et au traitement de la maladie vont se précipiter par la suite à vive allure, comme en témoignent six dates repères. C'est en 1816 que Laennec découvre l'auscultation du thorax et publie sa méthode anatomo-clinique.

Il faudra attendre soixante-six ans (1882) pour que Robert Koch identifie l'agent bactériologique de la tuberculose. De 1900 à 1920 se créent les premiers dispensaires et sanatoriums et s'inventent collapsothérapie et prévention par le B.C.G. Trente ans plus tard (1948-1953) sont découverts deux antibiotiques décisifs contre la tuberculose qui, s'associant aux autres mesures favorables[1], permettent la guérison dans tous les cas. Mais, à présent que cette tuberculose est en voie de disparition (en Europe) on peut poser la question essentielle : pourquoi cette « période tuberculose » et son extinction en France ? L'examen attentif du phénomène permet une constatation extrêmement significative.

Les statistiques d'évolution de la morbidité et de la mortalité par tuberculose pulmonaire indiquent en effet qu'une rupture majeure s'est affirmée dans les années 1950, rupture correspondant à la révolution radicale qu'a présenté l'avènement de la chimiothérapie.

Mais la décrue s'était déjà amorcée avant les antibiotiques antituberculeux et n'a fait que s'accentuer grâce à eux. Un peu comme s'ils n'étaient venus que parachever une évolution spontanée. La tuberculose a commencé à régresser en France en effet, *avant* que ne soient mis en œuvre des moyens de lutte efficaces et même que ces derniers n'aient eu le temps d'être opérationnels. Cette régression était évidente dans notre pays, *dès 1920*, alors qu'on commençait à peine à isoler les tuberculeux et à recourir à la collapsothérapie. Elle ne fit évidemment que s'accentuer après la Seconde Guerre mondiale.

Dans les pays européens, la vague morbide de la tuberculose a connu trois phases successives : l'une, épidémique, à morbidité et mortalité très élevées, avec forte contagion, l'autre de transition durant laquelle la résistance à la maladie a commencé à se développer, la dernière enfin, endémique, qui s'est prolongée longtemps.

Le *sommet* de cette « vague tuberculose » s'est situé, en France, dans les années 1849 (alors qu'il était plus précoce en Angleterre et plus tardif en Allemagne et en Autriche).

Cette évolution en trois phases, d'augmentation, de sommet et puis de décroissance, n'est pas particulière à la tuberculose mais commune à bien des maladies infectieuses dont le spécialiste Charles Nicolle avait déjà, au début du siècle, souligné que « ces maladies naissent et meurent ». Curieusement, d'ailleurs, une autre maladie, la sarcoïdose, dont la cause demeure inconnue, mais qui ressemble à la tuberculose par beaucoup de points excepté l'essentiel, à savoir qu'on n'y trouve jamais ni bacille de Koch ni lésion de nécrose, est venue prendre sa place dans les pays d'où elle a disparu. Et sans doute en sera-t-il de même plus tard pour le cancer si nous savons le juguler.

Rappelant à présent que la maladie est, d'une certaine façon, langage, on peut postuler que la tuberculose a disparu d'Europe (en tant que maladie mortelle qu'elle était) parce qu'elle avait « dit ce qu'elle avait à dire ».

Mais qu'avait-elle à « dire » et quelle était sa signification ?

Voici quelques éléments d'une réponse qui ne saurait être univoque, en particulier selon les époques. Mais on peut commencer par une première constatation évocatrice.

René Laennec donne la première description anatomo-clinique de la tuberculose en 1819[2]. Quelques mois plus tard, en 1820, Lamartine publie ses *Premières méditations*. Est-on fondé à en déduire que ces deux livres « ouvrent conjointement une ère pathologique et littéraire » ou que le romantisme est « l'expression poétique de la phtisie[3] » ? On pourrait en discuter longuement sans résultat très fructueux, à la fois parce que ces deux thèses irréductiblement opposées naîtraient de la discussion, mais surtout parce que cela n'est pas le plus important.

On sait, en effet, sur quelle singulière toile de fond sévit la principale des *fièvres romantiques*, la tuberculose.

Il est à peine besoin d'évoquer le « mal du siècle » et le « spleen », qui touchent la jeunesse en ce XIXe siècle. L'exaltation des grandes heures de l'Histoire, de la Révolution à l'Empire, est retombée et le quotidien est bien insipide. Alors, pour trouver un sens à la vie, on tend à lui donner une dimension sublimée, artificielle, tellement hors du commun qu'elle est inaccessible, désespérante. Il n'y a plus qu'à souffrir, jouir de cette souffrance et, pourquoi pas, mourir.

Dans ce contexte, la forme de tuberculose qui ravage est la *phtisie* et l'étymologie est éloquente ici pour évoquer la consomption, le risque d'être consumé, brûlé par le feu, celui d'une passion, par exemple. Souffrir une passion confirme ce goût morbide pour la souffrance, apologie de la mélancolie, significatif de l'époque romantique.

La notion de consomption par le feu intérieur, « le recours aux images empruntées à la maladie pour décrire l'amour – [...] – est bien antérieur », en fait, « au mouvement romantique[4] ».

Ce qui est nouveau, avec les romantiques, c'est que la tuberculose devient une forme de mal d'amour. Dans l'imagerie populaire, la mythologie de la tuberculose, intimement liée aux poumons, est associée aux notions de Souffle et de Vie. Elle est donc revêtue des attributs de la partie sus-diaphragmatique du corps, la moitié haute, spiritualisée, de ce corps. Les mythes peuvent décidément tout se permettre, y compris d'attribuer au caséum, au pus et aux crachats, un caractère « spirituel » !

L'atteinte des poumons est dès lors considérée comme une maladie de l'âme. Ainsi, les frères Goncourt qualifient en 1869 la tuberculose de « maladie des parties nobles et élevées de l'être humain », par opposition aux « maladies des organes grossiers et vils du corps, qui obstruent et souillent l'esprit du patient [...][5] ».

Cet état d'esprit va curieusement imprégner le concret de la vie, puisque l'aspect physique du tuberculeux, celui d'un malade, deviendra le type de beauté à la mode. Maigreur, langueur, pommettes saillantes et pâleur chlorotique contrastant avec l'éclat fébrile du regard, sont les nouveaux canons de la séduction.

Cet « air poitrinaire », évoqué par Shelley, c'est vraiment le type favori de toute une époque. Parce qu'il suscite l'intérêt, confère un attrait supplémentaire. Byron se disait ainsi, devant son miroir : « Je suis pâle. J'aimerais mourir de consomption. » Et à un ami qui lui demande pourquoi, il répond : « Parce que toutes les dames de la société diraient : "Voyez ce pauvre Byron, comme il a l'air intéressant en mourant." »

Il souffre, il meurt, donc il est intéressant.

Souffrir pour intéresser. Encore faut-il en être capable. Cela signifierait-il que contracter la tuberculose nécessite une sensibilité exceptionnelle ?

La fréquence de la tuberculose chez les artistes[6] devait immanquablement amener la question d'une relation de cause à effet : est-ce que la tuberculose constitue un terrain favorable à la création artistique ou, inversement, cette créativité favorise-t-elle l'éclosion de la tuberculose ?

Et voici que les réponses fleurissent, affirmatives : « La tuberculose aimait le génie. » Ou encore : « Aucune maladie n'a touché, à travers les siècles, autant de talents créateurs, autant d'êtres d'exception, autant de génies, que la tuberculose[7]. »

L'affection sévissait alors avec une telle rigueur qu'il paraît difficile de prétendre que sa fréquence chez les « créateurs » était supérieure à celle de l'ensemble de la population « tout venant ».

Une prédisposition chez les sujets dotés d'une sensibilité singulière alors ? « Les émotifs, les ardents, les artistes, les sensibles » fournissaient le contingent le plus important de tuberculeux alors que « les végétatifs sans espérance, les béats inintelligents échappaient plus souvent[8] ». Il est vrai que beaucoup d'artistes et de personnages célèbres ont souffert ou sont morts de tuberculose. Parmi les peintres, on connaît les exemples de Watteau, Gauguin et Modigliani ; parmi les écrivains, musiciens et penseurs, ceux de Schiller, de Spinoza, de Calvin, des sœurs Brontë, de mon confrère Tchekhov, de Stevenson (l'auteur de *L'Ile au trésor* et de *Docteur Jekyll et M. Hyde*, décédé à quarante-quatre ans), de Kafka, de Chopin, de Katherine Mansfield (décédée à trente-cinq ans). La Pompadour, décédée à quarante-trois ans et beaucoup pleurée par Louis XV, bien qu'il eût déjà rompu avec elle, Mme de Beaumont, la maîtresse de Chateaubriand et Mme Charles, l'une des Elvire de Lamartine, font également partie des tuberculeuses célèbres, mais ne sauraient atteindre au prestige de la fameuse Dame aux camélias.

Laennec, lui-même, dont le jugement est autorisé par le vécu de la maladie dont il mourut, la qualifait de « maladie des passions longues et tristes ».

Dans sa pertinente étude du symptôme tuberculose, Susan Sontag souligne que « le mythe de la tuberculose représente l'avant-dernier épisode de la longue carrière [...] d'un vieux concept, celui de la mélancolie – la maladie de l'artiste, selon la théorie des quatre humeurs ». « Le caractère mélancolique, ou tuberculeux », celui « de la créativité, celui des êtres d'exception » étant évidemment le plus élevé. Et elle cite Shelley, qui lui, au moins, savait trouver les mots pour consoler son ami Keats : « Cette consomption, lui affirmait-il, est une affection qui aime particulièrement les gens dont la poésie est d'aussi bonne qualité que la vôtre [...][9]. »

Sans compter les fantasmes, qui accréditent l'idée que cette consomption enflamme les capacités d'amour, sentimentales et physiques !

À sa manière, très personnelle, et trop dépourvue de nuances, Groddeck formule le transfert du désir qui s'opère dans le symptôme tuberculose : « le désir doit être consumé, le désir du va-et-vient de l'érotisme, symbolisé par la respiration. Et en même temps que ce désir se consument les poumons... se consume le corps [...] ; parce qu'augmente la faute, à cause du constant gaspillage de semence, symboliquement représentée par les expectorations... parce que le ça, avec la maladie des poumons, fait briller les yeux et les dents, distille des poisons échauffants[10] ».

La victoire finale est du côté de Thanatos. Mais il faut se délecter aussi de cette mort. Ce qui exclut toute violence, suicide ou évolution brutale. Mieux vaut la consomption.

Aussi la tuberculose permettra-t-elle d'inventer, pour les besoins de toute trame dramatique, une mort exquise. Puisqu'elle débarrasse en effet l'être humain de son encombrante enveloppe charnelle, la tuberculose le purifie, éthère sa personnalité. « La littérature du XIXe siècle abonde en descriptions nous montrant des tuberculeux mourant sans présenter, ou presque, le moindre symptôme clinique, apaisés, frôlant la béatitude[11]. »

La mort du tuberculeux prend ainsi une dimension esthétique[12]. C'est une mort magnifique. D'autant plus désirable et enviable que ses descriptions la dépouillent de toute sa tragique réalité. Voyez ce qu'en dit Dickens. Il vous donnerait envie d'y goûter à cette tuberculose, qui « purifie la mort de son aspect le plus grossier... dans lequel la lutte entre l'âme et le corps est si progressive, si calme et si solennelle, et son issue si certaine, que jour après jour et grain après grain, la texture de l'enveloppe mortelle s'use, se flétrit et disparaît tandis que l'esprit, allégé, sent avec allégresse son fardeau s'amenuiser [...][13] ».

Katherine Mansfield, telle que la voit John Middleton Murray le dernier jour de sa vie, incarne exactement cet aspect enviable : « Je n'ai jamais vu, je ne verrai jamais un être aussi beau qu'elle en ce jour-là ; on eût dit que cette exquise perfection, qui avait toujours existé en elle, avait achevé de prendre possession de tout ce qu'elle était. Pour me servir de ses propres expressions, le dernier atome de "sédiment", les derniers "vestiges de la dégradation terrestre" s'étaient évanouis pour toujours. Mais elle avait perdu la vie pour la sauver[14]. »

Voilà donc une tuberculose mythique, bien éloignée de son épouvantable réalité.

*

Puisque nous en sommes à évoquer les mythes de la tuberculose, il faut se demander comment on en est venu à cet engouement pour le traitement de la tuberculose en *altitude*, qui a fait diriger vers elle des milliers de tuberculeux. Pourquoi la cure « d'air pur » a-t-elle été ainsi parée d'autant de qualités ?

Poser cette question oblige à constater que les mythes des effets de l'air pur, de la montagne et de l'altitude dans le traitement de la tuberculose pulmonaire tenaient d'une « problématique psychologique », dans laquelle l'objectivité scientifique n'a servi que d'alibi[15]. Comme ce fut le cas pour l'anatomie et la physiologie respiratoire, la symbolique, ici encore, a largement dépassé le cadre de la physiologie sur laquelle elle prétendait se fonder.

Cela signifie, concrètement, qu'on fait appel à des notions scientifiques, apparues à la suite des études sur l'oxygène de Priestley et de Lavoisier inaugurant la vogue de la suroxygénation, et des « gazéifications les plus diverses », pour légitimer ce recours à la « Nature » et à l'air pur des sommets, issu en fait de motivations bien différentes.

Il a fallu attendre Jean-Jacques Rousseau, pour admettre qu'un paysage non apprêté puisse être beau. Mme de Sévigné ne le pensait pas. C'est donc Jean-Jacques Rousseau qui commence à doter l'altitude des plus grandes vertus : « Il semble qu'en s'élevant au-dessus du séjour des hommes, on y laisse tous les sentiments bas et terrestres, et qu'à mesure qu'on approche des régions éthérées, l'âme contracte quelque chose de leur inaltérable pureté[16]. » Mais, de ces notions poético-philosophiques, ont été retirées assez rapidement les déductions pseudo-scientifiques, appliquées à la physiologie humaine : « L'air qui vous entoure [en montagne] est salutaire et pur, vous en baignez amplement votre poitrine animée d'une activité insolite, un sang bien aéré, débarrassé de son carbone [...] anime partout l'organisme qui se sent renaître[17]. »

Quand la physiologie, balbutiante il est vrai à défaut de moyens d'investigation, se fonde de la sorte sur le lyrisme, « autant en appeler au culte romantique, qui, dans sa ferveur avait réuni des convictions aussi chimériques que touchantes ».

Ainsi est vantée la fameuse *suroxygénation* de l'altitude (qui, on le saura plus tard, raréfie en fait l'oxygène), présumée également capable d'abaisser le gaz carbonique sanguin.

Le thème du *sapin*, arbre d'altitude, toujours vert, dressé haut et droit, participe également à cette mythologie. Placé là où il est, il ne saurait être qu'un arbre « respirant » dont les produits, balsamiques et gommeux, ne peuvent qu'être favorables aux maladies pulmonaires.

L'altitude de montagne est créditée en outre d'augmenter le nombre de *globules rouges sanguins*, compensant la perte des hémoptysies, qui avaient réduit l'essence vitale. La voilà favorable au sang et à sa couleur rouge, synonyme de force et de santé. C'est un tel état d'esprit qui incite à prescrire beaucoup de viande rouge (crue de préférence), à boire du vin rouge, à absorber du fer, et – le fin du fin ! – à tremper un tisonnier chauffé au rouge dans le vin avant de le boire !

Tous ces mythes ont la vie dure. En 1911 un manuel de physiologie affirme encore : « Le balayage incessant des surfaces suppurantes par un air exempt de germes, attiré jusqu'aux derniers alvéoles par une inspiration profonde, réalise une antisepsie pulmonaire efficace [...]. Un malade avec du pus septique dans les poumons et de la fièvre qui en est la conséquence, doit aller à la montagne et ne doit pas aller ailleurs[18]. »

Au-delà de ces pseudo-arguments de physiologie, il faut bien constater que les cultes de l'hygiène des sommets, de l'air pur, de la guérison par la nature, correspondent à des archétypes de l'imaginaire, la religion de la montagne, présente dans toutes les mythologies. Que ceux-ci resurgissent en cette période du XIXe siècle, apogée du romantisme, n'est pas pour surprendre.

Les thèses de l'ascension, de l'aspiration salvatrice et de la vivification par l'air pur procèdent du champ de l'inconscient humain et figurent au *Répertoire de la réalité symbolique* de Jung[19]. Le retour au sein maternel, et l'instinct de régénération correspondent bien, selon lui, au désir profond de l'homme. Pour combler l'exigence absolue de résurrection de la libido, rien ne vaut donc « l'immobilisation sur un versant de montagne [...] baigné par l'air pur, car c'est là que se réalise l'analogue du réenfantement[...] ».

De cette religion de la montagne, Michelet est sinon le grand prêtre, au moins le grand clerc. Il ne recule devant aucun artifice du romantisme, pour la doter de vertus curatives envers toute maladies de langueur et de faiblesse.

Dans son imaginaire poétique enflammé de pensées humanitaires, la montagne, dont le sommet arrondi est un véritable sein de femme, devient une mère généreuse et médicatrice. Ses plantes guérissent bien mieux que la « médecine à mort » des médecins. Elle irradie une force de vie aussi féconde que les rivières qui y prennent source. L'homme débilité doit donc « remonter » vers les sommets, propose Michelet dans sa préface de *La Montagne.*

Cette montagne, enfin, c'est l'espace de silence, propice à recouvrer la sérénité, à fuir la collectivité et ses entraves, afin d'atteindre à la liberté et à l'élévation de l'âme.

L'examen des repères chronologiques montre que le livre de Michelet est publié en 1868, au moment où se dessine un grand mouvement international vers l'altitudothérapie en général, appliquée ensuite à la tuberculose en particulier. Deux publications médicales, légèrement antérieures, sont significatives de ce mouvement. La première, invoquant l'exemple des habitants des Cordillères, fait état, sans argument scientifique évidemment, d'une « immunité des montagnards pour la phtisie[20] ». La maladie, partout présente, devient « rare à certaines altitudes », prétendait la seconde, devant l'Académie de Médecine (1865)[21]. Dix ans plus tard, les premiers sanatoriums vont faire leur apparition en Suisse.

En France, avec quelque retard sur d'autres pays européens, la *période sanatoriale* du traitement de la tuberculose débute dans les années 1900.

Car on a fini par se mobiliser et s'organiser contre le fléau. À défaut de médicament curatif, isoler les tuberculeux, les regrouper dans des sanatoriums où leur est proposée une surveillance médicale attentive constitue un progrès certain. Et puis, en sanatorium, on se repose ! C'est le remède magique, ce *repos.* Au point de devenir l'obsession. Je ne sais s'il faut rire ou se désoler qu'on soit allé jusqu'à plâtrer entièrement des malades pour les contraindre à se reposer ! La mise au repos sélective du poumon tuberculeux par son affaissement (collapsothérapie)[22] a constitué au contraire, par la suite, une mesure beaucoup plus judicieuse et représenté un progrès considérable dans le traitement de la tuberculose.

A posteriori, hormis la qualité des soins et de la surveillance médicale qui y étaient prodigués, ainsi que le bénéfice de la cure de repos (qui aurait pu être observé ailleurs), on peut s'interroger sur l'avantage réel de cet engouement affectif pour la montagne. Celle-ci a constitué, pour un certain nombre de tuberculeux, un environnement salutaire et représenté, en outre, un principe imaginaire, favorisant le retour à soi et la guérison. Par cela, la tuberculose était à la fois exil, exclusion et voyage. Comme l'étaient les pérégrinations des romantiques. Comme on le dit du voyage des drogués, ou du grand voyage de la folie.

*

Voilà une « certaine lecture » du symptôme tuberculose. Qui pourrait donner à penser que la tuberculose a représenté l'épiphénomène d'un moment de l'histoire sociologique de l'humanité – et de l'Histoire tout court. Mais, se limiter à cette lecture-là constituerait une erreur.

Beaucoup plus complexe est en effet la réalité. Il suffit, pour s'en convaincre, d'évoquer ici la plus fameuse des tuberculeuses célèbres, qui demeure sans conteste Alphonsine-Marie Duplessis, alias Marguerite Gautier, d'Alexandre Dumas fils : *La Dame aux camélias* (1848), star du romantisme populaire, bien connue pour son mouchoir blanc taché de sang.

Son personnage, populiste et mélodramatique, n'invite guère, *a priori*, à l'interrogation métaphysique et à la question de la finalité existentielle. Bertrand Poirot-Delpech[23] a pourtant bien montré que le sujet était toujours à inventer et souligné que le rôle plaît. Comme en témoigne la liste édifiante des célébrités qui, depuis cinq générations, ont pris plaisir à le tenir, au théâtre ou au cinéma : Eugénie Doche, créatrice du rôle, la Duse, Sarah Bernhardt, Greta Garbo, Ludmilla Pitoëff, Yvonne Printemps, Yvette Chauviré, la Callas et la dernière en date, Isabelle Huppert. Mais la Callas, poussant le cri ultime de la Traviata : « adieu à tout ce que j'aime », n'est-elle pas, de toutes, la meilleure interprète ?

« Lorsqu'une histoire ou un personnage donnent lieu à tant d'interprétations », écrit Bertrand Poirot-Delpech, à propos de « sa » *Dame aux camélias*, « c'est que leur vérité se révèle sans fond, comme on le dit de la mer, et comme elle, inépuisable. On appelle cela un mythe[24] ». Et c'est le propre des mythes de tolérer une infinité d'interprétations... « La substitution à la tuberculose d'autres maladies non contagieuses à laquelle l'humanité cherche un sens, souligne-t-il très justement, n'a pas entamé le phénomène "Dame aux camélias".»

Si ce sujet de roman-feuilleton séduit toujours autant, est-ce l'historiette édifiante qui nous émeut, ou la représentation symbolique de notre sort ? Comment ne pas voir, en effet, que ce personnage d'Alexandre Dumas fils nous ramène au plus vieux thème de notre condition, rabâché par le duo Éros et Thanatos, qui souffle les pulsions de vie et de mort ?

La meilleure preuve en est que le thème tuberculose-porteuse-de-la-mort sera repris quelque quatre-vingts ans plus tard par Thomas Mann dans sa *Montagne magique*.

De toute la littérature née de cette époque sanatoriale, débutant en 1893 par *Ships that pass in the night* de Béatrice Harraden, c'est *Der Zauberberg*, la fameuse, l'énorme *Montagne magique* de Thomas Mann (1924) qui constitue le morceau d'anthologie[25]. Ce roman plaît encore beaucoup. Est-ce parce qu'il est émouvant ? Parce que la singulière écriture de Mann demeure très appréciée ? Sûrement. Mais, avant tout, parce que son thème, comme celui de *La Dame aux camélias*, comme celui de Carmen, est étranger au temps.

Le filigrane du récit, c'est en effet la menace de la mort, qui donne de la gravité, et surtout du sens, à des actes et à des propos qui en étaient jusque-là dépourvus. Et ce fil rouge résume finalement un roman de 1 200 pages, impossible à résumer.

Hans Castorp, un jeune homme bien sous tous rapports, vient à Davos rendre visite à son cousin en sanatorium (comme Mann y était venu en 1912, partager deux mois le séjour thérapeutique de sa femme, Katia). Il se trouve souffrant, les médecins qui l'examinent lui découvrent une tuberculose pulmonaire, et l'hospitalisent immédiatement (alors que Mann refusa l'admission de six mois que le médecin du sanatorium lui proposait, redoutant qu'il ne soit tuberculeux, et préféra se mettre à écrire *La Montagne magique*).

À 1 500 mètres au-dessus des vivants, dans la neige et la glace, Hans découvre le monde singulier, de « ceux d'en haut », congelé dans son hermétisme. La vie y est brillante, dans une apparence mensongère de luxe et de gaieté, des allures de grand hôtel, une chère abondante et délicate, des distractions mondaines, des malades excentriques, comme cette jolie femme qui offre en souvenir à son ami sa radiographie thoracique.

Mais si on se donne tant de mal pour être gai, c'est afin d'oublier que dans ce sanatorium, on meurt beaucoup.

L'agitation est en effet un carnaval de la mort. Une danse macabre sans commencement ni fin, dans laquelle sont mêlés médecins cyniques, infirmières blasées, malades hystériques ou désespérés, morts emportés la nuit de leur chambre, désinfectée à la hâte, afin qu'un autre malade prenne la place.

L'angoisse, née de l'évolution incertaine de la tuberculose qu'on ne voit pas et qui, dans la poitrine, menace pourtant le Souffle, contraint Hans Castorp à prendre conscience de tout ce qu'il n'avait pas pu ou voulu voir de la vie lorsqu'il était en bonne santé, à commencer par le sens de son existence.

Car ce n'est pas le temps perdu qui est en cause chez Mann, « mais le temps corrompu, porteur en lui-même de décadence et de mort », décadence présente dans tous ses romans et qui rend son œuvre encore plus tragique que celle de Proust[26].

Et l'interrogation essentielle est évidemment de savoir ce que peut opposer l'homme à la mort ? La bonté et l'amour. En leur nom, « l'homme doit interdire à la mort de régner sur ses pensées ». Hans Castorp, qui à Davos pense beaucoup, ne trouve d'autre alternative à la fatalité de la mort que la sublimation que développent les qualités de cœur. Si nous avons tous notre « tache humide », notre fièvre infectieuse, il ne reste plus qu'à s'entraider et à s'entr'aimer. La liberté de l'esprit est supérieure à la mort. On retrouve là une conséquence du symptôme tuberculose doublement reprise par Camus : opposer sa liberté intime à la fatalité (*Le Mythe de Sisyphe*) et dépasser son propre symptôme en s'ouvrant à la solidarité humaine (*La Peste*).

Car le roman s'achève, alors que la guerre de 1914 oblige Hans à descendre de sa Montagne magique. Il disparaît de notre vue marchant vers son destin, dans le brouillard des Flandres, en chantonnant le *Tilleul* de Schumann. Il va probablement mourir mais cela n'est pas dit. Le livre s'achève sur cette interrogation angoissante : « De cette orgie de mort universelle, de cette fièvre maligne qui embrase l'horizon pluvieux du soir, verrons-nous jamais surgir l'amour entre les hommes[27] ? »

Dans cette Montagne magique, par conséquent, la tuberculose ne constitue presque plus que le prétexte, la toile de fond qui, plaçant l'individu face à son destin, c'est-à-dire à sa mort, le contraint à s'interroger et à trouver sa réponse à l'énigme qu'elle véhicule. D'autres maladies feront donc aussi bien l'affaire : la peste, par exemple, avec Camus.

14

MALADIES RESPIRATOIRES DE NOTRE ÉPOQUE

Parce qu'elle était « la maladie » dont on mourait, la tuberculose avait relégué au second plan les autres maladies respiratoires. Cela ne signifie pas qu'on ne mourait pas *aussi* des affections non tuberculeuses, mais l'arbre tuberculose masquait leur forêt. Or, elles ont pris désormais la première place par leur fréquence et leur gravité. *Love story* a pris le pas sur *La Dame aux camélias.*

S'interroger sur les causes de ces maladies (asthme, bronchite chronique et cancer du poumon) incite à invoquer légitimement, dans leur genèse, la responsabilité majeure de l'environnement. Mais ce terme est bien imprécis, pour désigner le grand nombre de facteurs qu'il englobe, et il est déjà plus fructueux de distinguer les environnements extérieur, professionnel, domestique, individuel, etc. Qui ont tous été profondément modifiés par l'homme lui-même, et cette modification représente, ce n'est pas douteux, un caractère essentiel de cette fin du xxe siècle.

Il n'y a pas lieu d'inclure ici un précis d'écologie. Je voudrais seulement évoquer les risques accrus d'agression que comporte pour l'appareil respiratoire cette modification de l'environnement.

L'environnement extérieur a été le plus modifié comme on le voit à l'évidence dans l'espace rural : le déforestage signifie fatalement accroissement des zones incultes, terrain d'élection des graminées, l'allergène pollinique le plus redoutable.

La pollution représente un autre exemple. Hormis l'éventualité de ses pics d'agressivité, elle demeure encore, quelques sites particuliers mis à part, relativement peu dangereuse en France mais elle agit comme un *cofacteur d'agression* respiratoire.

L'environnement psychologique a lui-même beaucoup évolué. Le passage d'un mode de vie rurale à des habitudes urbaines a transformé totalement les façons de vivre et les mentalités. Les grands ensembles sont pourvoyeurs à la fois de promiscuité et de solitude ; la souffrance psychologique y est diffuse et permanente.

L'histoire culturelle des maladies est entrée simultanément dans l'ère du « *mal latent*[1] ». Notre société de progrès a développé la pratique du *dépistage systématique*, qui permet de déceler des maladies avant qu'elles ne se soient manifestées. Cette pratique fait découvrir, à des individus qui *n'éprouvent aucun symptôme*, des maladies dont ils étaient porteurs « à leur insu ». Profitable à l'intéressé, cette démarche fait naître la sensation qu'on peut être malade sans le savoir. Que nous sommes, par conséquent, non seulement vulnérables, mais démunis de système d'alarme. Il y a là indéniablement un facteur d'angoisse, avec cette nouveauté que l'histoire culturelle des maux devient « une histoire technologique des maux[2] ».

Dans le type et la fréquence des maladies respiratoires actuelles, faut-il voir une sorte de refus d'un environnement ressenti comme hostile et agressif, une sorte de réaction de « défense » de l'organisme humain ?

Cette question importante ne peut recevoir une réponse véritable, car la signification des maladies – c'est évident – ne nous est pas immédiatement accessible.

Nous voyons en effet « arriver » les maladies, bien avant d'être à même d'en déceler le sens. C'est *a posteriori* seulement que peut être porté sur elles un jugement de valeur. Il s'agit là d'ailleurs d'une règle de biologie que François Jacob souligne excellemment : « Pour qu'un objet soit accessible à l'analyse, il ne suffit pas de l'apercevoir. Il faut encore qu'une théorie soit prête à l'accueillir. Dans l'échange entre la théorie et l'expérience, c'est toujours la première qui engage le dialogue[3]. »

Formuler un jugement sur les maladies de notre temps nécessite donc beaucoup de prudence. Qui n'empêche pas de scruter l'évolution parallèle de notre « environnement » et du symptôme respiratoire.

L'examen de la *relation* entretenue par *l'individu avec son environnement* révèle immédiatement son extrême *ambiguïté*, son caractère irrationnel à l'égard du risque présenté surtout.

Si je considère, par exemple, l'environnement extérieur, tout se passe comme si des gens dotés du même appareil respiratoire et du même niveau socioculturel pouvaient, sur le même problème de la pollution atmosphérique, osciller d'attitudes de passion revendicatrice jusqu'à des attitudes de désintérêt souverain[4].

C'est qu'à côté des paramètres scientifiques de pollution, les seuls vrais critères, pour chacun d'entre nous, sont ceux, très subjectifs, de notre moi. C'est-à-dire les nôtres, fondés sur des critères totalement arbitraires, tel facteur étant perçu comme agressif alors qu'il ne l'est pas et inversement.

Ce qui revient à dire que notre attitude est radicalement différente selon qu'il s'agit des risques que nous choisissons (et comportant quelque plaisir, comme le tabagisme), ou des risques que nous subissons[5].

Notre attitude vis-à-vis de la pollution dans la maison comporte la même contradiction. Avec le désir très louable d'en améliorer sans cesse le confort, nous y avons introduit, dans l'ignorance de leurs dangers potentiels, toutes sortes de produits « domestiques ». Leur présentation, de plus en plus fréquente, sous la forme de pulvérisateurs, qui délivrent de fines particules pénétrant facilement nos bronches, représente un exemple de ces facteurs de risque.

De même, l'intrusion d'appareils de chauffage, climatisation, humidification, va de pair avec des modifications physiques, microbiologiques et psychologiques de notre milieu de vie, encore insuffisamment maîtrisées.

Un dernier exemple significatif réside dans l'introduction, de plus en plus fréquente, d'animaux domestiques au domicile. Dans le désir de « se rapprocher », ou « de revenir à la Nature », bien absente de nos villes, les enfants élèvent volontiers chez eux des « petits animaux », seuls compatibles avec le type d'habitat. Mais, lapin, hamster, rat, souris, cobaye, oiseaux sont extrêmement allergisants, sans oublier le chat, le plus redoutable d'entre eux d'un point de vue allergénique. Des chats, il n'en manquait certes pas dans les fermes de nos ancêtres. Mais cet animal est devenu *un substitut affectif*, auquel a été composée une niche écologique différente : il vit en appartement, on le prend dans le lit, etc.

Et je voudrais souligner ici le caractère encore méconnu de ce « *danger du troisième type* », immuno-allergique. Dans son histoire, en effet, l'homme a successivement redouté le danger microbien et la contagion, puis le danger toxique et, à présent, nucléaire. Mais il n'est pas encore conscient qu'un chat ou un oiseau puisse, dans les conditions biologiques où l'homme s'est placé, constituer un danger[6].

La conscience du danger, de toute façon, ne contribue pas nécessairement à l'éviction. Puisque là où notre ambiguïté atteint les sommets, c'est avec notre *environnement individuel*, modifié de façon extrêmement grave pour nombre d'entre nous par la *consommation de tabac*.

Car enfin, pourquoi fume-t-on, lorsqu'on sait les effets désastreux du tabac ? Qui est pourtant le coupable numéro un dans les deux maladies respiratoires modernes de gravité croissante, en morbidité et mortalité, la bronchite chronique et le cancer des voies respiratoires. Les statistiques le mettent indéniablement au premier rang des accusés, et la pollution n'est auprès de lui qu'un pâle comparse.

Or, même si je considère la pression sociologique, particulièrement pesante en matière de tabagisme, elle procède bien du choix de l'individu, l'agression des voies respiratoires par le tabac, la plus violente qui soit. Et non d'un effet passif comme la pollution. Quelle ambiguïté chez celui qui fume quarante grammes de tabac par jour et fait campagne contre la pollution ! Je ne peux qu'enregistrer ici, par conséquent, une attitude d'autodestruction de l'individu pour son appareil respiratoire.

Revenons à l'asthmatique allergique. Faut-il invoquer chez lui, qui paraît « refuser l'air », le refus d'un certain type d'environnement ?

Refus, je ne sais ; réticence peut-être, déshabitude sans doute.

L'asthmatique est, fondamentalement, celui qui présente une susceptibilité bronchique exacerbée. L'obstruction des bronches face aux agressions correspond, il est utile de le rappeler, à une réaction *normale* d'adaptation, destinée à éviter que le premier agresseur venu ne pénètre dans le poumon au risque de le léser. Mais l'asthmatique, lui, réagit excessivement et ferme ses bronches à tout propos[7]. À celui de l'allergie, par exemple, bien que tous les asthmes ne soient pas allergiques.

L'allergie ? Voilà un mot que notre époque ne se prive pas d'employer. À tort et à travers d'ailleurs, l'assimilant à la notion d'intolérance (« je suis allergique au chaud, au froid, au temps humide », etc.). Mais l'abus de langage est éloquent, puisqu'il est devenu habituel de dire à propos de toute chose ou personne qu'on ne supporte plus : je suis allergique à... C'est-à-dire je rejette, je refuse.

L'étymologie est instructive.

Allergique (du grec *allos*, *ergos*, réaction différente) signifie que le comportement d'un organisme, en contact pour la seconde fois avec un allergène, est *différent* de celui qu'il fut la première fois. C'est-à-dire qu'il s'est *sensibilisé* à cet allergène et a acquis la double capacité de reconnaître l'agresseur et de s'opposer à lui. C'est donc un terme de biologie et plus précisément d'immunologie. Le langage courant a « récupéré » d'ailleurs beaucoup de notions d'immunologie, éloquentes pour illustrer les relations actuelles de l'homme avec son milieu, dans ces expressions qui évoquent le rejet des greffes par l'hôte : « je fais une réaction de rejet à... »

Mais, dans le langage familier, le terme d'allergique désigne, en fait, par extension, un *hyper-ergique*, c'est-à-dire celui qui présente une réaction allergique *excessive*. Celui donc, dans le cas de l'asthmatique, dont les bronches hypersensibles réagissent excessivement à des stimuli qui laissent les autres indifférents (je pense ici aux « exagérants » de Paul Valéry).

Pourquoi ?

Scruter l'éventuelle connotation métaphysique des maladies allergiques impose d'examiner la signification biologique du phénomène allergique.

L'un des protagonistes de la réaction allergique immédiate est un anticorps du sang circulant, passivement transmissible d'un patient à un autre ou à un animal. D'abord dénommé « réagine » (qui induit une réaction), des immunologistes ont pu le caractériser comme une immunoglobuline de type E (IgE), présente normalement dans le sang à un taux si faible qu'il faut la doser au moyen des radio-isotopes. Chez les allergiques ce taux s'élève considérablement mais ses niveaux les plus élevés, on les observe dans les maladies *parasitaires*.

Que « signifie » cette IgE ?

Dans le cas des maladies parasitaires, elle joue – c'est démontré – un rôle de *défense* contre les parasites. À en juger d'après les pays en voie de développement, où sévissent volontiers les parasitoses, l'IgE est donc, ontogéniquement, un anticorps *protecteur*, qui défend l'intégrité de l'hôte contre le parasite, c'est-à-dire du moi par rapport à un danger extérieur.

Mais que peut-elle représenter dans les pays industrialisés, d'où les parasitoses ont quasiment disparu ? Moins il y a de maladies parasitaires dans une population donnée et plus grande y apparaît la fréquence des maladies allergiques[8].

Il existe donc une sorte de balance entre maladies parasitaires et allergiques, la présence des unes coïncidant avec l'absence des autres et inversement.

Faut-il en déduire une *adaptation*, qui ferait qu'en l'absence de parasites, pour mettre en danger l'intégrité de l'hôte, le mécanisme de défense s'appliquerait à d'autres éléments *non parasitaires* de l'environnement ? Dans cette hypothèse, il faut se demander si ces éléments de l'environnement, contre lesquels se dirige la production d'IgE (anticorps ontogéniquement de défense), sont intrinsèquement agressifs et dangereux, ou si c'est l'organisme humain qui présente à leur égard une sensibilité excessive.

Agressivité accrue de notre environnement ?

Pour qu'il y ait anticorps (IgE), c'est évident, il a fallu un antigène (allergène). Et des allergènes, notre environnement en foisonne, qui nous abordent sous toutes formes et par toutes voies, respiratoire, cutanée, digestive, oculaire, etc. Leur responsabilité n'est pas douteuse chez l'allergique, comme en témoigne la relation entre le signe du Zodiaque des enfants et le type de leur allergie ; ce sont par exemple les « Taureaux » qui sont allergiques aux graminées. N'allez pas imaginer une influence astrale : les enfants nés en mars-avril sont exposés aux pollens à leurs premières sorties de mai-juin, alors que ceux qui naissent à l'automne font leurs premières expériences allergéniques (avec « la poussière de maison ») durant l'automne-hiver.

Ces allergènes, l'allergique les perçoit volontiers comme des agresseurs, hostiles et mystérieux. Leur désignation il est vrai n'est pas neutre : moisissures, poussières (« Tu es poussière... ») font volontiers référence à la mort. Le site même de ces allergènes n'est pas indifférent : foin coupé, feuilles mortes, vieux habitats. Leur connotation sexuelle peut, tout autant, être soulignée ; car enfin, le grain de pollen, c'est un spermatozoïde, les moisissures, ça prolifère, les poils, les plumes, le duvet, le lit, tout cela n'est pas neutre.

Les acariens de la chambre à coucher avec leur chef de file, *Dermatophagoïdes* (« qui mange la peau ») *pteronyssinus*, évoquent d'invisibles parasites profitant du relâchement de votre vigilance pendant le sommeil pour vous agresser.

La pensée, enfin, que les pollens (consonance proche de pollution !) puissent être agressifs, suscite une défiance vis-à-vis de la Nature, symboliquement considérée *a priori* comme favorable. De quoi pourra-t-on ne plus avoir peur s'il faut se méfier aussi des arbres, des plantes et des fleurs !

Si notre environnement allergénique est devenu plus agressif, cela ne paraît pas être du fait de tel ou tel allergène mais de la *rupture d'équilibre* des allergènes au sein de cet environnement. Un seul allergène y est souvent présent, mais à une densité si élevée qu'elle est intolérable.

Dans un élevage industriel de volailles, où la propreté est incomparablement supérieure à celle d'un cour de ferme du siècle passé, il n'y a plus qu'un seul type d'allergène ; mais à une densité extraordinaire.

Il faut invoquer surtout la DÉSHABITUDE du citadin du XXe siècle à l'égard de certains allergènes.

Rien n'était peut-être aussi peu « hygiénique » qu'un habitat rural il y a cinquante ans. Il ne semble pourtant pas que ses habitants aient beaucoup souffert d'allergies, alors qu'ils étaient confrontés à une foule d'allergènes. Mais le contact avec ces allergènes, très divers, s'établissait dès la naissance. Actuellement, un adolescent qui a toujours vécu dans un milieu urbain « aseptisé » va se trouver confronté, pour la première fois, avec un allergène assez tardivement, les poils de cheval, par exemple, si l'envie de monter le prend à l'âge de seize ans.

L'homme est donc déshabitué de son environnement. Depuis Rousseau qui magnifie la Nature, jusqu'à Raymond Queneau qui la refuse, une évolution s'est évidemment dessinée entre ces deux attitudes extrêmes, attitudes de défense, probablement. L'irréversible migration vers les villes a radicalement transformé les modes de vie et l'habitat de nombreuses générations. Si la mutation matérielle est faite, la mutation profonde n'est pas vraiment achevée. Car le citadin est à la fois imparfaitement adapté à la ville et pourtant déshabitué de la campagne.

Si bien que, de milieu « naturel » favorable (la Mère-Nature), notre environnement est devenu progressivement le faux jeton, celui qui, insidieusement, est toujours capable de vous agresser : il risque de léser mes poumons et je ne le sais pas, je ne vois pas le danger, pense-t-on.

L'homme, aux yeux de Queneau, n'est plus fait pour la Nature : « Pouah ! la Nature ! Pouah ! pouah ! Heureusement que l'homme n'est pas naturel[9] ! » « Le végétal [...] », interroge Queneau, « qu'y puis-je voir sinon l'absence ? » L'animal, les ruraux eux-mêmes (« comme ils suent l'ennui, comme bestialement ils peinent ») sont plongés dans cette « noirceur imbécile » où « l'homme effondré ne sent même plus d'écho à sa peur ».

Un tel refus de la Nature paraît évidemment contredit par les mouvements écologiques, la ruée dominicale vers la campagne, le désir du retour à la terre. Mais ce désir de retour présuppose un départ, dont la révolution industrielle n'est pas seule responsable.

Quoi qu'il en soit de la déshabitude à l'environnement actuel, seuls les allergiques – c'est à remarquer – réagissent contre lui.

Défense salutaire à l'organisme, la réaction allergique devient chez eux excessive, dépasse son but, se transforme en conflit et s'exerce contre des adversaires, auxquels les individus « normaux » ne réagissent pas. Si bien que les allergiques sont indiscutablement des sujets dotés d'*hypersensibilité*.

Les maladies allergiques, il faut le souligner ici par parenthèse, sont probablement des maladies d'avenir. Posséder, dans son système génétique, des gènes de « bonne réponse » immunologique a représenté dans le passé une condition de survie. Nos générations doivent probablement beaucoup au fait que nos ancêtres avaient, dans les cinq mille dernières années, un système immunologique résistant aux agressions. Mais, la population sélectionnée par cette réactivité et devenue même hyperréactive, c'est-à-dire prédisposée aux maladies allergiques, risque fort de s'accroître dans les années à venir[10].

L'asthmatique allergique est volontiers désigné comme l'*indicateur*, ou la *sentinelle* de la pollution : dans une ambiance donnée il est le premier à déceler une odeur, un animal. Un allergique au chat soupçonne sa présence dans un local avant même de l'avoir aperçu et, dans son sérum, des anticorps contre le chat persistent encore plusieurs années après qu'il s'est séparé de lui.

On a vu, à propos de Proust, que psychologie et biologie, hyperesthésie aux « sensations » et hypersensibilité aux allergènes sont liées. L'allergique apparaît donc, à tous égards, comme celui qui est *différent*.

Reste enfin la question de la finalité de cette hyperréactivité de l'allergique : est-elle vaine ou pourvue d'objet ? En d'autres termes, est-ce que l'allergique se trompe de cible ou bien est-il celui qui perçoit un danger, bien avant les autres, et réagit contre lui ?

On n'a pas manqué d'invoquer, à propos de l'IgE et de la réaction allergique qu'elle déclenche, une *erreur* biologique. Comme si certains mécanismes de défense étaient devenus fous et déclenchaient des alertes inutiles. Anaphylaxie, l'un des synonymes d'allergie, utilisé par Richet et Portier pour désigner l'accident mortel du chien qu'ils voulaient protéger, signifie antiprotection.

Car enfin, comment admettre, *a priori*, que la réaction allergique, responsable par exemple de la crise d'asthme, correspond bien à un mécanisme de défense ?

Et pourtant oui, cela en est probablement un. De la même façon que la réaction inflammatoire autour d'une plaie associe les inconvénients d'une inflammation et les avantages d'une limitation lésionnelle.

Que se passerait-il chez l'allergique, s'il laissait pénétrer ses agresseurs sans réagir ? Peut-être a-t-il besoin de cette réaction violente, de la même façon, nous l'avons vu, que la crise d'asthme comporte une finalité cathartique.

Aussi est-il permis de se demander, sans être par trop finaliste et en évoquant l'IgE antiparasitaire, si l'allergique ne se sert pas d'un mécanisme ancien (et devenu inutile) pour affronter un danger nouveau, danger qu'il saurait seul actuellement, grâce à son hypersensibilité, percevoir et déceler.

C'est l'hypothèse que je formule. Mais sans aucune sorte d'arrière-pensée écologique. Car s'il en était ainsi, les allergènes seraient un peu à l'asthme ce que les bacilles de Koch sont à la tuberculose. C'est-à-dire seulement des causes apparentes. Un type de maladies milite dans le sens de cette hypothèse, c'est celui des maladies dites *auto-immunes.* Le « dévoiement » (*apparent*) des phénomènes immuno-allergiques y atteint son sommet, puisque l'organisme humain n'a même plus « besoin » d'agresseur et se met à fabriquer des anticorps contre ses propres tissus ou organes. Comme s'il ne les reconnaissait plus comme siens. Et transgressait la règle biologique de la tolérance du soi pour se diviser contre lui-même. De la même façon qu'il est sentinelle, peut-être l'asthmatique est-il donc aussi prophétique.

Reprenant la formule de Péguy, un collègue qualifiait le malade « psychosomatique » « d'aventurier des temps modernes », celui qui crée un sillage, en avant de ses semblables.

Qui sait, donc, si la maladie dite « psychosomatique » ne constitue pas une sorte de fer de lance des grandes mutations, des grandes « *allergies* » qui secouent, transforment, divisent nos sociétés ?

Cet ouvrage est le fruit d'une réflexion qui prolonge ma pratique médicale quotidienne. Pratique plurielle, associant soins, recherche et enseignement. Et que la démarche présentée ici ne contredit en rien, puisqu'elle lui est, au contraire, indispensable.

Cette démarche n'encourage en aucune façon à « psychologiser » ou à « psychiatriser » l'acte médical. Elle invite simplement le médecin, qui ne reçoit malheureusement aucune formation d'épistémologie médicale, à se départir d'une certaine défiance envers la réalité de la composante psychogène du symptôme. Car l'homme n'est pas la somme d'un esprit et d'un corps, mais une entité.

Les malades, pour la plupart, ne sont pas prêts à discuter du sens de leur symptôme. Ils ne sont pas demandeurs.

Leur requête (du genre : donnez-moi la pilule qui me guérira et n'en parlons plus) se limite en effet au symptôme et n'implique pas l'être. C'est le médecin qui, éventuellement, renvoie le symptôme à l'être. Lorsqu'il tente d'élargir le champ et questionne le malade au sujet de lui-même et de son environnement, celui-ci n'en voit pas l'intérêt ou bien refuse obstinément de l'envisager. Car cela l'obligerait à s'interroger sur lui-même.

Cette disposition mérite le respect et ne doit pas être violée ; elle n'exclut pas de favoriser, cependant, une évolution progressive.

Si ma réflexion ne conclut par aucune sorte de recette, elle a beaucoup éclairé ma compréhension du symptôme. D'une façon précieuse.

En particulier avec ces patients pour lesquels les possibilités médicales de guérison sont limitées. Elle m'a permis d'adopter, face à eux, une attitude à la fois vraie et féconde. Qui consiste à indiquer clairement au malade que j'entends sa souffrance et que je lui en donne acte. Cela signifie concrètement : je ne suis pas sûr de pouvoir vous guérir mais je m'associe à votre souffrance et vous aiderai à l'assumer. Tirée d'une réflexion, cette attitude ne fait d'ailleurs que paraphraser la réponse de Freud, aux patients qui lui demandaient « comment pourrez-vous m'aider ? ». Il s'agit, leur disait-il, de « transformer votre misère [...] en malheur banal[1] ». Un malheur acceptable, ajouterais-je.

Cette attitude est médicinale : beaucoup de malades en retirent un grand réconfort. Il n'y a pas que les médicaments pour être thérapeute.

Ici, il faut ouvrir une large parenthèse au sujet de la place prise par le médicament dans la médecine actuelle. Si la médecine est probablement aussi vieille que l'homme, la thérapeutique fut longtemps quasi inexistante (ce qui n'empêchait pas des patients de guérir). Les moyens de traitement efficaces que nous connaissons datent à peu près des quarante dernières années. Il y a peu de temps encore, l'essentiel de l'effort du médecin s'attachait au diagnostic. Le traitement, vu son efficacité, était un sujet tout à fait secondaire.

Il en résultait, à la suite du célèbre « je le pansais, Dieu le guérit » d'Ambroise Paré, une relation triangulaire entre le malade, le médecin et Dieu, c'est-à-dire tout ce que comportent d'inconnu et d'irrationnel la maladie, l'homme et Dieu[2].

La survenue de médicaments vrais a substitué à ce système une relation binaire, malade-médecin, qui fonde tout sur le médecin. Dès lors, on attend de celui-ci beaucoup plus qu'il ne peut donner, aussi grande soit sa compétence.

La part d'inconnu, d'in-su, demeure majeure en effet, que ce soit pour le médecin (à propos de sa science et de lui-même) ou le malade (à son sujet et celui de sa maladie). Or, la relation binaire *fait comme si* tout cela n'existait pas. Il existe une maladie d'une part, un médicament *ad hoc*, donc je dois guérir. Seulement, ce n'est pas toujours le cas. Et il arrive même, de plus en plus, que le médecin soit poursuivi en justice, ce qui n'était pas pensable du temps d'Ambroise Paré.

La culture scientifique du médecin (et celle du malade) proclame les fantastiques possibilités actuelles de la biologie et ses perspectives. De façon inconsciente mais obstinée, elle tend à leur faire prendre l'homme pour un être purement biologique, dont la physiologie et la pathologie seraient parfaitement connues.

Mais ce n'est pas (encore ?) le cas ! Et cet homme, lorsqu'il est malade, sent confusément qu'il lui manque quelque chose.

Ses formules, bien stéréotypées, sont là pour nous le rappeler : « Si ce n'était pas "ça", à part "ça", tout irait bien ; s'il n'y avait pas "mon" asthme, j'ai tout pour être heureux. »

On a donc beaucoup trop oublié les deux éléments qui s'ajoutent à la biologie pour que *l'Homo Biologicus* devienne un être humain. C'est-à-dire la conscience de la sexualité et de la mort.

RÉFÉRENCES
ET NOTES BIBLIOGRAPHIQUES

La bibliographie de cet ouvrage ne saurait prétendre être exhaustive. Ne sont donc mentionnées ici que les références essentielles et appelées dans le texte.

PROLOGUE

1. Michel F.-B., *Asthmologie.* Paris, Ed. Orange Médicale, 1981.

2. Queneau Raymond, *Loin de Rueil.* Gallimard (Coll. « Folio »), 1944, p. 20.

3. Griaule, cité par Gaston Bachelard, *in L'Air et les songes.* Essai sur l'imagination du mouvement. Paris, Corti, 1978, p. 259.

4. Poirot-Delpech Bertrand, *Feuilletons, 1972-1982,* Avant-propos. Gallimard, 1982, p. 16.

5. Queneau Raymond, *op. cit.*, p. 21.

6. *Ibid.*

7. Mais il y a un second visage de l'asthme : la maladie que voient les autres.

L'asthme fait peur. Il a donc ses tabous et rendre son verdict effraie.

Malades et médecins, pour éviter de prononcer son nom, se réfugient dans des diagnostics sécurisants du genre « bronchite asthmatiforme » [*sic*].

Ainsi par exemple, une jeune confrère, souriante pour me dire que ses deux fillettes, présentées à ma consultation, avaient une « bronchite asthmatique », devint livide quand, certaine que j'allais confirmer son diagnostic, je lui dis que ses enfants étaient bien asthmatiques.

Effrayant, l'asthmatique est également FASCINANT. À son entourage, il exhibe sa séduisante fragilité. Dissimulé derrière son symptôme, qu'il a fini par bien connaître et par apprivoiser, il n'en bouge pas. Mais celui qui l'observe est fasciné par le mystère de cette curieuse plainte bronchique revenant par accès, qui a l'étrangeté de l'incompréhensible.

8. Claudel Paul, *Œuvre poétique.* Gallimard (Bibl. de la Pléiade), 1967, p. 141.

9. Observation professeur Ch. Aussilloux, non publiée.
10. Pigeaud Jackie, *La Maladie de l'âme.* Paris, Soc. Ed. « Les Belles Lettres », 1981, p. 178.
11. Cité par K. Kippenberg dans son livre sur R.M. Rilke, p. 219, et repris par Gaston Bachelard *in L'Air et les songes.* Essai sur l'imagination du mouvement. Paris, Corti, 1978, p. 271.
12. Fresque de marbre réalisée en 90 après J.-C., découverte à Rome, sous le Palazzo della Cancelleria Apostolica (Musée du Vatican).
13. V.E.M.S. (volume expiratoire maximal par seconde).
14. Fromm Erich, *Avoir ou être ? Un choix dont dépend l'avenir de l'homme.* Laffont (Coll. « Réponses »), 1978.
15. « L'attitude propre à l'ère de la consommation consiste à vouloir avaler le monde entier. Le consommateur est un éternel nourrisson pleurant pour avoir son biberon » (Erich Fromm, *op. cit.*, p. 45).
16. 8e Dan, Délégué général pour l'Europe d'Aïkido Hondu.
17. *Roland Barthes par Roland Barthes.* Ed. du Seuil, 1975, p. 154.
18. Mais un certain nombre de patients ne font rien pour guérir, n'en prennent pas les moyens, un peu comme s'ils ne le voulaient pas vraiment, alors qu'ils vous supplient de le faire.

Il y a ceux qui ne prennent jamais les médicaments. Ceux qui en prennent trop, jusqu'aux accidents de surdosage. Ceux qui ne se décident pas à entreprendre la démarche de soins.

Je pense à ce garçon de 17 ans, qui vient me consulter. Il est accompagné par sa mère. Il souffre d'asthme et d'eczéma. Des lésions étendues et graves recouvrent tout son corps, au point qu'il n'ose pas se dévêtir. Après l'avoir examiné, je lui propose une hospitalisation de quelques jours pour le traiter intensivement. Des semaines, des mois passent, je ne le revois pas. Entre-temps, sa mère me téléphone pour me dire que je lui ai inspiré confiance, qu'il parle de moi avec espoir et finira par venir. Je revoyais souvent le visage de cet enfant aux yeux cernés et aux traits tirés par la maladie. Un jour, je me décidai à lui écrire qu'il n'y avait aucune fatalité dans son cas. Une lettre m'indique quelques semaines plus tard qu'il accepte enfin l'hospitalisation. Mais il ne viendra pas. J'apprends, le matin du jour où il devait entrer, que victime d'un accident de moto il est, depuis la veille au soir, dans le service de neurochirurgie. Le père me dit qu'il conservait ma lettre dans son portefeuille et se faisait une joie de venir. Il se rétablit mais ne vint jamais. J'appris par la suite que son asthme était guéri, mais pas l'eczéma.

D'autres asthmatiques, enfin, annoncent d'emblée leur scepticisme vis-à-vis de la guérison et acceptent les prescriptions comme pour m'être agréable. Mais ils dissimulent mal, *a posteriori*, leur satisfaction de m'avoir mis en échec : « Je vous avais bien dit que vous n'arriveriez pas à me guérir. »

19. Une « certaine attitude » médicale doit résulter de cette constatation. Si le médecin ne sait (ou ne veut) comprendre que tel symptôme est devenu indispensable, VITAL et que, désireux de guérir à tout prix, il s'acharne à l'effacer, il sera non seulement inefficace mais nocif. D'un double point de vue.

Médical, parce que la situation ne peut évoluer que vers l'escalade thérapeutique et ses désastreuses conséquences de pathologie iatrogène. Humain, parce que pour ce patient, le symptôme était langage ; et privé de parole, il risque d'en développer un autre ou de sombrer.

20. Freud Sigmund, *Inhibition, symptôme et angoisse*, 6e éd. P.U.F. (Bibl. de Psychanalyse), 1951, p. 15.

21. Que certains asthmatiques (et/ou leur entourage) présentent des singularités psychologiques n'est pas douteux. Elles n'ont pas manqué d'être soulignées par certains, jusqu'à dessiner un « profil-type » de ces patients, ce qui est une absurdité, sans fondement scientifique. Il n'est pas évident, en effet, que la proportion d'asthmatiques présentant ces difficultés soit plus grande que celle d'une population tout venant. Et même si tel était le cas, serait-ce étonnant compte tenu du handicap que représente l'asthme ?

Ces singularités, j'en ai acquis la conviction, sont conséquences et non causes de l'asthme. À supposer qu'elles confinent, au maximum, à la folie, on ne devient pas asthmatique parce qu'on est fou, mais plus vraisemblablement asthmatique pour ne pas devenir fou.

22. Une jeune femme de mon entourage, psychologiquement équilibrée, présenta un jour, dans une période de grand trouble, la seule crise d'asthme de sa vie. Personne ne voulait l'entendre. Elle en était arrivée, me confia-t-elle plus tard, à un tel point de tension qu'elle sentait confusément la maladie comme la seule issue, pour être enfin l'objet d'attention, c'est-à-dire exister aux yeux d'un autre.

23. Valéry Paul, *Cahiers*. Gallimard (Bibl. de la Pléiade), 1974, vol. 2, p. 362.

24. Ma démarche aborde, c'est évident, de nombreuses disciplines, comportant elles-mêmes de multiples spécialités (sociologie, histoire, littérature, linguistique, psychologie, psychanalyse) pour lesquelles je ne saurais prétendre à une compétence. En amorçant cette réflexion, j'étais donc parfaitement conscient de sa difficulté et de ses risques. Le cœur m'a manqué aussi au moment où m'est venue la pensée de m'exposer aux critiques additionnées des mallarméens, gidiens, claudéliens, proustiens, valéryens, sans compter les spécialistes du romantisme, surréalisme, structuralisme, etc.

Si j'ai cru pouvoir persévérer, c'est parce que ma démarche s'inscrit dans une perspective absolument différente de la leur, et que je ne saurais attenter à leur spécialité.

Médecin, je pratique une discipline par nature globalisante, et en relation avec beaucoup d'autres disciplines. Il ne m'a donc pas paru présomptueux d'indiquer, après avoir fait état d'une pratique, la nature du REGARD porté sur des œuvres qui, de façon extrêmement diverse, touchent au sujet qui m'intéresse, la RESPIRATION.

Il ne s'agit que d'un regard, celui d'un praticien dépourvu de prétention, de celle, en particulier, de faire œuvre scientifique, ou littéraire.

25. Souligné par nous. Bachelard Gaston, *La Terre et les rêveries de la volonté*. Paris, Corti, 1947, p. 143.

26. Allison P.R., « Reflux esophagitis, sliding hiatal hernia, and the anatomy of repair », *in Surg. Gynecol. and Obstet* (1951), 92, 419-451.

27. Valéry Paul, *Cahiers*, Gallimard (Bibl. de la Pléiade), 1973, vol. 1, p. 1120.

28. Barthes Roland, *Le Degré zéro de l'écriture*. Éd. du Seuil (Coll. « Points »), 1953 et 1972, pp. 54-57.

29. L'extrême variabilité de l'asthme dans le temps, sa LABILITÉ, constitue une difficulté supplémentaire à sa compréhension. L'asthmatique (on est tenté de le lui reprocher !) n'est vraiment jamais un malade « comme les autres », avec lequel « on sait à quoi s'en tenir ».

C'est que de nombreux facteurs, climatiques, météorologiques, allergiques, infectieux, endocriniens, ne cessent de moduler son symptôme. La pratique quotidienne montre cependant de quel poids singulier peut peser, parmi ces facteurs, SA COMPOSANTE PSYCHOLOGIQUE. Au point d'être capable parfois d'induire la guérison.

L'observation d'une jeune et brillante étudiante en sociologie, Esther B..., 19 ans, me demeure, à cet égard, présente à l'esprit, comme très significative. Elle arrive un jour dans mon Service – je n'ai jamais su comment – après avoir fait le « tour de France » des Services de Pneumologie, et être allée de l'un à l'autre dans l'espoir, constamment déçu, de guérir son asthme. Celui-ci, grave et ancien, est parvenu au stade d'obstruction bronchique irréversible, longuement traité par les corticoïdes, dont le corps porte les stigmates : visage déformé et bouffi, peau atrophique, vergetée, couverte d'ecchymoses, « bosse de bison » dans le dos.

Nos possibilités thérapeutiques et les chances de guérison sont extrêmement minces. Esther se lie rapidement d'amitié, puis de vive affection avec un homme jeune, un clochard tuberculeux, hospitalisé dans un autre secteur. La surveillante du Service ne manque pas de souligner auprès de la jeune fille (dans le cas où elle ne s'en serait pas aperçue !) leur profonde différence.

Leur liaison tourne court rapidement. Mais dans les quelques trois semaines qu'a duré le séjour hospitalier, l'asthme a disparu. Esther quitte le Service, part vivre en Israël, d'où elle m'écrivit longtemps pour me confirmer la guérison de son asthme et l'amélioration de son état général.

Capables d'en induire la guérison, les facteurs psychologiques sont tout aussi susceptibles de moduler l'asthme vers l'aggravation.

Une jeune asthmatique de 17 ans, Véronique R..., avait présenté après la prise d'un seul comprimé d'aspirine un état de coma respiratoire gravissime, très près d'être mortel et dont on ne l'avait tirée qu'avec difficulté. Elle vient dans le Service quelques mois plus tard entreprendre un traitement auquel elle avait consenti. Il s'agissait de l'amener à tolérer l'aspirine et ses dérivés souvent présents dans la nutrition moderne par la prise de doses infinitésimales d'aspirine sous surveillance médicale. Mais avant que ce traitement ne débute, un quart d'heure après son annonce, elle commence une crise d'asthme qui, sans la rapidité des soins, aurait reproduit le coma initial.

30. Sandblom Philip, *Creativity and disease. How illness affects literature, art and music. Philadelphia*, G.F. Stickley, 1982, p. 22.

31. Destaing Fernand, « L'asthme de Marcel Proust », *in La Souffrance et le Génie.* Presses de la Cité, 1980, p. 240.

32. Mauriac Pierre, *Aux confins de la médecine.* Grasset, 1926, p. 179.

33. La pensée, exprimée en effet dans l'écriture, se manifeste tout autant par la voix qui, nécessitant le larynx, implique le corps et la respiration. De même que c'est le corps qui parle en produisant les sons, il me paraît tout aussi légitime de proposer que c'est le corps qui écrit, et pas seulement la main. Dans la réticence à admettre cette notion, sans doute y a-t-il une résurgence inconsciente de la dichotomie psyché-soma, avec l'idée que le corps ne saurait...

34. Souligné par nous.

35. Queneau Raymond, *Morale élémentaire.* Gallimard, 1975, p. 85.

36. Gide André, *Journal 1889-1939.* Gallimard (Bibl. de la Pléiade), 1982, pp. 40-41.

37. Moutote Daniel, *Egotisme français moderne.* Paris : C.D.U. et S.E.D.E.S. réunis, 1980.

38. Char René, correspondance personnelle.

39. Témoignage de la sœur de Louis Jouvet, qui m'a précisé que son frère n'avait jamais été asthmatique.

PREMIÈRE PARTIE

I. RAYMOND QUENEAU

1. Queneau Raymond, *Loin de Rueil.* Gallimard (Coll. « Folio »), 1944, pp. 21-22.
2. Queneau Raymond, « Grande banlieue », *in L'instant fatal,* précédé de *Les Ziaux.* Gallimard (Coll. « Poésie »), 1943, 1948, 1966, p. 33.
3. Simonnet Claude, *Queneau déchiffré.* Genève/Paris, Slatkine, 1981.
4. Queneau Raymond, *Courir les rues, battre la campagne, fendre les flots.* Gallimard (Coll. « Poésie »), 1967, 1968, 1969, 1980, p. 177.
5. Période des *Enfants du limon.*
6. Témoignage de M. Jean-Marie Queneau.
7. Queneau Raymond, *Les Enfants du limon.* Gallimard, 1938.
8. Queneau Raymond, *Loin de Rueil, op. cit.*
9. Queneau Raymond, *Les Enfants du limon, op. cit.,* p. 204.
10. *Ibid.,* p. 205.
11. *Ibid.,* p. 206.
12. Queneau Raymond, *Loin de Rueil, op. cit.*
13. Ce thème de poux, présent dans tout le récit, évoque l'agressivité et le sadisme (on prend plaisir à les écraser). Clancier Anne, « A la recherche d'une ascèse. Esquisse d'une philosophie de Raymond Queneau », *in Cahiers de l'Herne : « Raymond Queneau »* (29), Paris, L'Herne, 1975, pp. 148-153.
14. Queneau Raymond, *Loin de Rueil, op. cit.,* p. 19.
15. *Les Amis de Valentin Bru,* 1983, n° 22, p. 42.
16. Queneau Raymond, *Les Enfants du limon, op. cit.,* p. 294.
17: Queneau Raymond, *Chêne et Chien,* suivi de *Petite cosmogonie portative.* Gallimard (Coll. « Poésie »), 1952, 1969, p. 63.
18. *Ibid.,* p. 66 et p. 79.
19. Queneau Raymond, *Loin de Rueil, op. cit.,* p. 14.
20. Larousse.
21. Queneau Raymond, *Loin de Rueil, op. cit.,* p. 20.
22. *Ibid.,* p. 94.
23. Qui ne connaît pas l'œuvre de Queneau.
24. Queneau Raymond, Notes inédites.
25. Queneau Raymond, *Loin de Rueil, op. cit.,* p. 28.
26. Queneau Raymond, *Saint-Glinglin.* Gallimard (Coll. « L'Imaginaire »), 1948, renouvelé en 1975.
27. Bergens Andrée, « Les personnages de Raymond Queneau » *in Cahiers de l'Herne :* « Raymond Queneau » (29), *op. cit.,* pp. 88-97.
28. Queneau Raymond, « Complainte », *in L'Instant fatal, op. cit.,* p. 187.
29. Queneau Raymond, *Saint-Glinglin, op. cit.* p. 129.
30. Debon Claude, Préface à *Courir les rues..., op. cit.,* p. 13.
31. Queneau Raymond, « Un rhume qui n'en finit pas », *in Courir les rues..., op. cit.,* p. 119.
32. Picon Gaëtan, « Queneau plutôt à part », *in Cahiers de l'Herne : « Raymond Queneau »* (29), *op. cit.,* p. 71.
33. Poirot-Delpech Bertrand, *Feuilletons, 1972-1982.* Gallimard, 1982, p. 136.

34. Curieusement, tous ces auteurs évoqués (Picon Gaëtan, *op. cit.*, p. 70) ont eu un symptôme respiratoire.
35. Queneau Raymond, *Entretiens avec Georges Charbonnier.* Gallimard, 1962, p. 14.
36. Belmont Georges, « Queneau », *in Cahiers de l'Herne : « Raymond Queneau »* (29), *op. cit.*, p. 233.
37. François Le Lionnais, *in Queneau Raymond, Cent mille milliards de poèmes.* Gallimard, 1961.
38. Bergeret Claude, « Une maladie existentielle, l'asthme », *in Cahiers de l'Herne : « Raymond Queneau »* (29), *op. cit.*, pp. 254-256.
39. Magny (de) Olivier – Introduction à *L'Instant fatal, op. cit.*, pp. 5-13.
40. Queneau Raymond « Je ne crains pas tellement ça », *in L'Instant fatal, op. cit.*, p. 186.
41. Queneau Raymond « Le havre de grâce », *in L'Instant fatal, op. cit.*, p.193.
42. Queneau Raymond « Si la vie s'en va », in *L'Instant fatal, op. cit.*, p. 195.
43. Claude Debon.
44. Poirot-Delpech Bertrand, *op. cit.*, p. 138.

2. PAUL VALÉRY

1. Valéry Paul, *Cahiers.* Gallimard (Bibl. de la Pléiade), 1974, vol. 2, p. 362. Souligné par nous.
2. Valéry Paul, *Mon Faust, in Œuvres.* Gallimard (Bibl. de la Pléiade), 1960, vol. 2, p. 322.
3. Cité par Gaston Bachelard, *in L'Air et les songes.* Essai sur l'imagination du mouvement. Paris, Corti, 1943, p. 158.
4. Valéry Paul, *Respirer, in Œuvres*, vol. 2, *op. cit.*, pp. 1157-1158.
5. *Ibid.*, p. 1158.
6. Judith Robinson-Valéry, communication personnelle.
7. Valéry Paul, *L'amateur de poèmes, in Œuvres.* Gallimard (Bibl. de la Pléiade), 1957, vol. 1, pp. 94-95.
8. Valéry Paul, *Cahiers.* Gallimard (Bibl. de la Pléiade), 1973, vol. 1, p. 1165.
9. Témoignage de Claude Valéry.
10. *Correspondance Gide-Valéry (1890-1942).* Gallimard, 1955, lettre 370, p. 445.
11. Témoignage de Claude Valéry.
12. *Correspondance Gide-Valéry (1890-1942), op. cit.*, lettre 447 (17.9.1939), p. 518.
13. *Ibid.*, lettre 394 (11.5.1918), p. 472.
14. Valéry Paul, *Cahier n° 8* ; Éd. C.N.R.S., Paris, 1957-1961, p. 823 (1940).
15. Valéry Paul, *Cahier n° 23*, p. 697 (1940).
16. Valéry Paul, *Cahiers*, vol. 1, *op. cit.*, p. 1447.
17. Dans cette éventualité, du liquide (acide) reflue de l'estomac dans l'œsophage, où son acidité déclenche la toux, remonte aussi parfois jusqu'au pharynx ou dans les bronches.
18. J'ai réalisé un test consistant à adresser à trois de mes collègues hospitalo-universitaires, spécialistes de médecine et de chirurgie digestive, le texte de Valéry, dépouillé

de tout ce qui aurait pu aider à en identifier l'auteur. Leur diagnostic fut unanime : crise de toux par reflux gastro-œsophagien.

19. Valéry Paul, *Cahiers,* vol. 1, *op. cit.,* pp. 1447-1448.
20. Gutmann René A., « Souvenirs sur la mort de Paul Valéry », *in La Nouvelle Presse médicale,* 28 avril 1973, 2 (17), p. 1103-1106.
21. *Ibid.*
22. Valéry Paul, *Cahiers,* vol. 1, *op. cit.,* p. 1165.
23. *Ibid.,* p. 50.
24. Robinson-Valéry Judith, « Valéry, l'intellectuel anxieux », *in Australian Journal of French Studies,* n° 2, 1971, numéro spécial du centenaire.
25. Valéry Paul, *Cahiers,* vol. 1, *op. cit.,* p. 178.
26. Valéry Paul, *Enfance aux cygnes, in Œuvres,* vol. 1, *op. cit.,* p. 297.
27. Valéry Paul, *Cahiers,* vol. 1, *op. cit.,* p. 1447.
28. Bien étudié par J.-P. Weber, *in Genèse de l'œuvre poétique.* Gallimard (Bibl. des Idées), 1960, pp. 388-451.
29. *Ibid.,* p. 410.
30. *Ibid.,* p. 411.
31. Jules Valéry, futur doyen de la Faculté de droit de Montpellier.
32. Valéry Paul, Exposition du Centenaire. Paris, Bibliothèque nationale, 1971, p. 41.
33. « Ce qui est beaucoup dire car "ses lettres", dont le public ne connaît qu'une infime partie, sont superbes. » Robinson-Valéry Judith, communication personnelle.
34. Précisé par Judith Robinson-Valéry, « Les cris refoulés de la Jeune Parque : le rôle de l'autocensure dans l'écriture », *in Baudelaire, Mallarmé, Valéry : New Essays in honour of Lloyd Austin.* Cambridge University Press, 1982.
35. Cité par Jean Levaillant, *in Colloque Paul Valéry : Amitiés de jeunesse — Influences — Lectures.* Université d'Edimbourg, nov. 1976. Texte établi par Carl P. Barbier. Paris, A.-G. Nizet, 1973, pp. 105-106.
36. Robinson-Valéry Judith, *op. cit.*
37. *Ibid.*
38. *Ibid.*
39. Moutote Daniel, *Egotisme français moderne.* Paris, C.D.U. et S.E.D.E.S. réunis, 1980.
40. Valéry Paul, *L'Idée fixe, in Œuvres,* vol. 2, *op. cit.,* p. 240.
41. Valéry Paul, *Cahiers,* vol. 2, *op. cit.,* p. 240.
42. Mots soulignés par nous. Valéry Paul, *Cahiers,* vol. 1, *op. cit.,* p. 1120.
43. Valéry Paul, *Cahiers,* vol. 2, *op. cit.,* p. 362.

3. MARCEL PROUST

En règle générale, sauf mention spéciale, les références extraites de *À la recherche du temps perdu (A.L.R.T.P.)* sont tirées des Éditions Gallimard (Bibliothèque de la Pléiade, 1954).

1. Proust Marcel, *Correspondance avec sa mère. 1887-1905.* Lettres inédites présentées et annotées par Philip Kolb. Plon, 1953, p. 233.
2. Maurois André, *Le Monde de Marcel Proust.* Hachette (Coll. « Tout par l'Image »), 1960.

3. Henry Anne, *Marcel Proust. Théories pour une esthétique.* Paris, Klincksieck, 1981, p. 10.
4. Cité par André Maurois, *op. cit.*, p. 88.
5. Lettre à M. Robert Dreyfus. Citée par Georges Rivane, *in Influence de l'asthme sur l'œuvre de Marcel Proust.* Paris, La Nouvelle Édition, 1945, pp. 48-49.
6. Lettre à Robert de Montesquiou. Citée par Georges Rivane, *op. cit.*, p. 49. Souligné par nous.
7. *Ibid.* Souligné par nous.
8. Lettre à Mlle Louisa de Mornand, *ibid.* Souligné par nous.
9. Lettre à Mme Scheikewitch, *ibid.*
10. Lettre à M. Robert de Billy, *ibid.* Souligné par nous.
11. Lettre à Mme Straus, *ibid.* Souligné par nous.
12. Lettre à Robert de Montesquiou, *ibid.*
13. Lettre à M. Lucien Daudet, *ibid.* Souligné par nous.
14. Lettre à M. Camille Vettard, *ibid.*
15. Lettre à M. Walter Berry, *ibid.* Souligné par nous.
16. Proust Marcel, A.L.R.T.P., t. 2, p. 305.
17. Cité par Painter Georges D., *in Marcel Proust, 1904-1922 : Les années de maturité.* Mercure de France, 1966, p. 444.
18. *Ibid.*, p. 447.
19. Proust Robert, *Marcel Proust intime* (hommage), p. 18. Cité par Georges Rivane, *op. cit.*, p. 40.
20. Duffner Jean, *L'Œuvre de Marcel Proust (Étude médico-psychologique).* Thèse de doctorat en médecine, Paris, 1931, p. 46.
21. Painter Georges D., *Marcel Proust, 1871-1903 : Les années de jeunesse.* Mercure de France, 1966, p. 409.
22. *Ibid.*, p. 410.
23. Painter Georges D., *Marcel Proust, 1904-1922...*, *op. cit.*, p. 341.
24. Lettre à Jacques-Émile Blanche. Citée par Georges Rivane, *op. cit.*, p. 48.
25. Lettre à Mme de Clermont-Tonnerre, *ibid.*, pp. 45-46.
26. Lettre à Robert de Montesquiou, *ibid.*, p. 46.
27. Lettre à M. Robert Dreyfus, *ibid.*
28. *Ibid.*
29. Lettre à M. Jacques Boulenger, *ibid.*, p. 45.
30. Cité par Jean Duffner, *op. cit.*, p. 34.
31. *Ibid.*
32. Proust Marcel, *A.L.R.T.P.*, t. 3, p. 186.
33. Lettre à M. Lucien Daudet. Citée par Georges Rivane, *op. cit.*
34. Lettre à M. Jean-Louis Vaudoyer, *ibid.*, p. 54.
35. Lettre à Robert de Montesquiou, *ibid.*
36. Rivane Georges, *op. cit.*
37. Proust Marcel, interview citée par Georges Rivane, *ibid*, p. 75.
38. Lettre à M. Robert Dreyfus. Citée par Georges Rivane, *op. cit.*, p. 101.
39. *Ibid.*, p. 103.
40. Proust Marcel, *A.L.R.T.P.*, t. 1, p. 4.
41. Ortéga y Gasset José (hommage). *Le Temps, la distance et la forme, chez Proust*, p. 295. Cité par Georges Rivane, p. 95.
42. Réplique rapportée par Léon-Pierre Quint. Citée par Georges Rivane, *op. cit.*, p. 64.

43. Rivière Jacques. Cité par Georges Rivane, *op. cit.*, p. 82.
44. Cité par Henri Bonnet, *in Marcel Proust de 1907 à 1914*. Bibliographie complémentaire (II). Index général des bibliographies (I et II) et une étude : « Du côté de chez Swann ». Paris, A.-G. Nizet, 1976, p. 128.
45. Milly Jean, *Proust et le style*, Lettres modernes (Coll. « Situations », n° 21), 1970, p. 56. La liste paraît en fait plus longue et comporte saint Augustin, Montaigne, Littré et Taine (cités par Georges Rivane, *op. cit.*, p. 73).
46. Le terme est impropre (puisqu'il ne s'agit pas d'une mémoire) mais consacré par l'usage.
47. Cf. Georges Rivane, *op. cit.*, p. 83.
48. Mamo H., « Bases physiologiques de la mémoire », *in Presse médicale* (8 décembre 1962), 70, n° 53, pp. 2577-2580.
49. Macek Catherine, « Psychisme et morbidité. Le stress et le chagrin peuvent-ils déprimer l'immunité ? », *in Journal of American Medical Association*, 1982, 6, n° 58, p. 171.
50. Bonnet Henri, *Le Progrès spirituel dans la « Recherche » de Marcel Proust*. Paris, A.-G. Nizet, 1979, p. 196.
51. Cité par Gilbert Durand, *in Le Temps de la réflexion*. Gallimard, 1982, III, p. 203.
52. *Ibid.*, pp. 208-209.
53. Proust Marcel, *A.L.R.T.P.*, t. 3, p. 918.
54. Durand Gilbert, *op. cit.*, p. 206.
55. Proust Marcel, *A.L.R.T.P.*, t. 3, p. 188.
56. *Ibid.*, p. 1080.
57. Henry Anne, *Proust romancier. Le Tombeau égyptien*. Flammarion (Nouvelle Bibliothèque scientifique), 1983.
58. Henry Anne, *Marcel Proust. Théories pour une esthétique*, *op. cit.*, p. 261.
59. Henry Anne, communication personnelle.
60. Henry Anne, *op. cit.*, p. 7. Dans une longue énumération, elle illustre tout ce que l'œuvre de Proust doit à Schopenhauer, Schelling, Max Muller, Ravaison, etc.
61. Henry Anne, communication personnelle.
62. Behar Serge, « La maladie dramatisée », *in Europe*, 1970, Centenaire de Marcel Proust, n° 496-497, pp. 115-120.
63. Etiemble « Le style de Marcel Proust est-il celui d'un asthmatique ? » *in Cinq états de « Jeunes Filles en fleurs », avec les placards et manuscrits de Marcel Proust*. Alexandrie, Ed. du Scarabée (Coll. « Valeurs »), 1947
64. Milly Jean, *op. cit.*
65. Proust Marcel, *A.L.R.T.P.*, t. 3, p. 10.
66. Gracq Julien, *En lisant, en écrivant*. Paris, Corti, 1981, p. 103.
67. Proust Marcel, *A.L.R.T.P.*, t. 2, p. 291.
68. Proust Marcel, *A.L.R.T.P.*, t. 1, p. 308.
69. Proust Marcel, *A.L.R.T.P.*, t. 3, p. 85.
70. Cité par Georges D. Painter, *in Marcel Proust, 1871-1903...*, *op. cit.*, pp. 408-409.
71. Proust Marcel, *A.L.R.T.P.*, t. 2, pp. 316-317.
72. *Ibid.*, p. 375.
73. *Ibid.*
74. Cité par Jean Duffner, *op. cit.*, p. 41.
75. Proust Marcel, *A.L.R.T.P.*, t. 3, p. 840.
76. Proust Marcel, *A.L.R.T.P.*, t. 1, p. 153.
77. Cité par Jean Duffner, *op. cit.*, p. 39.

78. Proust Marcel, *A.L.R.T.P.*, t. 3, pp. 560-561.
79. Proust Marcel, *Jean Sainteuil*. Gallimard, 1952, I, p. 50.
80. Cité par Jean Duffner, *op. cit.*, pp. 42-43.
81. Proust Marcel, *A.L.R.T.P.*, t. 3, pp. 182-183.
82. Proust Marcel, *Correspondance avec sa mère..., op. cit.*
83. *Ibid.*, p. 91.
84. *Ibid.*, p. 226.
85. Cité par Georges D. Painter, *Marcel Proust, 1871-1903..., op. cit.*, pp. 383-384.
86. Proust Marcel, *Correspondance avec sa mère..., op. cit.*, p. 257.
87. *Ibid.*, p. 204.
88. *Ibid.*, p. 245.
89. *Ibid.*, p. 233.
90. Plusieurs des amis de Marcel ont affirmé que sa mère était au courant et faisait comme si elle ne savait pas.
91. Soupault Robert, *Marcel Proust, du côté de la médecine. Ce que seul un médecin pouvait dire*, Plon, 1967.
92. Proust Marcel, *A.L.R.T.P.*, t. 2, p. 119. Mots soulignés par nous.
93. Benoît Pierre, communication personnelle.
94. Cité par Jean Milly, *op. cit.*, p. 127.
95. Cité par Henri Bonnet, *in Marcel Proust, de 1907 à 1914*. Paris, A.-G. Nizet, 1971, p. 118.
96. Cité par Pierre Mauriac, *in Aux confins de la médecine*, Grasset, 1926.
97. Cité par Henri Bonnet, *op. cit.*, p. 164.
98. Benjamin Walter, *I. Mythe et violence*. Essai. Denoël (Dossiers des Lettres nouvelles), p. 330.
99. Cité par Henri Bonnet *op. cit.*, p. 24.
100. Cité par Henri Bonnet, *op. cit.*, p. 81 et p. 117.
101. *Ibid.*, p. 133.
102. *Ibid.*, p. 169 et p. 202.
103. Lettre à Lucien Daudet. Citée par Georges Rivane, *op. cit.*, p. 50.
104. Cité par Henri Bonnet, *op. cit.*, p. 191.
105. Benjamin Walter, *op. cit.*, p. 328.
106. Proust Marcel, « À propos de Baudelaire », *in N.R.F.*, juin 1921.
107. Proust Marcel, *A.L.R.T.P.*, t. 3, p. 885.
108. Annales politiques et littéraires, 26 février 1922, p. 236. Cité par Jean Milly, *op. cit.*, p. 54.
109. Proust Marcel, *A.L.R.T.P.*, t. 3, p. 889.
110. *Ibid.*, p. 870.
111. *Ibid.*, p. 386.
112. Gaubert Serge, *Proust ou le roman de la différence*. Lyon, Presses universitaires de Lyon, 1980, p. 315.
113. *Ibid.*, p. 318.
114. Proust Marcel, *A.L.R.T.P.*, t. 3, p. 896.

4. PROSPER MÉRIMÉE

1. *Lettres de Mérimée à la famille Delessert*. Paris, Plon, 1931, p. 156.
2. Fruton Charlotte, *Mérimée et la médecine*. Thèse de médecine. Paris : 1938, p. 19.

3. Cité par Charlotte Fruton, *op. cit.*, p. 18.
4. Cité par Maurice Parturier dans Introduction et notes, *in Lettres de Mérimée à la famille Delessert, op. cit.*, p. XLIV.
5. *Ibid.*, p. XX.
6. *Ibid.*, pp. 104-105.
7. Cité par Maurice Parturier dans Introduction et notes, *op. cit.*, p. XLVI.
8. *Ibid.*
9. *Ibid.*, p. XLVII.
10. Cité par Marie-Louise Pailleron, Introduction à *Mateo Falcone — Carmen — Colomba.* Paris, Brossard, 1927, p. XXIII.
11. Mérimée Prosper, *Correspondance générale,* établie et annotée par Maurice Parturier. Deuxième Série. Tome deuxième, 1856-1858. Publié avec le concours du C.N.R.S. Toulouse, Privat, 1955, p. 161.
12. *Ibid.*, p. 165.
13. Cité par Marie-Louise Pailleron, *op. cit.*
14. Cité par Charlotte Fruton, *op. cit.*, p. 20.
15. *Lettres de Mérimée à la famille Delessert, op. cit.*, p. 118.
16. Mérimée Prosper, *Correspondance générale,* t.9, 1859-1860, *op. cit.*
17. Cité par Jean Freustié, *in Prosper Mérimée. Le nerveux hautain.* Hachette, 1982, p. 187.
18. Mérimée Prosper, *Correspondance générale,* t. 9, *op. cit.*
19. Lettre à Jenny Dacquin. Citée par Charlotte Fruton, *op. cit.*, p. 19.
20. *Lettres de Mérimée à la famille Delessert, op. cit.*, p. 111.
21. Lettre à Jenny Dacquin. Citée par Charlotte Fruton, *op. cit.*, p. 22.
22. *Lettres de Mérimée à la famille Delessert, op. cit.*, p. 142.
23. Lettre à Fanny Lagden. Citée par Charlotte Fruton, *op. cit.*, p. 23.
24. Cité par Jean Freustié, *op. cit.*, p. 231.
25. Cité par Charlotte Fruton, *op. cit.*, p. 24.
26. *Lettres de Mérimée à la famille Delessert, op. cit.*, pp. 144-145.
27. Cité par Jean Freustié, *op. cit.*, pp. 230-231.
28. Cité par Charlotte Fruton, *op. cit.*, pp. 26-27.
29. *Ibid.*, p. 27.
30. Lettre au docteur Robin, 9 février 1869. Citée par Charlotte Fruton, *op. cit.*, p. 34.
31. Cité par Jules Euzière, *in Mérimée malade et Montpellier. Monspeliensis Hippocrates,* I (12), été 1961, pp. 20-21.
32. Lettre à Lecourt, 19 avril 1868. Citée par Jules Euzière, *op. cit.*, p. 22.
33. Lise Przezdziecka présidait à Compiègne et à Fontainebleau une « Cour d'amour » dont, par jeu, Mérimée se disait le secrétaire.
34. Cité par Jules Euzière, *op. cit.*, p. 22.
35. *Ibid.*, pp. 22-23.
36. Lettre à Mme de Montijo, 12 septembre 1868. Citée par Jules Euzière, *op. cit.*, p. 25.
37. Fruton Charlotte, *op. cit.*, p. 15.
38. Mérimée Prosper, *Romans et nouvelles,* t. 2. Paris, Garnier, 1967, p. 489.
39. Lettre à Mme de Beaulaincourt, février 1869. Citée par Charlotte Fruton, *op. cit.*, pp. 34-35.
40. *Ibid.*, p. 35. On sait que pareille mésaventure est arrivée à d'autres, en particulier à Haydn, qui proposa gentiment d'aller diriger la messe de ses funérailles, et à Marc

Twain qui écrivit au Journal annonçant sa mort : « Les nouvelles que vous avez données de moi étaient fortement exagérées. »

41. *Ibid.*, pp. 35-36.
42. *Lettres de Mérimée à la famille Delessert, op. cit.*, pp. 198-199.
43. Lettre à Panizzi. Citée par Charlotte Fruton, *op. cit.*, p. 37.
44. Cité par Charlotte Fruton, *op. cit.*, pp. 38-39.
45. Pour lequel l'a abandonné Valentine Delessert. Prosper Mérimée, *Correspondance générale*, t. 15, 1870, *op. cit.*, p. 172.
46. Cité par Jules Euzière, *op. cit.*, p. 25.
47. Freustié Jean, *op. cit.*, p. 211.
48. *Lettres de Mérimée à la famille Delessert, op. cit.*, p. 156.

DEUXIÈME PARTIE

5. PAUL CLAUDEL

1. Lettre à Albert Mockel, citée par Michel Plourde in *Paul Claudel, Une musique du silence*, Montréal, Presses de l'Université de Montréal, 1970, p. 66.
2. Claudel Paul, *L'Œil écoute. Introduction à la peinture hollandaise, in Œuvres en prose.* Gallimard (Bibl. de la Pléiade), 1965, p. 171. Cette marée a disparu depuis la construction de la grande digue.
3. Cité par Plourde Michel, *op. cit*, p. 77.
4. *Ibid.*
5. Claudel Paul, *Œuvres en prose, op. cit.*, p. 7.
6. Lettre à Albert Mockel, citée *in Œuvres en prose, op. cit.*, p. 1408.
7. Claudel Paul, *La Ville*, deuxième version (1894-1897), *in Œuvres en prose, op. cit.*, p. 1407.
8. Lettre à Georg Brandes (24. 8. 1903), *in Œuvres en prose, op. cit.*, p. 1408.
9. Claudel Paul, *Les Muses, in Œuvre poétique.* Gallimard (Bibl. de la Pléiade), 1967, p. 222. Souligné par nous.
10. En réalité, il se trompe ; il s'agit d'Euterpe.
11. Claudel Paul, *Œuvre poétique, op. cit.*, p. 222.
12. Claudel Paul, *L'Art poétique, in Œuvre poétique, op. cit.*, p. 141. (Assez proche dans le temps de la deuxième version de *La Ville.*)
13. Lettre à Georg Brandes (24. 8. 1903), *op. cit.*
14. Madaule Jacques, *Claudel et le langage.* Paris, Desclée de Brouwer, 1968, p. 79.
15. Cité par Michel Plourde, *op. cit.*, p. 77.
16. Picon Gaëtan, Préface : *Le Discours d'Anima, in Œuvres en prose, op. cit.*, p. XVIII.
17. Claudel Paul, *Réflexions et propositions sur le vers français, in Œuvres en prose, op. cit.*, p. 3.
18. Plourde Michel, *op. cit.*, p. 64. Souligné par nous.
19. *Ibid*, p. 77.
20. Picon Gaëtan, *op. cit.*, pp. IX-XXI.
21. Wahl Jean, « Le Philosophe et le critique », *in* « Hommage à Paul Claudel (1868-1955) ». *La Nouvelle Revue française,* 1er septembre 1955, 3e Année, n° 33 (numéro spécial). Paris, 1955, p. 520.

22. Picon Gaëtan, *op. cit.*, p. XI.
23. *Ibid.*
24. Claudel Paul, Article deuxième du *Traité de la Co-Naissance, in Œuvre poétique, op. cit.*, p. 159.
25. *Ibid.*, p. 162.
26. Claudel Paul, « Un poème de Saint-John Perse ». *Accompagnements, in Œuvres en prose, op. cit.*, p. 626-627.
27. Claudel Paul, *La cantate à troix voix, in Œuvre poétique, op. cit.*, p. 336.
28. Claudel Paul *Cent phrases pour éventails, in Œuvre poétique, op. cit.*, p. 735.
29. Claudel Paul, « Le vieillard sur le mont Omi ». *Un arbre à pleins poumons, in Œuvre poétique, op. cit.*, p. 748.
30. Plourde Michel, *op. cit.*, p. 83.
31. Claudel Paul, *op. cit.*, p. 1150.
32. Claudel Paul, *op. cit.*, p. 708.
33. Claudel Paul, *Accompagnements, op. cit.*, p. 474.

6. STÉPHANE MALLARMÉ

1. Cité par Charles Mauron, *in Mallarmé.* Éd. du Seuil (Coll. « Écrivains de toujours »), 1964, p. 60.
2. Barthes Roland, *Le Degré zéro de l'écriture.* Éd. du Seuil (Coll. « Points »), 1953 et 1972, p. 55.
3. Levaillant Jean, *Colloque Paul Valéry : Amitiés de jeunesse — Influences — Lectures.* Université d'Edimbourg, novembre 1976. Texte établi par Carl P. Barbier. Paris, A.-G. Nizet, 1978, pp. 105-106.
4. Mallarmé Stéphane, *L'Après-midi d'un faune, in Poésies.* Librairie générale française (coll. « Le livre de poche »), 1945, 1977, p. 42.
5. Le cri apparaît souvent chez Mallarmé. Pas par hasard, mais dans un certain contexte, celui, pourrait-on dire, de « cris et chuchotements », même s'il n'est pas allé jusqu'à formuler cette expression avec Bergman. Il existe, en effet, à ses yeux trois sortes de paroles : *le cri*, intense et violent, parfois mortel, *la parole haute*, des bavardages, du vacarme et de la publicité (alors naissante) ; *la parole chuchotée*, enfin coupée de silences, celle de l'expression poétique, d'autant plus créatrice qu'elle est obscure.
6. Mallarmé Stéphane, *op. cit.*, p. 44

> *Mon œil, trouant les joncs, dardait chaque encolure*
> *Immortelle, qui noie en l'onde sa brûlure.*
> *Avec un cri de rage au ciel de la forêt.*

7. Robinson-Valéry Judith, « Les cris refoulés de la Jeune Parque : le rôle de l'autocensure dans l'écriture », *in Baudelaire, Mallarmé, Valéry : New Essays in honour of Lloyd Austin.* Cambridge University Press, 1982.
8. Kristeva Julia, *La Révolution du langage poétique.* Éd. du Seuil (Coll. « Tel Quel »), 1974, p. 617.
9. « Ah ! quel découragement quelquefois, quel rocher de Sisyphe à rouler que le style et la prose surtout, ça n'est jamais fini. » Flaubert (1853), cité par Roland Barthes, *in Le Degré zéro de l'écriture, op. cit.*, p. 143.
10. Roland Barthes, citant l'argumentation bien étayée de Maurice Blanchot, *in Le Degré zéro..., op. cit.*, p. 9.

11. Ce n'est pas vraiment au silence que tendait Mallarmé. Il avait formé le projet d'écrire le Livre idéal, le grand œuvre qui résume tout, évoque dans une lettre à Verlaine : « J'ai toujours rêvé et tenté autre chose, avec une patience d'alchimiste [...]. J'irai plus loin, je dirai : le Livre, persuadé qu'au fond il n'y en a qu'un, tenté à son insu par quiconque a écrit, même les Génies. » Cité par Michel Plourde, *in Paul Claudel, une musique du silence*, Montréal, Presses de l'Université de Montréal, 1970, p. 123. Ce livre, il en rêva dix ans durant, mais ne l'écrivit pas.

12. Barthes Roland, *op. cit.*, pp. 54-57.

13. Lettre de Paul Valéry à Francis Vielé-Griffin (1898). (Vendue à Paris le 19 décembre 1977.) Citée d'après le Catalogue de la Vente.

14. Mauron Charles, *Mallarmé, op. cit.*, p. 121.

15. Claudel Paul, *Œuvres en prose.* Gallimard (Bibl. de la Pléiade), 1965, p. 1468.

16. Cité par Camille Mauclair, *Mallarmé chez lui.* Grasset, 1935, p. 123.

17. Cité *in* Paul Valéry, Exposition du Centenaire. Paris, Bibliothèque nationale, 1971, p. 35.

18. Cité par Gérard Macé, Chroniques : « Mallarmé, mort en miroir » (1), *in La Nouvelle Revue française*, 1er octobre 1979, n° 321, pp. 88-102.

19. Mallarmé Stéphane, *Correspondance — II — 1871-1885.* Recueillie, classée et annotée par Henri Mondor et Lloyd James Austin. Gallimard, 1965, p. 213.

20. Mondor Henri, *Mallarmé plus intime*, 17e édition. Gallimard, 1944, p. 236.

21. Cité par Henri Mondor, *op. cit.*, p. 169.

22. Macé Gérard, *op. cit.*, p. 91.

23. *Ibid.*, pp. 89-90.

24. Mondor Henri, *Vie de Mallarmé.* Gallimard, t. 2, pp. 800-801.

25. Cité par Gérard Macé, *op. cit.*, p. 90.

26. Mondor Henri, *op. cit.*, p. 802.

27. Lettre de Paul Valéry à Francis Vielé-Griffin (1898), *op. cit.*

TROISIÈME PARTIE

7. JULES LAFORGUE

1. Laforgue Jules, « La chanson du petit hypertrophique », *in Anthologie poétique*, Étude de Pierre Gueguen. Le Club français du Livre, 1962, p. 3.

2. Bellemin-Noël J., « Tristan Corbière (1845-1875) », *in Histoire littéraire de la France*, t. V, de 1848 à 1913. Éd. sociales, p. 366.

3. Laforgue Jules, « Les linges, le cygne », *in Anthologie poétique, op. cit.*, p. 83.

4. Laforgue Jules, « L'hiver qui vient », *op. cit.*, p. 114.

5. Laforgue Jules, « La cigarette », *op. cit.*, p. 15.

6. Laforgue Jules, « Solutions d'automne », *op. cit.*, p. 150.

7. Laforgue Jules, « L'hiver qui vient », *op. cit.*, p. 115.

8. *Ibid.*

9. Laforgue Jules, « Solo de lune », *op. cit.*, p. 134.

10. Laforgue Jules, « Légende », *op. cit.*, p. 135.

11. *Ibid.*, p. 4.

12. *Ibid.*

13. Pia Pascal, Préface aux *Moralités légendaires* de Jules Laforgue. Gallimard (Coll. « Folio »), 1977, pp. 9-10.

14. Laforgue Jules, *Complaintes, in Anthologie poétique, op. cit.*, p. 33.
15. Laforgue Jules, *Le Miracle des roses, in Moralités légendaires, op. cit.*, pp. 85-86.

8. ANDRÉ GIDE

1. Cité par Jean Delay. *La Jeunesse d'André Gide.* Gallimard (Coll. Vocations, VII), 1958, p. 306.
2. Martin Claude, *André Gide par lui-même.* Éd. du Seuil (Coll. « Écrivains de toujours »), 1963.
3. Gide André, *Si le grain ne meurt.* Gallimard (Coll. « Folio »), 1955, pp. 108-111.
4. *Ibid.*, p. 112.
5. *Ibid.*, p. 118.
6. *Ibid.*, p. 277.
7. Moutote Daniel, communication personnelle.
8. Gide André, *Si le grain ne meurt, op. cit.*, p. 310.
9. *Ibid.*, pp. 310-311.
10. Lettre d'André Gide à Jeanne Rondeaux. Citée par Jean Delay, *op. cit.*, p. 296.
11. Lettre d'André Gide à Pierre Louÿs (1er février 1894, inédite) Citée par Jean Delay, *loc. cit.*
12. Gide André, *L'Immoraliste, in Œuvres d'André Gide, II.* Mercure de France, 1928.
13. Delay Jean, *op. cit.*, p. 301.
14. Gide André, *Si le grain ne meurt, op. cit.*, p. 313.
15. Cité par Jean Delay, *La Jeunesse d'André Gide, op. cit.*, p. 325.
16. Gide André, *Si le grain ne meurt, op. cit.*, p. 319.
17. *Ibid.*, p. 311.
18. *Ibid.*, p. 302.
19. *Ibid.*, p. 318.
20. *Ibid.*, p. 321.
21. *Ibid.*, p. 318.
22. Moutote Daniel, *Égotisme français moderne.* Paris. Éd. C.D.U. et S.E.D.E.S. réunis, 1980, pp. 304-309.
23. Cité par Claude Martin, *op. cit.*, p. 86.
24. Moutote Daniel, communication personnelle.
25. Tournier Michel, *Le Vol du vampire*, Notes de lecture. Gallimard (Coll. « Idées »), 1981, p. 226.
26. Moutote Daniel, *Égotisme français moderne, op. cit.*

9. ALBERT CAMUS

1. Cité par Herbert R. Lottman, *Albert Camus.* Éd. du Seuil, 1978, p. 282.
2. Petit Pierre, « Tuberculose et sensibilité chez Gide et Camus », *in Bulletin des amis d'André Gide*, 1981, XIVe, *9*, n° 51, p. 282.

3. Cité par Herbert R. Lottman, *op. cit.*, p. 55 et p. 58.
4. Camus Albert, « Première version d'"Entre oui et non" ». Cité par Herbert R. Lottman, *op. cit.*, p. 50.
5. Camus Albert, « Intuitions ». Cité par Pierre Petit, *op. cit.*, p. 286.
6. Camus Albert, *La Mort heureuse*. Cité par Pierre Petit, *op. cit.*, p. 287.
7. Cité par Herbert R. Lottman, *op. cit.*, p. 453.
8. Petit Pierre, *op. cit.*, pp. 279-292.
9. Cité par Pierre Petit, *op. cit.*, pp. 287-288.
10. *Ibid.*, p. 288, n. 1.
11. *Ibid.*, p. 287.
12. Grenier Jean, Préface, *in* Albert Camus, *Théâtre, récits, nouvelles*. Gallimard (Bibl. de la Pléiade), 1962, p. XVII. Souligné par nous.
13. Cité par Jean Grenier, *op. cit.*, p. XVIII.
14. Camus Albert, *Carnets (1936)*. Cité par Pierre Petit, *op. cit.*, p. 289.
15. Cité par Morvan Lebesque, *in Camus par lui-même*. Éd. du Seuil (Coll. « Écrivains de toujours »), 1963, p. 25.
16. Camus Albert, Note de *Noces*. Gallimard (Coll. « Folio »), 1959, p. 36.
17. Grenier Jean, *Albert Camus (Souvenirs)*. Gallimard, 1968, p. 77.
18. Cité par Herbert R. Lottman, *op. cit.*, p. 58.
19. Camus Albert, « Le Vent à Djémila », *Noces, op. cit.*, pp. 23-32.
20. Grenier Jean, *Les Îles*. Préface d'Albert Camus. Gallimard, 1959, p. 78.
21. Cité par Herbert R. Lottman, *op. cit.*, pp. 153-154. Souligné par nous.
22. *Ibid.*
23. Il déclara à Jaussaud que s'il avait eu à choisir entre ce sport et la philosophie, c'est pour le football qu'il aurait opté.
24. Cité par Morvan Lebesque, *op. cit.*, p. 18.
25. Quilliot Roger, Présentation de *Caligula, in Théâtre*, ..., *op. cit.*, p. 1735.
26. Grenier Roger, *Album Camus*. Gallimard (Bibl. de la Pléiade), 1982, p. 55.
27. *Ibid.*
28. Quilliot Roger, *op. cit.*, p. 1736.
29. Cité par Herbert R. Lottman, *op. cit.*, p. 274.
30. *Ibid.*, p. 280.
31. Camus Albert, *Le Mythe de Sisyphe*. Gallimard (Coll. « Idées »), 1942, p. 164.
32. Poirot-Delpech Bertrand, *Feuilletons, 1972-1982*. Gallimard, 1982, p. 103.
33. Camus Albert, Notes du *Malentendu, in Théâtre*, ..., *op. cit.*, p. 1730.
34. Le docteur Rieux, d'après le docteur Riou, médecin du Chambon-sur-Lignon ; Joseph Grand, patronyme d'une famille voisine et le père Paneloux d'après Le Panelier. À propos de ce dernier, Camus voyait beaucoup à cette époque le père Bruckberger, dominicain pittoresque, qui donnait les « mauvaises » réponses sur les questions relatives à l'existence de Dieu.
35. Camus Albert, *La Peste, in Théâtre*, ..., *op. cit.*, p. 1323.
36. *Ibid.*, p. 1242.
37. *Ibid.*, p. 1378.
38. *Ibid.*, p. 1389.
39. Lottman Herbert R.. *op. cit.*, p. 552.
40. *Ibid.*
41. *Ibid.*, p. 295.
42. *Ibid.*, p. 478.
43. Grenier Roger, *op. cit.*, p. 205.

44. Cité par Herbert R. Lottman, *op. cit.*, p. 485.
45. *Ibid.*, p. 475.
46. *Ibid.*
47. Cité par Herbert R. Lottman, *op. cit.*, p. 493.
48. Grenier Roger, *op. cit.*, p. 218.
49. Lottman Herbert R., *op. cit.*, p. 504. Quelques mois plus tard, lorsque Breton, qui avait accepté de prendre la parole à un meeting malgré la présence de Camus, apprendra que c'est ce dernier qui avait suggéré qu'il y soit invité, il en aurait été tant bouleversé « qu'il fondit en larmes ».
50. Lottman Herbert R., *op. cit.*, p. 505.
51. *Ibid.*, p. 511.
52. Grenier Roger, *op. cit.*, p. 107.
53. *Ibid.*, p. 245.
54. Albert Camus, cité par Pierre Petit, *op. cit.*, p. 285.
55. Camus Albert, *Le Monde*, 31 août 1956, *in Théâtre, ..., op. cit.*, p. 2011.
56. Camus Albert, « Prière d'insérer » de *La chute, in Théâtre, ..., op. cit.*, p. 2015.
57. Témoignage de Roger Quilliot. *La Chute*. Présentation, *in Théâtre, ..., op. cit.*, pp. 2008-2015.
58. Quilliot Roger, *op. cit.*, p. 2011.
59. Lottman Herbert R., *op. cit.*, p. 630.
60. *Ibid.*, p. 632.
61. *Ibid.*, p. 494.
62. Ce qui permit audit médecin décidément optimiste de penser que sa thérapeutique avait pris une part active à la rédaction de *L'Homme révolté* et de s'en féliciter (!).
63. Acte chirurgical qui consiste à réséquer la plèvre épaissie, afin de libérer le poumon.
64. Quilliot Roger, cité par Herbert R. Lottman, *op. cit.*, p. 634.
65. Témoignage de Roger Grenier.
66. Témoignage de Roger Quilliot.
67. Témoignage de Roger Grenier.

10. ROLAND BARTHES

1. Barthes Roland, *Leçon inaugurale de la chaire de sémiologie littéraire du Collège de France*. Éd. du Seuil, 1978, p. 43.
2. Sontag Susan, *L'Écriture même : à propos de Barthes*. Paris, Éd. Ch. Bourgeois, 1982, p. 37.
3. *Critique : « Roland Barthes »*. Août-septembre 1982, t. 38, n° 423-424, p. 645.
4. *Roland Barthes par Roland Barthes*. Éd. du Seuil (Coll. « Écrivains de toujours »), 1975, p. 182.
5. *Ibid.*, p. 65.
6. *Ibid.*, p. 179.
7. *Ibid.*, p. 64.
8. *Ibid.*
9. *Ibid.*, p. 128.
10. Cité par Louis Marin, « Roland Barthes par Roland Barthes ou l'autobiographie au neutre », *in Critique : « Roland Barthes », op. cit.*, p. 734.

11. *Roland Barthes par Roland Barthes, op. cit.*, p. 39.
12. N.D.L.R. : feuilles de température, changées mensuellement.
13. F.D., initiales de Fischer-Dieskau. Roland Barthes, *L'Obvie et l'obtus. Essais critiques III.* Éd. du Seuil (Coll. « Tel Quel »), 1982, pp. 236-245.
14. Barthes Roland, « Notes sur André Gide et son journal », *in Existences*, n° 27, juillet 1942, pp. 7-18.
15. Barthes Roland, « Réflexions sur le style de l'étranger », *in Existences*, n° 33, 1944, pp. 79-83.
16. *Roland Barthes par Roland Barthes, op. cit.*, p. 103.
17. Poirot-Delpech Bertrand, *Feuilletons ; 1972-1982.* Gallimard, 1982, p. 83.
18. Sontag Susan, *op. cit.*, pp. 36-37.
19. Poirot-Delpech Bertrand, *op. cit.*, p. 158.
20. Barthes Roland, « Réflexions sur le style de l'étranger », *op. cit.*, p. 83.
21. Barthes Roland, *Le Degré zéro de l'écriture*. Éd. du Seuil (Coll. « Points »), 1953 et 1972, pp. 55-56.
22. Lorsque les deux feuillets de la cavité pleurale étant symphysés, il était impossible d'y faire pénétrer de l'air, on l'introduisait entre la paroi thoracique et la plèvre c'est-à-dire dans l'espace extrapleural.
23. « La côtelette », *Roland Barthes par Roland Barthes, op. cit.*, pp. 65-66.
24. Compagnon Antoine, « L'entêtement d'écrire », *in Critique : « Roland Barthes », op. cit.*, p. 676.
25. Poirot-Delpech Bertrand, *op. cit.*, pp. 158-159.
26. Compagnon Antoine, *op. cit.*, p. 672.
27. *Roland Barthes par Roland Barthes, op. cit.*, p. 128.
28. Barthes Roland, *Michelet*. Éd. du Seuil (Coll. « Écrivains de toujours »), 1954, p. 18.
29. *Roland Barthes par Roland Barthes, op. cit.*
30. *Ibid.*, p. 65.
31. *Ibid.*, p. 139.
32. *Tirez sur le pianiste.*
33. Compagnon Antoine, *op. cit.*, p. 676.
34. Cité par Bertrand Poirot-Delpech, *op. cit.*, p. 166.
35. Compagnon Antoine, *op. cit.*, p. 671.
36. Barthes Roland, *Leçon..., op. cit.*
37. *Ibid.*, p. 45. Souligné par nous.
38. Témoignage de Michel Salzedo.
39. Barthes Roland, *La Chambre Claire*. Notes sur la photographie. Éd. de l'Étoile, Gallimard, Le Seuil, 1980.
40. *Ibid.*, p. 118.
41. Poirot-Delpech Bertrand, *op. cit.*, p. 19.
42. Barthes Roland, *La Chambre Claire, op. cit.*, p. 145.
43. *Roland Barthes par Roland Barthes, op. cit.*, p. 154.
44. Barthes Roland, *L'Obvie et l'obtus, op. cit.*, pp. 189-190. Souligné par nous.
45. Sontag Susan, *op. cit.*, p. 11.

QUATRIÈME PARTIE

11. CRI ET CRISE

1. La rhinite est reconnue aux éternuements en salves, la trachéo-bronchite à sa toux quinteuse, l'asthme à ses sifflements. Des expressions communes (« le rhume est descendu sur la poitrine ») ainsi que la séquence fréquente rhume-angine-trachéite-bronchite confirment cette réalité.
2. France Anatole, *La Révolte des anges.* Paris, Calmann-Lévy, 1914, p. 76.
3. Lewinter Roger, « *L'expérience de parole* », *in* Georg Groddeck, *L'Arc,* revue trimestrielle, 1980, n° 78, pp. 15-17.
4. Laplanche Jean, *L'inconscient et le ça,* Problématique IV. P.U.F. (Bibl. de Psychanalyse), 1981, p. 172.
5. Lewinter Roger, Préface, *in* Georg Groddeck, *La Maladie, l'art et le symbole.* Gallimard (Coll. « Connaissance de l'inconscient »), 1969, p. 19.
6. Bichat avait précédé Groddeck dans cette voie puisqu'il considérait la bonne santé comme le « silence des organes » et la maladie comme « leur révolte ».
7. Lewinter Roger, *op. cit.*
8. Groddeck Georg, *op. cit.*, p. 147.
9. Greig Philippe, « Dans la tradition de la médecine ancienne », *in* Georg Groddeck, *L'Arc, op. cit.*, p. 39.
10. Cité par Susan Sontag, *in La Maladie comme métaphore.* Paris, Ed. du Seuil (Coll. « Fiction et Cie »), 1979, p. 55.
11. Gazaix Pierre, communication personnelle.
12. Greig Philippe, *op. cit.*, p. 39.
13. *Ibid.*, p. 38.
14. Merlet-Benichou Claudie, « Mouvements respiratoires chez le fœtus et installation de la respiration à la naissance », *in Bull. Europ. Physiopath. Resp.*, 1973, 9, pp. 1365-1387.
15. Souligné par nous. Roy Claude, *Moi, je.* Essai d'autobiographie. Gallimard, 1969, p. 11.
16. De plus en plus souvent, la naissance se fait par césarienne, et les enfants nés de cette façon, qui n'ont pas subi la pression thoracique du franchissement osseux du pelvis maternel, ont souvent des difficultés respiratoires dans les premiers jours.
17. Cette capacité au cri, estimée entre 100 et 140 ml, augmente régulièrement durant les trois premières années en fonction de la taille, du poids et du log. n de l'âge. Gaultier Cl., Girard F., « Croissance pulmonaire normale et pathologique : relations structure-fonction », *in Bull. Europ. Physiopath. Resp.*, 1980, 16, 6, pp. 791-842.
18. Loras Olivier, *L'Asthme, angoisse du souffle. Conception nouvelle et guérison psychothérapique.* Lyon, Librairie du Rhône, 1961, p. 24.
19. Schleich C.L. Cité par A. van Lysebeth, *J'apprends le yoga.* Flammarion, 1969, p. 31.
20. Littré.
21. Dolto Françoise, « L'homme et son désir », *in Christus, « L'Insécurité »*, juin 1971, n° 71, 18, p. 35.

22. Tristani Jean-Louis, *Le Stade du respir.* Paris, Ed. de Minuit (Coll. « Critique »), 1978.
23. Freud Sigmund, *Cinq psychanalyses.* Presses universitaires de France (Bibl. de Psychanalyse), 1954.
24. Tristani Jean-Louis, *op. cit.*, pp. 11-12.
25. Freud Sigmund, *Inhibition, symptôme et angoisse.* Presses universitaires de France (Bibl. de Psychanalyse), 1951.
26. Larousse.
27. Rank Otto, *Le Traumatisme de la naissance.* Cité par Sigmund Freud, *op. cit.*, p. 59.
28. *Ibid.*, p. 61.
29. Tristani Jean-Louis, *op. cit.*, p. 52, n. 5.
30. L'appareil phonatoire (lèvres, dents, palais, langue, fosses nasales, larynx, poumons) « n'a pas la parole ni même le bruit pour fonction première, mais la respiration et la nutrition, c'est-à-dire les fonctions relationnelles chargées d'assurer la survie de l'individu... Tout se passe comme si l'homme utilisait une possibilité supplémentaire de cet ensemble organique pour une production complémentaire : l'effet sonore de l'air usé lorsqu'il rencontre des obstacles. C'est une sorte d'utilisation d'un reste physiologique ». Robert Lafont.
31. « La respiration se rythme, la respiration est pulsation, la respiration est alternance vitale et elle n'est rien qui permette, sur le plan imaginaire, de symboliser précisément ce dont il s'agit, à savoir l'intervalle, la coupure. » Tristani Jean-Louis, *op. cit.*, p. 91.
32. *Ibid.*, p. 93.
33. Benoit Pierre, À paraître dans les « Comptes rendus du groupe d'études et de réflexions sur l'Asthme bronchique ». La Grande-Motte, 1981.
34. L'appareil respiratoire.
35. La grande atmosphère, c'est-à-dire l'environnement, l'air.
36. Queneau Raymond, *Loin de Rueil.* Gallimard (Coll. « Folio »), 1944, p. 22.
37. Valéry Paul, *Œuvres.* Gallimard (Bibl. de la Pléiade), 1960, t. 2, p. 835.
38. Freud, *Cinq psychanalyses, op. cit.*, p. 333.
39. Evangile selon saint Luc, 19, 40.
40. Benoit Pierre, communication personnelle.
41. Littré.
42. Sendrail Marcel, *Histoire culturelle de la maladie.* Toulouse, Privat, 1980, p. 118.
43. *Ibid.*, p. 121.
44. *Ibid.*, p. 120.
45. Comet Jean-Louis, communication personnelle.
46. Magny (de) Olivier, Préface à *L'Instant fatal* de Queneau. Galllimard (Coll. « Poésie »), 1943, 1948, 1966.
47. Torreilles Pierre, « Editorial ». *Vagabondages*, revue de poésie, 1981, 26, pp. 7-18.
48. Torreilles Pierre, communication personnelle.

12. UNE PAROLE ENFOUIE « DANS LE CREUX DE L'ÊTRE »

1. Pontalis J.-B., *Après Freud.* Gallimard (Coll. « Idées »), 1968, p. 17.
2. *Ibid.*, p. 18.

3. Laplanche J. et Pontalis J.-B., *Vocabulaire de la psychanalyse.* P.U.F. (Bibl. de Psychanalyse), 1967, p. 47.

4. Gazaix Pierre, « Aspects psychologiques de l'asthme », in *Médecine actuelle*, 1981, 8, 4, pp. 131-133.

5. Freud Sigmund, *Inhibition, symptôme et angoisse.* Presses universitaires de France (Bibl. de Psychanalyse), 1981, pp. 15-16.

6. Gazaix Pierre, *op. cit.*

7. *Ibid.*

8. Benoit Pierre, À paraître dans les « Comptes rendus du groupe d'études et de réflexions sur l'Asthme bronchique ». La Grande-Motte, 1981.

9. Recueillie avec le professeur Ch. Aussilloux.

10. Cité par Judith Robinson-Valéry, « Les cris refoulés de la Jeune Parque : le rôle de l'autocensure dans l'écriture », *in Baudelaire, Mallarmé, Valéry ; New Essays in honour of Lloyd Austin.* Cambridge University Press, 1982.

11. L'association asthme-eczéma, dénommée syndrome dermo-respiratoire, caractérisée par l'alternance de l'amélioration d'une affection avec l'aggravation de l'autre, évoque cette « nécessité » du symptôme.

12. Destaing Fernand, *La Souffrance et le Génie.* Paris, Presses de la Cité, 1980.

13. Rouart-Valéry Agathe, *Paul Valéry.* Gallimard, 1966, p. 105.

14. Archimbaud Jacques, « Beethoven : souffrances et surdité (à l'occasion du bicentenaire de sa naissance) ». I. Les maladies de Beethoven. *Lyon Médit. Méd., 6*, n° 71, 30 décembre 1970, pp. 59-64. II. La surdité de Beethoven et son retentissement. *Lyon Médit. Méd.,* 7, n° 1, 15 janvier 1971, pp. 65-74.

15. Destaing Fernand, *op. cit.*, p. 21.

16. Massin Jean et Brigitte, *Ludwig van Beethoven.* Fayard, 1967, pp. 112-114.

17. Archimbaud Jacques, *op. cit.*, p. 61.

18. Massin Jean et Brigitte, *op. cit.*, p. 113.

19. Destaing Fernand, *op. cit.*

CINQUIÈME PARTIE

1. Sendrail Marcel, *Histoire culturelle de la maladie.* Toulouse, Privat, 1980, p. X (Préface).

2. Sontag Susan, *La Maladie comme métaphore.* Paris, Éd. du Seuil (Coll. « Fiction et Cie »), 1979, p. 100.

13. LA TUBERCULOSE : DU ROMANTISME AU STRUCTURALISME

1. (1) Amélioration des conditions d'hygiène et de diététique, en particulier apports protéiques ; (2) prévention de la maladie par la vaccination B.C.G. et la chimioprophylaxie ; (3) dépistage ; (4) meilleure utilisation d'antibiotiques très efficaces.

2. Dans son ouvrage princeps, le *Traité de l'auscultation médiate, in* Sendrail Marcel, *op. cit.*, p. 377.

3. *Ibid.*

4. « Quand l'amour devient maladie, le mieux que nous puissions faire est de lui

infliger une mort violente», écrit déjà G. Etherege en 1976, *in* Sontag Susan, *op. cit.*, p. 29.

5. Cité par Susan Sontag, *op. cit.*, p. 26.
6. Peut-être seulement *apparente.*
7. Ristori Anne, «La maladie, le génie, l'art et l'amour», *in La Tuberculose, une victoire thérapeutique, oui mais...* Paris, Prospective et Santé publique, Sedag, 1973, pp. 240-241.
8. *Ibid.*, p. 242.
9. Sontag Susan, *op. cit.*, p. 42.
10. *Ibid.*, p. 32.
11. *Ibid.*, p. 24.
12. «La mort et la maladie sont souvent belles, de la même façon... que l'éclat enfiévré de la consomption». Thoreau (1852), cité par Susan Sontag, *op. cit.*, p. 28.
13. *Ibid.*, p. 24.
14. *Ibid.*, n. 1.
15. Dagognet François, «La cure d'air: essais sur l'histoire d'une idée en thérapeutique médicale», *in Thalès.* Recueil des travaux de l'Institut d'Histoire des Sciences et des Techniques de l'Université de Paris, t. 10, 1959. P.U.F., 1960, p. 76.
16. Rousseau Jean-Jacques, *La Nouvelle Héloïse,* 1re partie, lettre XXIII. Cité par François Dagognet, *op. cit.*
17. Jourdanet, physiologiste français, *Influence de la pression de l'air sur la vie de l'homme.* Masson, 1875, p. 587. Cité par François Dagognet, *op. cit.*, p. 75.
18. Dagognet François, *op. cit.*, p. 87. Citant Landouzy, Armand Gautier, de Launay.
19. Jung, cité par François Dagognet, *op. cit.*, p. 79.
20. Brehmer et Jourdanet. Cités par Charles Coury. *Grandeur et déclin d'une maladie. La tuberculose au cours des âges.* Suresnes, Éd. Lepetit, 1972, p. 139.
21. Schnepp, cité par Charles Coury, *op. cit.*
22. Ce traitement (pneumothorax thérapeutique) consistait à mettre directement le poumon au repos, en l'affaissant au moyen d'air introduit régulièrement dans la plèvre. Si ses résultats n'atteignaient pas 100 % de succès et s'il n'allait pas sans inconvénient, on ne saurait *a posteriori* médire de ce moyen thérapeutique qui représenta le premier traitement sérieux de la tuberculose pulmonaire et bon nombre d'anciens tuberculeux savent qu'ils lui doivent la vie.
23. Poirot-Delpech Bertrand, *Marie Duplessis. «La Dame aux camélias».* Une vie romancée. Paris, Ramsay, 1981.
24. *Ibid.*, pp. 11-12.
25. Mann Thomas, *in La Montagne magique.* Fayard («Univers»), 1931, 2 tomes.
26. Durand Gilbert, «Le retour des immortels», *in Le temps de la réflexion*, Gallimard, 1982, p. 209.
27. Bianquis Geneviève, «Thomas Mann, romancier de la bourgeoisie», *in Mann Thomas, Tristan. La mort à Venise.* Fayard («Univers»), 1947, p. 33.

14. MALADIES RESPIRATOIRES CONTEMPORAINES

1. Fréour Paul, «Santé et maladies des temps modernes», *in Histoire culturelle de la maladie.* Toulouse, Privat, 1980, p. 432.
2. *Ibid.*

3. Jacob François, *La Logique du vivant* (« Une histoire de l'hérédité »). Gallimard (Coll. « Tel »), 1970, p. 24.

4. Professeur Pelicier, Communication au symposium « L'homme et l'atmosphère. Qui change quoi ? » Association pour la prévention de la pollution atmosphérique. Volume des rapports, Paris, 5 mars 1981.

5. *Ibid.*

6. Gervais P., communication personnelle.

7. Cette réactivité excessive, on avait l'habitude de la considérer comme constitutionnelle, présente dès la naissance et persistant toute la vie, qu'elle se manifeste ou non par des crises. Des faits incitent actuellement à penser différemment, puisqu'on sait que divers facteurs, en particulier des infections virales, peuvent faire apparaître un asthme. Cela ne fait que reculer la question car on peut se demander si ces asthmes postviraux ne sont pas le fait de sujets prédisposés et, finalement, si n'importe qui peut devenir asthmatique.

8. Une étude américaine s'est attachée ainsi à l'examen de trois échantillons de populations : l'un de la forêt amazonienne, l'autre du Népal, le dernier enfin de divers États d'Amérique du Nord. Les taux d'IgE sont extrêmement élevés en Amazonie où les maladies parasitaires sont fréquentes et les maladies allergiques quasi absentes. Le groupe népalais constitue une transition avec des taux d'IgE moyennement élevés, quelques maladies parasitaires et quelques affections allergiques. Aux États-Unis enfin, il n'y a pas de parasitose mais beaucoup de maladies allergiques, des taux d'IgE modérément élevés mais significativement plus hauts que ceux de l'ensemble de la population.

9. Queneau Raymond, « Les Ruraux », *in Saint-Glinglin.* Gallimard (Coll. « L'Imaginaire »), 1948, renouvelé en 1975, pp. 125-144.

10. Marsh David, « The epidemiology and genetics of atopic allergy », *New England Journal of Medicine*, 1981, 305, p. 1551.

CONCLUSION

1. Freud Sigmud, *Études sur l'hystérie.* P.U.F., p. 247.

2. Benoit Pierre, « Inconscient et thérapeutique médicamenteuse ». Extrait des *Cahiers de la méthode naturelle en médecine*, n° 66. Décembre 1976.

TABLE

Prologue 7

Première partie

Des asthmatiques et un tousseur

1. Raymond Queneau : l'anti-Rousseau – Un asthme ontalgique 27
2. Paul Valéry : un tousseur invétéré et ses cris refoulés 41
3. Marcel Proust : son asthme et sa recherche mortelle du sens 55
4. L'asthme tardif de Prosper Mérimée : de l'asthme et des lettres 89

Deuxième partie

Rupture : un respirant et un suffocant

5. Paul Claudel : le bonheur de respirer du docteur ès Souffles 109
6. L'énigme de la mort de Stéphane Mallarmé : écriture de silence et spasme du larynx 119

Troisième partie

Des tuberculeux : suite et fin d'une peur historique

7. Jules Laforgue : le poète anti-camélias – Le symptôme dans la poésie 131
8. André Gide est tuberculeux : une crise existentielle 137
9. Albert Camus : le pacte avec la tuberculose – De la maladie individuelle aux fléaux collectifs 146
10. Roland Barthes : de « La Montagne magique » à « La Chambre Claire » – Le corps : un lieu fantasmatique 165

Quatrième partie

Le symptôme respiratoire a un sens

11. Cri et crise 181
12. Une parole enfouie « dans le creux de l'être » 201

Cinquième partie

Le symptôme respiratoire a une histoire culturelle

13. Tuberculose : du romantisme au structuralisme 223
14. Maladies respiratoires de notre époque 236

Conclusion 247
Références et notes bibliographiques 251

Composition SEP 2000 à Paris.
Impression S.E.P.C.
à Saint-Amand (Cher), le 5 mars 1984.
Dépôt légal : mars 1984.
Numéro d'imprimeur : 466.
ISBN 2-07-070097-6. Imprimé en France.

33325